Kerstin Auer

101 Kanada-Westen

Geheimtipps und Top-Ziele

IWANOWSKI'S REISEBUCHVERLAG

Im Internet:

www.iwanowski.de

Hier finden Sie aktuelle Infos zu allen Titeln, interessante Links – und vieles mehr!

Einfach anklicken!

Schreiben Sie uns, wenn sich etwas verändert hat. Wir sind bei der Aktualisierung unserer Bücher auf Ihre Mithilfe angewiesen:
info@iwanowski.de

101 Kanada Westen – Geheimtipps und Top-Ziele
1. Auflage 2013

© Reisebuchverlag Iwanowski GmbH
Salm-Reifferscheidt-Allee 37 • 41540 Dormagen
Telefon 0 21 33/26 03 11 • Fax 0 21 33/26 03 33
info@iwanowski.de
www.iwanowski.de

Titelfoto: age fotostock / LOOK-foto
Alle anderen Farbabbildungen: siehe Bildnachweis Seite 248
Layout: Ulrike Jans, Krummhörn
Titelgestaltung: Point of Media, www.pom-online.de
Redaktionelles Copyright, Konzeption und deren ständige Überarbeitung: Michael Iwanowski

Alle Rechte vorbehalten. Alle Informationen und Hinweise erfolgen ohne Gewähr für die Richtigkeit im Sinne des Produkthaftungsrechts. Verlag und Autorin können daher keine Verantwortung und Haftung für inhaltliche oder sachliche Fehler übernehmen. Auf den Inhalt aller in diesem Buch erwähnten Internetseiten Dritter haben Autorin und Verlag keinen Einfluss. Eine Haftung dafür wird ebenso ausgeschlossen wie für den Inhalt der Internetseiten, die durch weiterführende Verknüpfungen (sog. „Links") damit verbunden sind.

Gesamtherstellung: Werbedruck GmbH Horst Schreckhase
Printed in Germany

ISBN: 978-3-86197-056-9

Inhalt 3

Einleitung 6

Vancouver 10

1. Vancouver Lookout – Stadt, Berge und Meer machen Lust auf mehr _____ 12
2. Science World – erforschen und entdecken, nicht nur für Kinder _____ 14
3. Granville Island – Fahrt mit dem Aquabus zum Public Market _____ 16
4. Von Twilight bis X-Men – Vancouver ist das Hollywood des Nordens _____ 18
5. Die Geschichte von Gassy Jack – wie Gastown zu seinem Namen kam _____ 20
6. Das isst Vancouver am liebsten – Spaghetti in Gastown, Street Food und Japadog _____ 22
7. Chinatown – exotische Märkte und Oasen der Stille _____ 24
8. Beaty Biodiversity Museum – ein Blauwal auf dem Gelände der Universität _____ 26
9. Celebration of Light – Feuerwerk in der English Bay _____ 28
10. Public Art – Vancouvers öffentliche Kunstwerke _____ 30
11. Bowen Island – wo die Vancouverites ihr Wochenende verbringen _____ 32
12. Ambleside Park und Dundarave Village – Leben in West Vancouver _____ 34
13. Metropolis in Burnaby oder Vancouvers Main Street – Einkaufen nach Herzenslust _____ 36
14. Burnaby Village Museum – so war es in Metro Vancouver vor hundert Jahren _____ 38

Orte & Städte 40

15. Nelson, BC – kleine Stadt mit großer Persönlichkeit in den kanadischen Rockies _____ 42
16. Barkerville, BC – eintauchen in den Cariboo Gold Rush _____ 44
17. Bella Coola, BC – gut verstecktes Juwel in den Coast Mountains _____ 46
18. Gabriola Island, BC – Paradies der Stille _____ 48
19. Powell River, BC – charmante Stadt mit dem ältesten Kino in Kanada _____ 50
20. Vulcan, AB – auf den Spuren von Mr. Spock _____ 52
21. Fort McMurray, AB – das Zentrum des kanadischen Ölsands _____ 54
22. Crowsnest Pass, AB – Besuch im Frank Slide Interpretive Centre _____ 56
23. Camrose, AB – die Rose der Prärie _____ 58
24. Red Deer, AB – zu Besuch bei Wayne Gretzky in der Alberta Sports Hall of Fame _____ 60
25. Arctic Circle, YK – den Polarkreis im Yukon überqueren _____ 62
26. Whitehorse, YK – die Stadt in der Wildnis _____ 64
27. Dawson City, YK – Gold Rush im Klondike _____ 66
28. Inuvik, NWT – am Ende des Dempster Highway _____ 68
29. Yellowknife, NWT – Willkommen in der „little big city" _____ 70
30. Ulukhaktok, NWT – weltbekannte Künstler in der Arktis _____ 72

Natur, Landschaft & Tiere 74

31. Whale Watching per Kajak –
    Orcas, Grauwale und Belugas hautnah an der Küste von British Columbia _____ 76
32. Spirit Bears – auf der Suche nach dem weißen Geisterbären
    im Regenwald von British Columbia _____ 78
33. Carp Lake Provinvial Park, BC – Angelparadies in der Seengegend um McLeod Lake _____ 80
34. Sasquatch Provincial Park, BC – auf den Spuren von Bigfoot _____ 82
35. Monck Provincial Park, BC – Archäologie und Windsurfen unter der Sonne des Nicola Valley _ 84
36. Harrison Hot Springs, BC – vom Sandstrand zu den heißen Quellen _____ 86
37. Penticton, BC – die kanadische Riviera _____ 88
38. Waterton Lakes National Park, AB – wo sich die Berge und Prärie treffen _____ 90
39. Cypress Hills Interprovincial Park, AB – Kleinod in der Prärie _____ 92

40	Auf dem David Thompson Highway durch Alberta – von Saskatchewan River Crossing bis Red Deer	94
41	William A. Switzer Provincial Park, AB – einzigartige Flora in den Foothills der Rockies	96
42	Writing on Stone Provincial Park, AB – ein Einblick ins Leben der Blackfoot Indians	98
43	Fish Creek Provincial Park, AB – Oase in Calgary	100
44	Karibus im Yukon – die wilden Rentiere Nordamerikas	102
45	Southern Lakes Area, YK – die „kleinste Wüste der Welt" liegt im Yukon	104
46	Kluane National Park, YK – Heimat des höchsten Bergs Kanadas	106
47	Great Slave Lake, NWT – Ausflüge auf dem tiefsten See Nordamerikas	108
48	Nááts'ihch'oh National Park Reserve und Nahanni National Park Reserve, NWT – unberührte Wildnis im Norden	110
49	Wood Buffalo National Park, NWT – faszinierendes Ökosystem und Salzebenen	112

Outdoor, Sport & Aktivitäten — 114

50	Mountainbiking – nirgends ist es so divers wie in British Columbia	116
51	Minter Gardens, BC – spektakuläre Gärten im Fraser Valley	118
52	Cultus Lake, BC – Provincial Park, Outdoor-Paradies und Wasserrutschen	120
53	Sun Peaks, BC – der Outdoor-Spielplatz für alle Jahreszeiten	122
54	Heli-Skiing in BC – Pulverschnee vom Feinsten für Mutige	124
55	River Rafting – auf dem wilden Wasser des Fraser Canyon	126
56	Canyon Icewalks in Alberta – Wanderung im Maligne Canyon in Jasper	128
57	Kayaking – auf Albertas Flüssen und Seen die Natur genießen	130
58	West Edmonton Mall, AB – Einkaufsparadies der besonderen Art	132
59	Hockey – Sommer, Winter, Jung und Alt – die „kanadischste aller Sportarten"	134
60	Caving in Canmore – Höhlen in Alberta erforschen	136
61	Kananaskis Country, AB – Wanderparadies in den Rockies	138
62	Dempster Highway, YK – der einsamste Highway der Welt	140
63	Yukon Quest – Hundeschlittenrennen in der Arktis	142
64	Golf im Yukon – auf gepflegtem Rasen, auf der Weide oder mitten in der Stadt	144
65	Jagen in den Northwest Territories – auf der Suche nach Wolf, Elch und Grizzlybär	146
66	Ice Roads – die abenteuerlichen Straßen des Nordens	148
67	Aurora – den Zauber der Nordlichter in Yellowknife erleben	150
68	Fossilien – auf der Jagd nach prähistorischen Steinen in Norman Wells, NWT	152
69	Historic Hat Creek Ranch, BC – Leben auf der Ranch im Jahre 1860	154

Menschen, Kultur & Geschichte — 156

70	Quilchena Cattle Company – die Tradition der Cowboys in BC erleben	158
71	Fort Langley – hier steht die Wiege von British Columbia	160
72	Pow Wow – First-Nations-Tänze in British Columbia	162
73	Baillie House – die Geschichte des Geisterhauses in Merritt, BC	164
74	Armstrong Fall Fair, BC – Landwirtschaftsausstellung, Rodeo und Volksfest – heißgeliebte Tradition	166
75	The Famous 5 – wie fünf Frauen in Alberta Pioniere für die Gleichstellung der Frauen wurden	168
76	Village of Stirling, AB – im Süden Albertas geht es zu wie zur Pionierzeit	170
77	Leduc No. 1, AB – der Beginn des Ölbooms in Alberta	172
78	Historic Fort MacLeod, AB – die gemeinsame Geschichte der First Nations und RCMP	174
79	Drumheller und Dinosaur Provincial Park – in Alberta sind die Dinosaurier los	176

Inhalt

80	Jack London und Robert Service – die Poeten des Gold Rush	178
81	MacBride Museum in Whitehorse – die Geschichte des Yukon	180
82	National Aboriginal Day in NWT – Feiern unter der Midnight Sun	182
83	Diamanten – Yellowknife ist die Diamanten-Hauptstadt Nordamerikas	184

Essen, Trinken & Übernachten 186

84	Echo Valley Ranch & Spa, BC – reiten mit den Cowboys, entspannen im Luxus	188
85	The Wickaninnish Inn auf Vancouver Island – eine Welt für sich	190
86	King Pacific Lodge, BC – Luxus, Abenteuer und Öko-Tourismus	192
87	Winzer im Okanagan-Tal, BC – kanadischer Wein muss es sein!	194
88	Farmers' Market im Westen Kanadas – Bannock, Mais und Büffelfleisch	196
89	J. J. Gillis House in Merritt, BC – Bed & Breakfast mit Geschichte und Musik	198
90	Fairmont Banff Springs Hotel, AB – das Schloss in den Rockies	200
91	Rocky Mountain Wine & Food Festival, AB – das größte Food Festival in Alberta	202
92	Diamond Tooth Gertie's, YK – Poker, Show und Can-Can in Dawson City	204
93	Klondike Rib & Salmon, YK – Lachs und Bisonfleisch in Whitehorse	206
94	North Nahanni Naturalist Lodge, NWT – in der Einsamkeit des Nahanni National Park	208

Die schönsten Routen 210

95	Mit dem Wohnmobil von Whitehorse, YK, nach Vancouver, BC, mit Abstecher nach Haida Gwaii	212
96	Deh Cho Travel Route – mit dem Wohnmobil entlang der großen Highways durch British Columbia, Alberta und die Northwest Territories	214
97	Weltkulturerbe in Alberta – eine Reise quer durch Alberta mit dem Wohnmobil	216
98	Im Luxuszug von Vancouver nach Calgary – Rocky Mountain Highlights im Rocky Mountaineer	218
99	Mit dem Rocky Mountaineer von Vancouver nach Whistler und durch die Rocky Mountains bis Jasper	220
100	British Columbia mit dem Auto erkunden – die Coast Mountain Circle Tour	222
101	Die Ranchlands und Rivers Tour – auf den Spuren der Cowboys und Pioniere in British Columbia	224

Anhang 226

Kanada im Überblick	228
Zeittafel	230
Allgemeine Reiseinformationen	234
Typisch kanadisch!	240
Das 1x1 des Auswanderns nach Kanada	242
Literaturtipps	245
Stichwortverzeichnis	246

Einleitung

Die kanadische Flagge wurde in dieser Form erst 1965 das erste Mal gehisst.

Vorwort

Kanada gilt für viele als Traumland. Doch das „typische" Kanada gibt es nicht. Die durch scheinbar endlose Prärie getrennten Küstengebiete unterscheiden sich erheblich – nicht überraschend wenn man bedenkt, dass das flächenmäßig zweitgrößte Land der Erde von der Ost- bis zur Westküste eine Ausdehnung von über 5.500 km hat.

Der dicht besiedelte Osten mit seinen Metropolen Toronto und Montreal legt Konkurrenzkampf und eine Betriebsamkeit an den Tag, die mit Deutschland mithalten könnte, während im Westen die Devise eher „no worries" lautet. Nicht, dass hier nicht fleißig geschafft wird – die Freizeit ist jedoch heilig. Wer sollte denn sonst die zahlreichen Golfplätze nutzen, die Wildnis mit Quads oder auf dem Mountainbike erkunden oder die 70 Pfund schweren Lachse an Land ziehen?

Seit 2008 ist Kanada die neue Heimat für mich und meine Familie und fasziniert mich immer wieder aufs Neue. Die in großen Gebieten unberührte Natur mit ihrer endlosen Weite, eine reiche Flora und Fauna, gepaart mit einer entspannten Lebensweise und freundlichen Menschen machen Kanada zu einem idealen Land – zum Leben und zum Reisen. Wer einen unvergesslichen Urlaub erleben möchte, der hat in Kanada das perfekte Urlaubsland gefunden.

Metropolen wie Vancouver oder Calgary bieten zahlreiche Festivals, ein reges Nachtleben und beste Einkaufsmöglichkeiten. Auch außerhalb der Metropolen ist Kanada nicht nur Wildnis. Selbst wenn das Land in seiner heutigen Form noch keine 150 Jahre alt ist, gibt es jahrtausendalte Kulturen – die First Nations besiedelten das Land lange vor den ersten europäischen Pionieren, und an vielen Stellen kann man heute mehr über ihre Geschichte und Traditionen erfahren.

Möchten Sie die Kultur der Dene im Nahanni National Park hautnah erleben? Orcas vor der Küste von British Columbia beobachten? Beim Herdentrieb und Branding auf einer Ranch teilnehmen? Auf der Ice Road der Northwest Territories bis nach Tuktoyaktuk fahren? Die in Kanada einzigartige Flora im William A. Switzer Provincial Park erkunden? Spektakuläre Nordlichter nördlich des Polarkreises sehen?

Diese und viele andere Möglichkeiten, den Westen Kanadas zu entdecken, werden in diesem Buch vorgestellt und sollen Sie zu Ihrer Traumreise inspirieren.

Kerstin Auer

Kanadas Westen ist ein Paradies für Outdoor-Aktivitäten vor grandioser Kulisse

Vancouver

Vancouver Waterfront

① Vancouver Lookout –
Stadt, Berge und Meer machen Lust auf mehr

Vancouver Lookout im Harbour Centre

Der Stanley Park ragt in den Burrard Inlet, dahinter die North Shore Mountains

Der Aussichtsturm im Harbour Centre ist ein **idealer Ausgangspunkt**, um sich nach der Ankunft in der Stadt einen ersten Überblick zu verschaffen und erstmals die Schönheit Vancouvers zu sehen. Mit einer Höhe von 168,6 Metern darf sich der Turm mit dem Titel „**Zweithöchstes Gebäude der Stadt**" schmücken (nach dem 2009 eröffneten Wolkenkratzer „Living Shangri-La" mit 201 Metern). Er bietet einen fantastischen Rundumblick auf das Meer, die Berge und selbstverständlich die vielfältige Metropole selbst.

Dass die Betreiber des Aussichtsturms nach Höherem strebten, wurde bereits bei der Einweihung 1977 klar, denn der Vancouver Lookout wurde von niemand Geringerem eröffnet als **Neil Armstrong**, dem ersten Mann auf dem Mond. Wenn auch die Aussichtsplattform nicht ganz so hoch wie der Mond ist, so hat man doch einen grandiosen Blick auf das auffällige Segeldach des Canada Place (s. S. 30), den Stanley Park (größter Stadtpark Kanadas), die North Shore Mountains und die endlose Weite des pazifischen Ozeans.

Das erste Highlight eines Besuchs ist bereits die **Fahrt im verglasten Aufzug**, die etwa 40 Sekunden dauert und durchaus „Schmetterlinge im

Vancouver Lookout – Stadt, Berge und Meer machen Lust auf mehr

Blick vom Aussichtsturm auf Canada Place

Bauch" verursachen kann. Den Ausblick kann man dann entweder im eigenen Tempo oder im Rahmen einer kostenlosen geführten Tour genießen. Die Touren werden auf Englisch und – abhängig von der Saison – auch auf anderen Sprachen, u. a. Deutsch, angeboten. Wer lieber auf eigene Faust erkunden will, kann sich auf den zahlreichen Displaytafeln über die Geschichte, Infrastruktur und zukünftig geplante Projekte informieren.

Eine besondere Erfahrung ist schließlich das **Top of Vancouver-Restaurant**. Es liegt direkt unterhalb der Aussichtsplattform und dreht sich innerhalb von 60 Minuten einmal um die eigene Achse. So genießt man neben der lokalen Küche auch den 360°-Ausblick aus den Panoramafenstern.

Die Eintrittspreise des Vancouver Lookout sind zwar nicht gerade günstig, aber dafür sind die **Tickets den ganzen Tag gültig**. So kann man den Rundblick zum Sonnenuntergang oder in der Nacht noch ein zweites Mal genießen und bei jedem Besuch neue Perspektiven entdecken. Wenn man nur ins Restaurant möchte, muss man keinen Eintritt bezahlen.

Einkaufstipp

Ganz in der Nähe des Aussichtsturms ist der **Mounted Police Post**. Der Laden verkauft alles rund um die RCMP (Royal Canadian Mounted Police, auch als „Mounties" bekannt, s. auch S. 174), so z. B. Kleidung und Souvenirs. Auf jeden Fall einen Besuch wert! www.mountieshop.com

② Science World – erforschen und entdecken, nicht nur für Kinder

In der Innenstadt, direkt am False Creek gelegen, befindet sich die **unverkennbare Kuppel** der Science World. Das als eines der Wahrzeichen von Vancouver geltende Gebäude wurde zum Anlass der Weltausstellung im Jahre 1986 als Expo-Zentrum erbaut. Die silberne, einem Golfball ähnelnde Kuppel besteht aus 766 Dreiecken, die mit Aluminium verkleidet sind, und umfasst ein Volumen von fast 37.000 Kubikmetern. Der aus British Columbia stammende Architekt Bruno Freschi war die treibende Kraft hinter der außergewöhnlichen Konstruktion.

Bereits 1987 wurde das Gebäude mit dem Segen von Königin Elizabeth II. an die Science World Society übergeben und in den folgenden zwei Jahren umgebaut. Als die Science World schließlich 1989 eröffnet wurde, sprachen die Besucherzahlen bereits im ersten Jahr für sich – über 700.000 Besucher besuchten das **„Hands-on-Museum"**, das nach wie vor Jung und Alt zum Staunen bringt.

Ein Besuch lohnt sich **für die ganze Familie**, man sollte dafür mindestens einen halben Tag einplanen. Auf mehreren Ebenen kann man optische Illusionen bewundern, Bälle mit der Kraft von Gehirnwellen bewegen, auf einem Simulator Snowboard fahren oder ausprobieren, wie eine Rohrpost funktioniert. Ständig wechselnde Sonderausstellungen sorgen für ein abwechslungsreiches und wohlgerundetes Programm. Deshalb nutzen viele Einheimische die Science World als regelmäßige Anlaufstelle für Familienausflüge.

Die Kuppel der Science World

Science World – erforschen und entdecken, nicht nur für Kinder

Ein zusätzliches **Highlight** ist das IMAX/OMNIMAX-Kino mit wechselndem Programm. Für kleine Kinder ist der Filmpalast mit seiner riesigen Leinwand jedoch nur bedingt geeignet, dies sollte vor einem Besuch bedacht werden.

Die Lage am östlichen Rand von Downtown macht Science World auch zum idealen Ausgangspunkt, um **Chinatown** (s. S. 24) zu erkunden. Nachdem man sich ausgiebig der Forschung gewidmet hat, ist die Wissenschaft der Entspannung im Chinesischen Garten Dr. Sun Yat-Sen an der Reihe. Entlang der Main Street sind es nur wenige Minuten zu Fuß bis zum Viertel, das als eine der größten „Chinesenstädte" Nordamerikas gilt.

Eine weitere Möglichkeit, den Rest des Tages zu füllen, ist ein **Spaziergang entlang des False Creek**, der sich als Verlängerung der English Bay am

Probieren geht hier über Studieren

südlichen Rand von Downtown entlang schlängelt. Beeindruckende Architektur entlang der Ufer und die eine oder andere Robbe, die ihren Kopf aus dem Wasser streckt, tragen zum einmaligen Gefühl der Metropole am Pazifik bei.

Information: TELUS World of Science, 1455 Quebec Street, Tel. 604-443-7440, www.scienceworld.ca. Di-Fr 10-17, Sa/So 10-18 Uhr, Mo geschlossen. Erwachsene $ 21, Jugendliche 13-18 J. $ 17,25, Kinder 3-12 J. $ 14,25 (darunter frei). Genügend Parkplätze vorhanden, ebenfalls gut mit öffentlichen Verkehrsmitteln zu erreichen (z. B. Skytrain-Haltestelle „Main Street – Science World"). Kleiner Imbiss-Stand mit Snacks und Getränken im Science-World-Gebäude vorhanden.
Dr. Sun Yat-Sen Classical Chinese Garden & Park, 578 Carrall Street, www.vancouverchinesegarden.com. Kernöffnungszeiten 10-16.30 Uhr (je nach Jahreszeit). Erwachsene $ 12, Schüler $ 9, Familien (2 Erw. und 2 Kinder bis 17 J.) $ 25. Der Eintritt muss für den Chinesischen Garten entrichtet werden, der Park drumherum ist öffentlich.

③ Granville Island – Fahrt mit dem Aquabus zum Public Market

Im False Creek, der Verlängerung der English Bay, ist der Aquabus eine bei Touristen und Einheimischen gleichermaßen **beliebte Einrichtung**. Die putzigen kleinen Boote, die Platz für etwa 10–12 Personen bieten, verkehren mindestens im 15-Minuten-Takt von früh morgens bis in den Abend (je nach Haltestelle). Während man die Fahrt zwischen „The Village" (nahe Science World, s. S. 14), Yaletown und Granville Island genießt, ist es keine Seltenheit, die eine oder andere Robbe beim Spielen im False Creek zu sehen – auch verirrte Delfine und Wale wurden schon gesichtet.

> **Mit dem Auto nach Granville Island**
>
> Granville Island ist eine Halbinsel, sie kann also auch mit dem Auto erreicht werden. Wer aus Downtown kommt, sollte sich jedoch nicht in die Irre führen lassen, denn Granville Street und -Bridge führen nicht ans Ziel. Man fährt besser über Burrard Street und -Bridge und hält sich links, wenn man nach Granville Island möchte, oder rechts, um zum **In-Viertel Kitsilano**, dem ehemaligen Hippie-Zentrum Westkanadas, zu gelangen. Hier befinden sich zwei interessante Museen, das Maritime Museum und das Museum of Vancouver.

Wer die Fahrt mit dem Aquabus ohne bestimmtes Ziel genießen will, kann für wenig Geld eine **kleine Rundreise** (25 Min. oder 40 Min.) machen. Es lohnt sich allerdings sehr, Granville Island anzusteuern. Es ist für viele Besucher das Highlight der Stadt und für nicht wenige Einheimische ihr absoluter Lieblingsort.

Die Anlegestelle des Aquabusses liegt direkt am **Public Market**, dem Haupt-

Aquabus-Haltestelle „The Village" südlich der Science World

Granville Island – Fahrt mit dem Aquabus zum Public Market

Public Market auf Granville Island

anziehungspunkt der Insel. Wer durch die (meist sehr gut besuchten) Markthallen wandelt, hat es schwer sich zu entscheiden – Backwaren, Obst, Delikatessen, Fast Food, Donuts und internationalen Spezialitäten verlocken zum Schlemmen. Es erfordert Disziplin, nicht gleich alle **Köstlichkeiten** durchzuprobieren. Wer etwas Zurückhaltung zeigt, kann sich zuerst mit einer Auswahl an Kostproben eindecken und diese dann an der Uferpromenade genießen. Und danach noch eine zweite Runde einkaufen gehen …

Obwohl der pulsierende Markt sicher das Herz von Granville Island ist, sollte man sich vor der Weiterfahrt mit dem Aquabus unbedingt noch den Rest der Halbinsel ansehen. Ein **Rundgang** dauert nicht länger als eine Stunde und führt zu Kunstgalerien, Souvenirläden und an der Granville Island Brewery, Kanadas erster Mikrobrauerei, vorbei bis zum Kids Market, einem Einkaufszentrum mit ausschließlich auf den Nachwuchs spezialisierten Geschäften.

Information: The Aquabus, Tel. 604-689-5858, www.theaquabus.com. Fahrpläne, Preise und eine Routenkarte sind auf der Internetseite zu finden. Preisbeispiel: einfache Fahrt The Village–Granville Island $ 5,50, $ 10 mit Rückfahrt. Eine Tageskarte kostet $ 15.
Granville Island, www.granvilleisland.com. Stadtplan und Visitor Guide sowie stets aktuelle Infos über Events und Veranstaltungen bietet diese Website.
Einkaufen: Public Market, Johnston Street, Granville Island. Tgl. 9–19 Uhr (außer an Montagen im Januar).
Kids Market, 1496 Cartwright Street, Granville Island, Tel. 604-689-8447, www.kidsmarket.ca. Tgl. 10–18 Uhr können Spielwaren, Kinderkleidung und Bücher eingekauft, ein Indoor-Spielplatz besucht oder auf Kinder zugeschnittene Snacks probiert werden.
Essen und Trinken: Granville Island Brewing, 1441 Cartwright Street, Granville Island, Tel. 604-687-2739, www.gib.ca. Touren inkl. Kostproben ($ 9,75) werden tgl. um 12, 14 und 16 Uhr für Erwachsene ab 19 Jahren angeboten. Im Schankraum kann man tgl. von 12–20 Uhr das hauseigene Lager, Hefeweizen oder auch besondere Sorten wie das False Creek Himbeer-Ale probieren – oder im angeschlossenen Shop (tgl. 10–20 Uhr) gleich einen Sixpack mitnehmen.

4 Von Twilight bis X-Men – Vancouver ist das Hollywood des Nordens

Nach New York und Los Angeles ist Vancouver **weltweit drittgrößtes Produktionszentrum** für Kinofilme. Die ersten wurden in den 1920er-Jahren produziert, in den 1970er-Jahren wurde der Standort mit Filmen für Kino und TV schließlich so bedeutend, dass die Stadt seitdem „Hollywood North" genannt wird.

Abgesehen vom Glamourfaktor, den **Filmstars** wie Jamie Lee Curtis, Robin Williams oder Hugh Jackman nach Vancouver bringen, sorgt die Filmindustrie auch für eine florierende Wirtschaft – über 1 Milliarde Dollar werden jährlich umgesetzt und fast weitere 3 Milliarden unter anderem für Hotels, Restaurants oder Mietwagen ausgegeben.

Bekannte Filme, die in der Traumstadt am Pazifik entstanden sind, sind z. B. die Twilight-Saga, Juno, Nachts im Museum 2 und Akte X. Und wo bekannte Schauspieler arbeiten, sind selbstverständlich auch ihre Fans nicht weit. Einschlägige, von Stars frequentierte Restaurants und Hotels erkennt man an den Trauben von wartenden Verehrern, die sich einen kurzen Blick erhoffen.

Die Vancouverites sind selbstverständlich stolz auf die Stardichte und haben die eine oder andere Geschichte parat. Ein Klassiker dreht sich um **Gary Cooper**, der in den 1940er-Jahren oft in Vancouver filmte und nach einer durchzechten Nacht eine Straßenkehrmaschine als Taxi zweckentfremdete.

Der größte Vorteil, den British Columbia gegenüber Kalifornien hat, ist schlicht und einfach Mut-

Coquihalla Canyon bei Hope – hier streifte Rambo durch die Wälder

Von Twilight bis X-Men – Vancouver ist das Hollywood des Nordens

Nicola Valley bei Merritt – hier wurde „Das Versprechen" mit Jack Nicholson gefilmt

ter Natur – in Vancouver gibt es nämlich anders als in Los Angeles **vier Jahreszeiten**, was realistischere Außenaufnahmen ermöglicht. Selbst der oft bewölkte Himmel an der kanadischen Westküste ist ein Vorteil: Dies macht die Arbeit der Beleuchtungstechniker einfacher, da das natürliche Licht durch die Wolkendecke für Filmaufnahmen leichter zu manipulieren ist.

Vancouver befindet sich zudem in der gleichen Zeitzone wie Los Angeles, und die außergewöhnliche Beliebtheit des nördlichen Hollywood zeigt sich in beeindruckenden Statistiken: Im Jahre 2010 wurden 246 Kinofilme in British Columbia gedreht und dafür wurden 1,5 Milliarden Dollar ausgegeben.

Die Filmindustrie in British Columbia beschränkt sich aber nicht nur auf Vancouver. Etwas außerhalb, bei Hope, wurde 1981 der erste **Rambo** gedreht. Die Gegend um Merritt wurde dem Zuschauer im Jack-Nicholson-Film **Das Versprechen** von 2001 als Wüste von Nevada verkauft, generell dienten die Landschaften im Süden schon oft als Kulisse für den einen oder anderen Western.

Auch das Schul- und Ausbildungswesen profitiert von der Filmindustrie. Das **Art Institute Vancouver** ist eine der Schulen, die spezielle Kurse für Filmproduktion und Screenwriting anbieten und somit den Nachwuchs für die ständig wachsende Industrie sicherstellen.

> **Vancouver International Film Festival**
>
> Ein großes Festival darf in einer Filmstadt wie Vancouver zweifellos nicht fehlen. Jährlich Ende September/Anfang Oktober wird die Stadt für zwei Wochen zum Mekka für Cineasten. 2005 weihte man ein eigenes Film Centre ein, wo beim Festival 2012 380 Filme aus 75 Ländern gezeigt und prämiert wurden. www.viff.org.

INFO

Information: Leider gibt es in Vancouver keine Touren wie durch die Studios von Los Angeles, da ein Großteil der Filme hier „on location" gedreht wird. Aktuelle Informationen über laufende Projekte unter www.bcfilmcommission.com (siehe „Film List").

5 Die Geschichte von Gassy Jack – wie Gastown zu seinem Namen kam

Im Herzen des trendigen Viertels Gastown, an der Ecke Water und Carrall Street, steht die Statue von Gassy Jack. Und um eines gleich vorweg zu schicken: Mit „gassy" ist hier nicht etwa „gashaltig" o.ä. gemeint. So wird im Englischen auch heute noch jemand bezeichnet, der **gern und viel redet** – und genau dafür war Jack bekannt.

Der gesprächige John Deighton, genannt Jack, wurde 1830 in England geboren und beschloss bereits in jungen Jahren, Matrose zu werden. Mitte der 1850er-Jahre hatte er sich bis San Francisco durchgeschlagen und entschieden, seinen Lebensunterhalt nicht mehr auf einem Schiff, sondern als **Goldgräber** zu verdienen. Nachdem er dies einige Zeit erfolglos versucht hatte, wurde er schließlich **Dampfschiffkapitän** und brachte Whiskey und Verpflegung zu den erfolgreicheren Goldgräbern. Am Whiskey blieb er letztlich hängen und eröffnete 1867 den Globe Saloon an den Ufern des Burrard Inlet, dem heutigen Stadtteil Gastown.

Mit der Errichtung des Saloons, der mit einer Größe von etwa 4x8 Metern nur eine kleine Hütte war, wurde Gassy Jack der **Gründer des heutigen Vancouver**. Gastown wuchs schnell heran und wurde bereits 1870 als Siedlung anerkannt, allerdings unter dem Namen Granville, benannt nach dem britischen Earl of Gran-

Statue von Gassy Jack in Gastown

Die Geschichte von Gassy Jack – wie Gastown zu seinem Namen kam

ville. Dies war jedoch „nur" der offizielle Name – sowohl in Granville, als auch über dessen Grenzen hinaus war die Gegend als Gastown bekannt.

Der Globe Saloon fiel schon nach wenigen Jahren dem Wachstum und dem Straßenbau zum Opfer. Jack Deighton blieb jedoch im Geschäft und errichtete 1870 nur wenige Meter entfernt das **Deighton Hotel**, ein weitaus stattlicheres Gebäude als der Saloon.

Der gesprächige Jack war bis zu seinem Tod im Jahre 1875 eine treibende Kraft für die wirtschaftliche Entwicklung und das Wachstum von Gastown. Auch die Einrichtung der ersten Polizeistation ist seinen Bemühungen zuzuschreiben. Das Deighton Hotel steht heute leider nicht mehr, es fiel bereits 1886 einem Großbrand zum Opfer und wurde nicht wieder aufgebaut.

Steamclock in Gastown – Glockenspiel im 15-Min.-Takt

Wenn auch Saloon und Hotel schon lange Vergangenheit sind – das Vermächtnis von Gassy Jack Deighton ist heute viel größer, als er es sich jemals hätte vorstellen können. Aus der kleinen Siedlung Gastown hat sich die Metropole Vancouver entwickelt, eine der größten Städte Kanadas – und ganz sicherlich eine der schönsten weltweit.

INFO

Information: www.gastown.org
Sehenswertes: Vancouver Police Museum, 240 E Cordova Street, Tel. 604-665-3346, www.vancouverpolice museum.ca. Di-Sa 9-17 Uhr. Erwachsene $ 12,00, Schüler 6-18 J. $ 8,00 (Kinder darunter kostenlos), Familien $ 30,00. Hier am Ort der ersten Polizeistation Vancouvers befindet sich dieses originelle Museum mit allerlei kuriosen Ausstellungstücken wie konfiszierten Waffen und konservierten Gewebeproben.
Steam Clock, Ecke Water und Cambie Street. Die Uhr, die alle 15 Minuten „Dampf ablässt", ist ein Touristenmagnet und eine der am meisten fotografierten Sehenswürdigkeiten der Stadt. Die Uhr selbst hat einen elektrischen Mechanismus, nur das Glockenspiel wird vom Dampf angetrieben!

6 Das isst Vancouver am liebsten – Spaghetti in Gastown, Street Food und Japadog

Das holprige Kopfsteinpflaster der Water Street in Gastown führt direkt zur **Old Spaghetti Factory**, einem der beliebtesten Restaurants in Vancouver. Touristen und Einheimische geben sich hier die Klinke in die Hand, und wer Glück hat, ergattert einen Tisch im hauseigenen **Dining Car**, einem ausrangierten Straßenbahnwaggon, der 1904 von der B. C. Electric Railway Company gebaut wurde. Er war bis in die 1950er-Jahre um die Ecke zwischen Main und Cambie Street im Einsatz. Ins Restaurant, das 1970 seine Türen öffnete, kam er schließlich mit einem Kran und steht seitdem in dessen Mitte.

> **Street Food und Food Trucks …**
>
> … sind momentan der letzte Schrei in Vancouver und vielen anderen Metropolen Nordamerikas. In Vancouver gibt es etwa **50 mobile Imbissbuden**, die täglich ihren Standort über Twitter oder Facebook bekannt geben. Eine weitere beliebte Methode, den Standort des Lieblingsimbisses herauszufinden, ist folgende **App**:
> www.streetfoodapp.com/vancouver.

Mittlerweile wird die Marke „Old Spaghetti Factory" als Franchise-Unternehmen mit dreizehn weiteren Restaurants in Kanada geführt. Der Standort Gastown war allerdings der erste und erfreut sich nach wie vor großer Beliebtheit. Das **Konzept** ist einfach: Man nehme ein altes Lagerhaus, fülle es mit Antiquitäten und Memorabilien und füge schließlich noch italienische Hausmannskost zum günstigen Preis hinzu. Und das funktioniert!

Street Food gibt es in Vancouver an jeder Ecke

Gleich, nachdem man einen Tisch zugewiesen bekommt, wird das ständig frisch gebackene Hausbrot serviert – so viel, wie man essen kann. Alle Gerichte werden als **Menu** angeboten: mit Suppe oder Salat, Spumoni Eiscreme zum Nachtisch sowie Kaffee oder Tee. In der abwechslungsreichen Speisekarte ist für jeden etwas dabei und die Atmosphäre lädt zum Verweilen ein. Das macht die Old Spaghetti Factory zum idealen Ort für eine Rast während der ausgiebigen Erkundung von Gastown, und auch für viele Einwohner British Columbias ist der Besuch ein Muss an jedem Vancouver-Tag.

Die Stadt ist aber nicht nur Heimat der Old Spaghetti Factory, sondern auch Geburtsort des **Japadog**. Ein Japadog ist ein Hotdog mit verschiedenen japanischen

Die Old Spaghetti Factory ist immer gut besucht

Belägen und wurde 2005 „erfunden". Der japanische Einwanderer Noriki Tamura wollte mit den über 100 Hotdog-Ständen in Vancouver konkurrieren und brachte seine ganz eigene Note ein. Wer einen Japadog probieren möchte, kann dies z. B. an der Ecke Burrard und Smithe Street (gegenüber Sutton Place Hotel) in Gastown tun. Einer der Bestseller hier ist der **Terimayo Dog**, der neben dem eigentlichen Hotdog noch Teriyaki Sauce, japanische Mayonnaise und Seegras enthält.

Das Konzept des Japadog ist nicht nur originell und „**made in Canada**", sondern zeugt auch von den Möglichkeiten, die Auswanderer in diesem Land nach wie vor haben. Auf seiner Internetseite beschreibt Noriki Tamura die Herausforderungen seines neuen Lebens in Kanada und wie er und seine Familie schließlich Erfolg hatten mit ihrer Idee.

Essen und Trinken: Old Spaghetti Factory, 53 Water Street, Tel. 604-684-8035, www.oldspaghettifactory. ca. Mo-Do 11-22, Fr/Sa 11-23, So 11-21.30 Uhr. Sehr familienfreundlich (Kinderkarte), auch glutenfreie Gerichte.

Japadog, www.japadog.com. Die Adressen der verschiedenen Stände sind auf der Website aufgelistet, mittlerweile gibt es sogar eine Filiale in New York.

7. Chinatown – exotische Märkte und Oasen der Stille

Nur zehn Minuten zu Fuß von der Science World (s. S. 14) entfernt betritt man scheinbar eine andere Welt. Der Besuch von Vancouvers Chinatown, bereits von Weitem erkennbar an seinen roten Straßenlaternen, ist **ein Erlebnis** für sich. Das größte chinesische Viertel Kanadas wartet mit kuriosen kleinen Geschäften, Akupunktur-Kliniken, exotischen Märkten und jeder Menge Kunst und Kultur auf. Gelegen am Rande von Downtown ist es entweder per Skytrain (Station „Chinatown/Stadium") oder zu Fuß (siehe Kasten) zu erreichen.

Zwischen 1890 und 1920 waren die damals als **Shanghai Alley** und **Canton Alley** bekannten Straßen mit über 1.000 chinesischen Einwanderern bevölkert. Das Leben spielte sich für die Neuankömmlinge hauptsächlich innerhalb der Grenzen des kleinen Viertels in einem 1898 erbauten Gemeindezentrum ab.

Die hohe Anzahl an chinesischen Einwanderern verlieh Chinatown bereits Ende des 19. Jahrhunderts Bedeutung, wobei die meisten bekannten Gebäude – wie das **Chinese Times Building** und die **Mon Keang Schule** – zu Beginn des 20. Jahrhunderts gebaut wurden. Obwohl ab etwa 1980 viele chinesische Geschäftsleute ihre Läden nach Richmond verlegten, wo mittlerweile ebenfalls ein bedeutendes chinesisches Viertel zu finden ist, hat Chinatown nichts von seinem Charme verlo-

Exotische Märkte

Chinatown – exotische Märkte und Oasen der Stille

Sicher zu Fuß nach Chinatown

Vancouver ist im Allgemeinen eine sichere Stadt für Touristen. Wer jedoch mit den Abkürzungen und Schleichwegen nicht vertraut ist, kann unter Umständen in einer nicht so sicheren Ecke landen.

Von Süden kommend ist die Main Street eine gute Wahl. Wer aus Gastown kommt, ist auf der Carrall Street gut aufgehoben. Die East Hastings Street ist eher berüchtigt als berühmt, von Downtown kommend ist die Pender Street eine bessere Wahl.

Pender Street – die Hauptschlagader Chinatowns

ren. Die Stadt erkannte die Notwendigkeit, dieses Stück Geschichte zu erhalten, und investierte in den letzten Jahren verstärkt in Renovierungs- und Restaurierungsprojekte.

Wer sich nach all den Eindrücken und Geschmäcken Chinatowns etwas erholen will, findet im Dr. Sun Yat-Sen Classical Chinese Garden eine wahre Oase der Stille (s. S. 15). Ebenfalls sehenswert ist das **Chinese Cultural Centre**, das für etwas zaghafte Touristen auch Führungen durch Chinatown anbietet.

INFO

Information: Chinese Cultural Centre, Büro in Chinatown: 50 East Pender Street, Tel. 604-658-8850. Di–Fr 9-17.30, Sa/So 9-18 Uhr. Museum: 555 Columbia Street, Tel. 604-658-8880. Di-So 11-17 Uhr. www.cccvan.com.
Website der **Wirtschaftsförderung** des Viertels: www.vancouver-chinatown.com
Unterkunft: Sandman Hotel, 180 W Georgia Street, Tel. 604-681-2211, www.sandmanhotels.ca. Günstige Lage in der Nähe von Chinatown.
Groß, sauber und freundlich. Zimmer ab ca. $ 120.
Essen und Trinken: Hon's Wun-Tun House, 268 Keefer Street, Tel. 604-688-0871, www.hons.ca. Ausgezeichnete kantonesische Küche, auch von Einheimischen frequentiert und bevorzugt. Zweite Filiale in Robson: 1339 Robson Street, Tel. 604-685-0871.
Veranstaltung: Dragon Boat Festival, www.dragonboatbc.ca. In und um Vancouver finden in chinesischer Tradition jährlich zwei Drachenbootrennen statt.

8 Beaty Biodiversity Museum – ein Blauwal auf dem Gelände der Universität

Man kann sie schon von Weitem sehen: Die gigantische Blauwal-Dame, oder das, was von ihr übrig ist, hängt prominent im Atrium des Beaty Biodiversity Museum der University of British Columbia (UBC). Freilich hat das Museum noch Tausende von Ausstellungsstücken rund um Evolution und Artenvielfalt auf einer Fläche von fast 1.900 Quadratmetern zu bieten, doch das 26 Meter lange **Blauwalskelett** ist das absolute Highlight – und hat außerdem eine sehr interessante Geschichte:

Die Wal-Dame wurde 1987 auf **Prince Edward Island** (PEI) an der Ostküste Kanadas angespült, nachdem sie von einem Schiff gerammt worden und gestorben war. Die Regierung wollte den Kadaver unbedingt für Forschungs- bzw. Ausstellungszwecke erhalten. Doch bis entsprechende Mittel und Wege gefunden wurden, sollte der Wal zunächst im roten Lehm an der Küste von PEI begraben werden. Dies geschah dann auch, und zwar mit erheblichem Aufwand – der Kadaver wog nämlich ca. 80 Tonnen. Keiner ahnte jedoch, wie lange diese Zwischenlösung dauern würde: Der Blauwal blieb **20 Jahre begraben**, bis sich 2007 die UBC und die Regierung von PEI schließlich einig waren, dass er im neuen Beaty Biodiversity Museum auf dem Gelände der Universität ausgestellt werden sollte.

Im Mai und Juni 2008 wurde das Projekt endlich in Angriff genommen. Der Wal wurde ausgegraben, das Skelett gereinigt und in einem Kühlcontainer per Zug und Fähre nach Victoria in British Columbia transportiert. Dort begann die eigentliche Arbeit. Walknochen sind extrem porös und speichern große Mengen Öl, die den Wal sowohl wärmen als auch für Auftrieb unter Wasser sorgen. Dieses Öl war in den 20 Jahren, die der Wal im roten Lehm verbrachte, ranzig geworden und musste den Knochen entzogen werden, um den Wal überhaupt ausstellen zu können. Berichten zufolge war der **Geruch fast unerträglich**, und es dauerte von Juli 2008 bis Ende 2009, bis alle Knochen schließlich gereinigt und geruchsfrei waren. Für den Kieferknochen musste aufgrund seiner Größe sogar ein spezielles Becken gebaut werden, um ihn komplett in die Reinigungslösung eintauchen zu können.

Das Museum liegt auf dem Campus der UBC

Von Januar bis April 2010 wurde der Wal schließlich **Stück für Stück zusammengesetzt**, dafür wurden Gelenke aus einer flexiblen Masse hergestellt. In neun großen Stücken trat er letztendlich seine Reise von Victoria nach Vancouver an, wo er vor Ort zusammengesetzt und im Atrium des Museums aufgehängt wurde. Während des Zusammenbaus, der fast zwei Monate in Anspruch nahm, wurde jeder einzelne Knochen gescannt, um eine digitale Kopie des Wals erstellen zu können.

Am 22. Mai 2010 war es so weit: Die 26 Meter lange Wal-Dame wurde der Öffentlichkeit präsentiert. Bis heute ist sie eine gut besuchte Attraktion. **Tipp:** Besonders beeindruckend ist der Blick, wenn man im unteren Bereich des Atriums direkt unter dem Skelett steht und nach oben schaut.

Die Blauwal-Dame hängt im Atrium des Museums

Information: Beaty Biodiversity Museum, University of British Columbia, 2212 Main Mall, Tel. 604-827-4955, www.beatymuseum.ubc.ca. Di–So 10–17 Uhr (im Sommer auch Mo). Erwachsene $ 12, Jugendliche 13–17 J. $ 10, Kinder 5–12 J. $ 8 (darunter frei), Familien $ 35.

Tägliche Aktivitäten rund um den Blauwal sowie Vorführungen des Discovery Channel-Dokumentarfilms „Raising Big Blue". Das Museum liegt auf dem Campus der Universität und ist von Downtown aus besonders gut mit öffentlichen Bussen (Nr. 4 oder 14) zu erreichen.

9 Celebration of Light – Feuerwerk in der English Bay

Eines der größten und beliebtesten Festivals in Vancouver ist die Celebration of Light, die seit 1990 jährlich in der English Bay stattfindet. Das spektakuläre Feuerwerk, das als **Wettbewerb** zwischen drei oder vier teilnehmenden Ländern ausgetragen wird, war zuerst als Symphony of Fire bekannt und zieht jährlich ca. 1,5 Millionen Zuschauer an.

Das mehrtägige Event findet Ende Juli/Anfang August statt und dauert, je nach Teilnehmerzahl, 3–5 Tage. Am dicht gepackten Strand der English Bay kann man während dieser Zeit ein einmaliges Feuerwerks-Schauspiel beobachten. Im Wettbewerb werden Design, Farben, Dauer, Synchronizität und sogar die Begleitmusik bewertet.

Auch die **Architektur des Feuerwerks** ist ein Bewertungskriterium für die Jury – hier wird darauf geachtet, in welcher Höhenlage sich das Spektakel entfaltet. Unter den Siegern des Wettbewerbs waren China und Kanada schon des Öfteren vertreten, aber auch Mexiko, Spanien und Italien waren bereits erfolgreich.

Beginn der Show ist um 22 Uhr. Wer jedoch einen Platz direkt an der Bay ergattern will, sollte spätestens um 20 Uhr dort sein, oder sich bereits im Vorverkauf einen Platz auf der **Aussichtstribüne** sichern. Wer Zeit hat und gerne in den Massen badet, kann das Spektakel kostenlos sehen, ein Platz auf der Tribüne kostet $ 49–59.

Tolles Programm in jedem Jahr – Celebration of Light

Feuerwerke zum Canada Day

Der große Tag der Pyrotechnik in den großen und kleinen Gemeinden Kanadas ist nicht Silvester, wo selten Feuerwerke stattfinden, sondern der Nationalfeiertag am 1. Juli. Dann wird in jedem Winkel des Landes kräftig gefeiert, und ein Feuerwerk darf dabei nirgendwo fehlen.

So ist in Vancouver bereits einige Wochen vor der Celebration of Light ein beeindruckendes Feuerwerk zu sehen. Am 1. Juli inszeniert die Burrard Inlet Fireworks Society ihr Nationalfeiertag-Feuerwerk am Canada Place, was aber auch vom Stanley Park aus sowie in North und West Vancouver zu sehen ist. Das Schauspiel findet auf zwei großen Kähnen im Burrard Inlet statt und erleuchtet ab 22.30 Uhr den Himmel. Wenn auch nicht ganz so spektakulär wie die Celebration of Light, so hat dieses Feuerwerk doch etwas ganz Besonderes – die Atmosphäre in den Menschenmassen am Canada Day ist einfach unbeschreiblich. Die in ihrem Nationalstolz sonst eher zurückhaltenden Kanadier zeigen am 1. Juli gern, wie stolz sie auf ihr Land sind.

Auch dieses Feuerwerk kann man kostenlos genießen oder eine Karte auf der Tribüne für ca. $ 10 erstehen.

Rot-weißes Feuerwerk am Nationalfeiertag

Information: Celebration of Light, www.hondacelebrationoflight.com.
Canada Day-Feuerwerk, www.canadadayfireworks.ca.
Essen und Trinken: The Fish House in Stanley Park, 8901 Stanley Park Drive, Stanley Park, Tel. 604-681-7275, www.fishhousestanleypark.com. Mo-Fr ab 11.30 Uhr Lunch, 14-16 Uhr Afternoon Tea, ab 17 Uhr Dinner. So ab 11 Uhr Brunch. Bis 22 Uhr geöffnet. Günstige Lage während der Celebration of Light. Sehr leckeres Essen, vor allem Fisch und Meeresfrüchte. Gehobene Preisklasse.
La Taqueria, 322 W Hastings Street, Gastown, Tel. 604-568-4406, www.lataqueria.ca. Die zentrale Lage in Gastown, Nähe Coal Harbor, bietet sich am Nationalfeiertag an. Gutes und günstiges mexikanisches Essen.

⑩ Public Art – Vancouvers öffentliche Kunstwerke

Canada Place

Canada Place (s. Bild S. 13) wurde Mitte der 1980er-Jahre erbaut und als kanadischer Pavillon der Expo 1986 eröffnet. Das Gebäude dient heute als Kongresszentrum und Kreuzfahrtanlegestelle, außerdem ist hier ein Hotel untergebracht. Über das Jahr verteilt finden verschiedene Veranstaltungen statt, z. B. die Feierlichkeiten zum Canada Day sowie ein großes Weihnachtsevent, außerdem permanente Ausstellungen zur Geschichte und Kultur Kanadas. Die Dachkonstruktion mit den fünf Segeln wird heute als DIE Landmarke Vancouvers empfunden. Die Idee dazu hatte der deutschstämmige Architekten Eberhard Zeidler, der u. a. am Bauhaus studierte und Anfang der 1950er-Jahre nach Kanada auswanderte.
Bei den Olympischen Winterspielen 2010 in Vancouver diente Canada Place als internationales Pressezentrum.

Die Stadtverwaltung Vancouvers sieht den Zweck des Public Art-Programms darin, Kunstwerke zu unterstützen und zu installieren, die „den Zeitgeist, die Werte, Visionen und Poesie der Stadt Vancouver" einfangen und zur Schau stellen. Traditionsreich, modern, manchmal skurril und sicherlich immer interessant – fast **400 verschiedene Kunstwerke** sind derzeit installiert und sorgen für einen ständigen Wandel im Stadtbild.

Das Programm wurde Ende der 1980er-Jahre ins Leben gerufen und befasste sich zunächst nur mit gestifteten Kunstwerken, die an öffentlichen Plätzen aufgestellt werden sollten. Innerhalb von wenigen Jahren bekam das Programm jedoch sein **eigenes Budget** zur Unterstützung örtlicher Künstler und gibt seitdem selbst neue Projekte in Auftrag.

Im Jahr des Drachen gibt es passende Krieger...   *Public Art in Yaletown – ein Mobile*

Eine Reihe von bemerkenswerten permanent platzierten Kunstwerken befindet sich in der Nähe des Canada Place, der selbst auch als Kunstwerk gilt (s. Kasten). Die Statue von Gassy Jack in Gastown (s. S. 20) ist ganz in der Nähe zu bewundern, aber auch eine Anzahl weniger bekannter Werke. So befindet sich zum Beispiel **The Drop** vor dem Vancouver Convention Centre, ein etwa 12 Meter hoher Regentropfen, der nicht nur die direkte Nähe zum Ozean, sondern auch den häufigen Regen an der Küste symbolisiert. Ebenfalls am Convention Centre, und zwar in der Eingangshalle, kann man den Quilt **Reflections of Vancouver** sehen, der aus Fallschirmen von kanadischen Soldaten des Zweiten Weltkrieges hergestellt wurde.

Schnitzkunst in der Nähe der Science World

Das Public-Art-Programm wird jedoch nicht alleine von der Stadtverwaltung finanziert und gesteuert. **Stadtteilinitiativen** und Künstlergruppen tragen regelmäßig ihren Teil zum Erfolg des Programms bei und bringen so etwas typisch Kanadisches ein: gegenseitigen Respekt und harmonische Zusammenarbeit zwischen Autorität und engagierten Bürgern.

INFO

Information: Allgemeine Informationen über das Public Art-Programm gibt es auf der **Internetseite der Stadt Vancouver**: https://vancouver.ca/parks-recreation-culture/public-art.aspx.
Auf der Website **Public Art Registry** gibt es im Menü die Möglichkeit, Kunstwerke nach Stadtgebiet (Neighbourhood-Maps) oder nach Künstler bzw. Kunstwerk zu suchen (Artworks Search, Artists Search). Die jeweiligen Listen enthalten genaue Ortsangaben der Werke: http://app.vancouver.ca/PublicArt_net/Default.aspx

Bowen Island – wo die Vancouverites ihr Wochenende verbringen

„Zum Greifen nah. Unbegreiflich schön" lautet der Slogan von Bowen Island. Tatsächlich ist die Insel nur eine **20-minütige Fährfahrt** von Vancouver entfernt, während der man schon einen Einblick in das kleine Paradies bekommt, das von seinen Bewohnern gut gehütet wird.

Über Jahrhunderte hinweg wurde die Insel, deren Fläche von 52 Quadratkilometern in etwa der Größe Manhattans entspricht, von den Ureinwohnern der **Squamish Nation** als sommerlicher Jagdgrund genutzt. Hirsche und Lachse waren in Hülle und Fülle vorhanden – und sind es bis zum heutigen Tag. In der letzten Hälfte des 19. Jahrhunderts wurde die Insel schließlich von den europäischen Siedlern entdeckt und im Jahre 1860 vom Landvermesser George Richards nach dem britischen Admiral James Bowen benannt.

1880 war Bowen Island bereits kein Geheimnis mehr, sondern schon ein **beliebtes Ausflugziel** der Bevölkerung Vancouvers. Der Zugang zur Insel wurde ab 1900 deutlich verbessert, als Captain John Cates dort regelmäßig mit den Booten seiner Terminal Steamship Company anlegte. Als die Union Steamship Company den Fährservice in den 1920er-Jahren übernahm, hatte sich Bowen Island bereits als Destination für Touristen etabliert. Auch die Wirtschaft auf der Insel wuchs, neben Forstwirtschaft und Fischerei stellte die Western Explosives Company hier Dynamit her.

In den 1940er-Jahren begann die Entwicklung, die Bowen Island letztlich bis zum heutigen Tag prägt. Autoren und Künstler fühlten sich von der ruhigen Atmosphäre angezogen und ließen sich dort nieder. **Künstlerkolonien** entstanden, und die einflussreichen Einwohner beschlossen, keine Großbauten oder Wohnsiedlungen auf der Insel entstehen zu lassen. Bowen Island ist deshalb bis heute so geblieben, wie es damals war – ruhig und verträumt.

Horseshoe Bay – hier legt die Fähre nach Bowen Island ab

Bowen Island – wo die Vancouverites ihr Wochenende verbringen

Boardwalk auf Bowen Island

Seit 1958 verkehrt eine Fähre mehrmals täglich zwischen der Insel und Horseshoe Bay in West Vancouver (s. S. 34), was für die Inselbewohner das tägliche Pendeln möglich macht. Im Gegenzug nutzen bis zu 5.000 Menschen aus Vancouver und Umgebung Bowen Island als **Wochenendziel**, um sich hier zu entspannen.

Wer die Insel besucht, sollte zuerst die Visitor Information aufsuchen, die nur wenige Minuten von der Fähranlegestelle entfernt ist und alle nötigen Informationen für einen Besuch der Insel bereithält.

INFO

Information: Bowen Island Travel & Visitor Information, 432 Cardena Road, Bowen Island, Tel. 604-947-9024, www.bowenchamber.com. Mo–So 10–15 Uhr (Ende Mai bis Anfang September).
Fähren: www.bcferries.com, Internetseite des Fährservice. Reservierungen empfohlen! Eine weitere Möglichkeit, nach Bowen Island zu kommen, ist die Anreise mit dem Wassertaxi ab Granville Island (s. S. 16).

Essen und Trinken: Rund um das Fährterminal gibt es eine Reihe von Restaurants und Imbissbuden. Empfehlenswert: **Tuscany Restaurant**, 451 Bowen Island Trunk Road, Tel. 604-947-0550, www.tuscanypizza.com. So und Mo geschlossen, Di nur Essen zum Mitnehmen. Vor allem am Wochenende gut besucht, ab 17 Uhr. Gute italienische Küche in einem hübsch gelegenen Haus.

⑫ Ambleside Park und Dundarave Village – Leben in West Vancouver

West Vancouver liegt an der English Bay, nur wenige Minuten von Stanley Park entfernt. Sobald man die Lions Gate Bridge überquert, befindet man sich in **West Van**, wie es die Einheimischen nennen. Hier ist die Atmosphäre eine ganz andere als im lebendigen Downtown Vancouver.

In West Vancouver gibt es keine Industrie, die Gegend ist ein **reines Wohngebiet**, durchsät mit kleinen und großen Geschäften, die entspanntes Einkaufen versprechen. Die Gemeinde mit etwa 42.000 Einwohnern hält auch ein paar **Rekorde**: Das Park Royal Shopping Centre wurde hier 1950 eröffnet und ist somit das älteste Einkaufszentrum in Kanada. Die Einwohner sind außerdem sehr belesen, die örtliche Bibliothek West Vancouver Memorial Library hat die höchste Zirkulationsrate in ganz Kanada – 22 Bücher werden hier pro Jahr und Einwohner ausgeliehen!

Die Bevölkerung von West Van ist **gut betucht**. Rentner, junge Familien und Pendler leben hier in Häusern, die im Durchschnitt $ 1.000.000 wert sind und nicht selten für $ 2.000.000 verkauft werden. West Vancouver gilt als eine der wohlhabendsten Gemeinden Kanadas und bietet außerdem atemberaubende Ausblicke auf die North Shore Mountains, den Howe Sound, Bowen Island (s. S. 32) und natürlich Downtown Vancouver.

Ambleside Park, nur wenige Minuten von der Lions Gate Bridge entfernt, ist ein Hotspot der Einheimischen. Ein Fitness-Parcours, ein Baseball- sowie Basketballfeld, Tennisplätze und ein Skateboard Park ziehen vor allem Familien mit Kindern an. 1,2 km Strandpromenade und ein breites Stück Sandstrand laden außerdem zum Spazierengehen oder Schwimmen ein. Grünflächen und Fahrradwege runden das Angebot des 24 Hektar großen Parks ab. Vor dem Ausgang liegt das **Park Royal Shopping Centre**, das eine bunte Mischung von rund 280 Geschäften und Restaurants bietet.

Ambleside Beach – mit Blick auf die Lions Gate Bridge

Ambleside Park und Dundarave Village – Leben in West Vancouver

Dundarave Village in West Vancouver – Einkaufen mit Charme

Eine weitere Sehenswürdigkeit in West Vancouver ist das **Dundarave Village**. Nur einen Block westlich von Ambleside wird es gerne zum Nachmittagskaffeezeit von den Einheimischen frequentiert. Bistros, Pubs und Kunstgalerien verleihen dem Viertel ein unkonventionelles, künstlerisches Flair. In den Sommermonaten wird hier an den Wochenenden **Markt** gehalten, dann werden frisches Obst und Gemüse von lokalen Farmern zum Verkauf angeboten.

Wer dem Großstadttrummel für einen Tag entfliehen will, ist in West Van an der richtigen Adresse. Die Oase nahe der Großstadt bietet Gelegenheit, die Akkus wieder aufzuladen, bevor es mit dem nächsten Abenteuer in Vancouver weitergeht.

Auf den Grouse Mountain

Östlich von West Vancouver liegt – geografisch etwas verwirrend - **North Vancouver**. Die Stadt liegt am Fuße des Grouse Mountain, der den Großstädtern als Ausflugs- und Wintersportziel dient.
Heute muss man den Berg nicht mehr zu Fuß bezwingen, die **Skyride Gondola** bringt einen an jedem Tag des Jahres alle 15 Minuten zwischen 9 und 22 Uhr auf den Gipfel und verspricht dabei wunderbare Ausblicke auf die Stadt, den Hafen und die Berge.
Wem 1.200 m noch nicht genug sind, kann mit einem Fahrstuhl auf die Aussichtsplattform des **The Eye of the Wind**, einem 65 m hohen Windrad auf der Spitze des Berges, hoch fahren.
Alle Informationen und Preise unter www.grousemountain.com.

Information: Offizielle Website mit Karten und vielen Informationen, auch zu aktuellen Veranstaltungen: www.westvancouver.ca.
Anfahrt: West Vancouver ist einfach mit öffentlichen Verkehrsmitteln zu erreichen, zum Beispiel mit dem Bus 250 oder 251 ab der Sky Train-Haltestelle „Granville" in der Innenstadt.

Einkaufen: Park Royal Shopping Centre, www.shopparkroyal.com.
Essen und Trinken: Chez Michel, 1373 Marine Drive, West Vancouver, Tel. 604-926-4913. Französisches Restaurant mit Charme, seit 30 Jahren beliebt bei den Einheimischen.

⓭ Metropolis in Burnaby oder Vancouvers Main Street – Einkaufen nach Herzenslust

Kanadas zweitgrößtes Einkaufszentrum nach der West Edmonton Mall in Alberta (s. S. 132) und gleichzeitig British Columbias größtes Einkaufszentrum befindet sich in **Burnaby** (s. auch S. 38), einer von 30 Gemeinden der Metropolregion (genannt „Metro") Vancouver, in der ca. 2,5 Millionen Menschen leben. Zentral gelegen und leicht mit Auto, Bus oder Sky Train (Haltestelle „Metrotown") zu erreichen, bietet Metropolis Einkaufsvergnügen auf drei Ebenen mit ca. 400 Geschäften. Vom riesigen Kaufhaus bis zum kleinen Spezialgeschäft ist hier alles vertreten. Und genug Bewegung bekommt man auch, denn vom einen Ende des Zentrums zum anderen sind es fast 2 Kilometer, die Gesamtfläche beträgt über **165.000 Quadratmeter**!

Das gigantische Zentrum entwickelte sich seit seiner Eröffnung 1986 mit mehreren Erweiterungen und hatte schließlich 2005 seine jetzige Größe erreicht. Metropolis at Metrotown ist ein Anziehungspunkt sowohl für Einheimische als auch für Touristen und stets gut besucht. Ausstellungen und Events bieten ständige Abwechslung und irgendein **„Sale"** (Schlussverkauf) findet immer statt.

Wem der Trubel in einer Mall zu viel ist, der hat eine attraktive Alternative: Die **Main Street** in **Vancouvers Innenstadt**, zwischen der 16th und 33rd Avenue. Die Gegend, auch als Mount Pleasant bekannt, hat sich in den letzten Jahren zum Trendviertel entwickelt und ist Heimat für eine Reihe von originellen Boutiquen

Über 400 Geschäfte – hier wird es nicht langweilig

Metropolis in Burnaby oder Vancouvers Main Street – Einkaufen nach Herzenslust

und Antiquitätengeschäften. Bei den Einheimischen sind die Shops hier sehr beliebt und vor allem sonntags gut besucht.

Erreichen kann man die Main Street zu Fuß ab der Sky Train Station „Main Street/Science World". Der Spaziergang Richtung Süden (Science World lässt man rechter Hand hinter sich) dauert etwa 15 Minuten, dann kann der Einkaufsspaß beginnen. Für das das **leibliche Wohl** hier ebenfalls bestens gesorgt, vom gemütlichen Coffee Shop bis zum trendigen Restaurant mit Nouvelle Cuisine ist hier alles vertreten.

Metropolis at Metrotown – Einkaufen ohne Ende

Michael Bublé und Burnaby

Eine CD von Michael Bublé ist ein passendes Mitbringsel aus Burnaby. Der hier geborene Sänger ist einer der bekanntesten kanadischen Musikexporte der letzten Jahre. Mit seiner samtigen, dunklen Stimme und seinen eingängigen Jazz-, Swing- und Big Band-Songs („Come fly with me") enterte er weltweit die Charts und wurde mit vielen internationalen Musikpreisen geehrt.

Geboren 1975 als Sohn eines Lachsfischers und seiner italienischen Frau, bei denen er mit zwei Schwestern aufwuchs, besuchte Bublé örtliche Schulen und begann hier seine musikalische Karriere als Hochzeitssänger. Bei einem dieser Auftritte im Jahr 2000, auf der Hochzeit der Tochter des damaligen kanadischen Premierministers Brian Mulroney, wurde er von einem Musikmanager entdeckt. Der Durchbruch gelang ihm dann 2003 mit seinem Debütalbum.

Michael Bublé fühlt sich mit seiner Heimatregion sehr verbunden: 2010 trat er in der weltweit übertragenen Schlussfeier der Olympischen Winterspiele im B.C. Place Stadium auf. Außerdem investierte er in den Nationalsport Eishockey, seit 2008 ist er Mitbesitzer des Lokalvereins Vancouver Giants.

Information: Metropolis at Metrotown, 4700 Kingsway, Burnaby, www.metropolisatmetrotown.com. Mo-Sa 10-21 Uhr, So 11-19 Uhr.
Main Street, http://shopmain.ca.
Unterkunft: Holiday Inn Express Vancouver-Metrotown, 4405 Central Boulevard, Burnaby, www.hiexpress.com.
Das Hotel ist direkt an das Einkaufszentrum Metropolis angeschlossen. Komfortable, saubere Zimmer ab $ 150 inkl. Frühstück.
Essen und Trinken: Im **Metropolis** gibt es über 30 Restaurants und Fast-Food-Stände – da dürfte für jeden etwas dabei sein!
Auf der **Main Street** ist das **Burgoo** zu empfehlen, 3096 Main Street, Tel. 604-873-1441, www.burgoo.ca. Mo-So 11-23 Uhr. Suppen, Sandwiches und Salate. Dazu Bistroküche aus aller Welt wie Ungarisches Gulasch und Irish Stew. Günstige Preise.

⑭ Burnaby Village Museum – so war es in Metro Vancouver vor hundert Jahren

In Burnaby kann man nicht nur einkaufen (s. S. 36), sondern auch Lokalgeschichte erleben: In der Nähe des Deer Lake, etwa 15 Minuten mit dem Bus ab der Sky Train-Haltstelle „New Westminster", befindet sich ein kleines **Open-Air-Museumsdorf**, das seine Besucher ins frühe 20. Jahrhundert zurückversetzt. Die meisten Gebäude wurden aus verschiedenen Teilen Vancouvers hierher gebracht und bilden nun ein Gesamtkunstwerk. Die Hauptattraktionen des Museums sind aus dem Jahr 1912, einige wenige aus den 1920er-Jahren, viele bereits aus dem späten 19. Jahrhundert.

Der sogenannte Interurban 1223, ein **Straßenbahnwaggon von 1912**, war bis 1958 im Einsatz und wurde danach auf dem Freigelände des Museums ausgestellt. Die Witterung setzte dem Waggon, der als einer von nur sieben übriggeblieben war (alle anderen wurden verschrottet), erheblich zu. So wurde im Jahr 2000 die Entscheidung getroffen, das über 20 Meter lange Gefährt zu restaurieren.

In über **20.000 Arbeitsstunden** wurde der Waggon mit Hilfe von $ 550.000 Spenden in seinen ursprünglichen Zustand versetzt. Das Ergebnis kann sich sehen lassen – leuchtende Farben und poliertes Holz versetzen die Besucher zurück ins letzte Jahrhundert. Die in

Der komplett restaurierte „1223" – ein Schmuckstück

100 Jahre alt und noch in Betrieb – zur Freude von Jung und Alt

Geschichte und Fortschritt

Wer sich vom 100-jährigen Karussell verzaubern lässt, muss trotzdem nicht auf neueste Technologie verzichten: Direkt neben dem Karussell steht ein Computer, der für Besucher frei zugänglich ist. Das Besondere? Mit einer integrierten Kamera und der entsprechenden Software kann man von hier aus elektronische Postkarten mit eigenem Bild per E-Mail in alle Welt versenden.

Burnaby Village Museum – so war es in Metro Vancouver vor hundert Jahren

Burnaby Village Museum – so lebte man hier vor 100 Jahren

historischer Kleidung gewandeten Museumsangestellten tragen ihren Teil zum nostalgischen Flair bei und geben außerdem bereitwillig Auskunft über jedes Detail des Waggons.

Ebenfalls aus dem Jahr 1912 ist das **C. W. Parker Karussell**, das auch als Nr. 119 bekannt ist (das 119. Karussell aus der Parker-Fabrik) und bis 1989 auf dem PNE-Volksfest in Vancouver im Einsatz war. Das Museum und die Stadt Burnaby investierten 1989 $ 350.000, um das Schmuckstück ins Museum zu bringen. Folgend begannen die „Friends of the Carousel" gleich mit der Restaurierung. Das imposante Stück ist nun täglich für Jung und Alt in einem klimatisierten Gebäude im Einsatz. Für die musikalische Untermalung zuständig ist eine **Wurlitzer** aus dem Jahr 1925, die die Karussellfahrt mit Marschmusik untermalt.

Die **Schule von 1922**, in der zur damaligen Zeit Schüler von der ersten bis zur siebten Klasse unterrichtet wurden, präsentiert sich komplett mit Büchern, Landkarten und auch Lehrern. Wer möchte, kann an einer Unterrichtsstunde teilnehmen – Disziplin vorausgesetzt. **Weitere Gebäude** sind ein General Store, eine Bank, ein Kino, verschiedene Wohnhäuser und eine Druckerei, in der die Druckkunst des frühen 20. Jahrhunderts eindrucksvoll erklärt und vorgeführt wird. Die Home Bakery sorgt fürs leibliche Wohl, hier rundet ein leckerer Apfelkuchen mit Vanille-Eis den lohnenden Museumsbesuch ab.

Information: Burnaby Village Museum, 6501 Deer Lake Avenue, Burnaby, Tel. 604-297-4565, www.burnabyvillagemuseum.ca. Im Sommer Di–So 11–16.30 Uhr, ansonsten zu den Frühlingsferien sowie zur Weihnachtszeit geöffnet – vor dem Besuch unbedingt auf der Website nachschauen! Eintritt frei, Karussell $ 2,35.

Unterkunft: Executive Hotel Burnaby, 4201 Lougheed Highway, Burnaby, www.executivehotels.net/burnabyhotel/. Zentrale Lage. Saubere, moderne Zimmer ab $ 115. Restaurant und Lounge im Hotel.

Orte & Städte

Blick auf Merritt, BC

15 Nelson, BC – kleine Stadt mit großer Persönlichkeit in den kanadischen Rockies

Auf halbem Weg zwischen Vancouver und Calgary, in der Kootenay-Region des südöstlichen British Columbia, liegt Nelson. Die charmante Stadt zählt etwa 10.000 Einwohner und ist auch als Queen City bekannt, ein Name, der ihr während des Silver Rush Ende des 19. Jahrhunderts verliehen wurde.

Über die Grenzen von British Columbia und sogar Kanada hinaus ist Nelson als die **schönste Kleinstadt Kanadas** bekannt – ein Titel, der von dem Autor John Villani in seinem Buch „The 100 best small arts towns in America" verliehen wurde. Fragt man jedoch die Einheimischen in BC, so bekommt man als häufigste Antwort, dass Nelson vor allem ein Mekka für Hippies und Künstler sei. Tatsächlich ließen sich während des Vietnamkrieges in den späten 1960er- und frühen 1970er-Jahren viele amerikanische Wehrdienstverweigerer hier nieder. Dieser Zufluss von meist liberalen, gebildeten jungen Menschen hatte einen Einfluss auf die Politik und Demografie der Gegend, der bis heute anhält.

Seine Anfänge hatte Nelson schon vor mehr als 2.000 Jahren. Die First Nations der Sinixt und Ktunaxa hatten im Schutz der Selkirk Mountains ihre traditionellen Jagdgründe. Die ersten europäischen Pioniere und Siedler trafen schließlich 1867 in der Gegend ein, als Gold, Silber und Kupfer entdeckt wurden. Wie an vielen Orten in dieser Zeit explodierte die Bevölkerung Nelsons förmlich und die Gemeinde wurde bereits 1897 zur Stadt ernannt. Der Bergbau und die Forstwirtschaft etablierten sich und trugen Nelson sicher ins 20. Jahrhundert. Nach vielen Jahren des wirtschaftlichen Erfolgs kam schließlich die große Ernüchterung. In den 1980er-Jahren wurde das größte Sägewerk der Stadt geschlossen und die Arbeitslosigkeit schnellte nach oben.

Blick auf Nelson und die Selkirk Mountains

Die historischen Gebäude von Nelson – wie aus dem Bilderbuch

Die in den 1970er-Jahren angekommene Bevölkerung, die dem Dienst im Vietnamkrieg entflohen war, hatte an Einfluss gewonnen und lenkte die Geschicke der Stadt mit Weitblick in eine neue Richtung. Mit finanzieller Unterstützung der Regierung in Victoria wurden die historischen Gebäude in der Innenstadt restauriert und der Grundstein zur Neuorientierung war gelegt – Nelson entwickelte sich schnell zu einer Destination für Touristen, **Outdoor-Enthusiasten** und sogar Hollywood. 1986 wurde die Stadt von Steve Martin als Drehort für seinen Film Roxanne ausgewählt, weitere Produktionen und auch Touristen folgten.

Heute bietet Nelson eine interessante Mischung aus Kultur, Kunst und Outdoor. Wanderpfade, eine historische Innenstadt, eine junge Bevölkerung und so einige Alt-Hippies verleihen der Stadt in den Kootenays einen besonderen Charme. So mancher Tourist, der die Stadt als Zwischenstopp eingeplant hatte, bleibt einige Tage länger.

Information: Nelson Visitor Centre, 225 Hall Street, Nelson, www.discovernelson.com; ganzjährig geöffnet, zentrale Lage am Rand von Downtown, direkt am Highway 3.
Essen und Trinken: All Season's Cafe, 620 Herridge Lane, www.allseasonscafe.com; leckeres Essen aus regional angebauten Zutaten und gemütliche Atmosphäre, hervorragender Service; tgl. geöffnet ab 17 Uhr.
Unterkunft: Dancing Bear Inn Hostel, 171 Baker Street, www.dancingbearinn.com; im Herzen der historischen Innenstadt, Übernachtung im Einzelzimmer oder auch Schlafsaal; sehr günstig, originell und charmant.

16 Barkerville, BC – eintauchen in den Cariboo Gold Rush

Barkerville, die historische Goldgräberstadt, ist heute das größte Living History Museum Kanadas und seit 1958 kanadisches Kulturerbe. Der **Aufstieg und Fall** von Barkerville dauerte weniger als 100 Jahre – von der Goldgräber-Boomtown bis zur Geisterstadt. Dass Barkerville heute keine verfallene Geisterstadt ist, ist den engagierten Mitgliedern des Barkerville Heritage Trust zu verdanken. Sie setzten sich 1958 dafür ein, dass die Stadt unter Denkmalschutz gestellt wurde und verwalten sie bis heute als Touristenattraktion.

> **Cariboo Gold Rush Trail**
>
> Als Billy Barker 1862 Gold fand, setzte sich eine ganze Karawane an Goldgräbern in Bewegung. Der berühmte Gold Rush Trail endet in Barkerville – der Beginn der abenteuerlichen Route liegt in Lillooet, nur zwei Stunden nördlich von Vancouver. Über Berge und durch Täler und teilweise sogar durch die reißenden Fluten des Fraser River bahnten sich zahlreiche Abenteurer ihren Weg in den Norden. Detaillierte Informationen und eine Karte der historischen Route findet man unter www.bcheritage.ca/cariboo.

Der Cariboo Gold Rush brachte in den 1860er-Jahren Tausende von Goldgräbern in die Gegend um Barkerville. Einer von ihnen war der Brite Billy Barker, der am 17. August 1862 auf eine Goldader stieß. Die mehr oder weniger über Nacht entstandene Stadt wurde nach Barker benannt und wuchs innerhalb von wenigen Jahren auf fast 5.000 Einwohner an. Obwohl die ge-

Postkutschenfahrt in Barkerville

Barkerville, BC – eintauchen in den Cariboo Gold Rush

In Wells, nur wenige Minuten von Barkerville entfernt, wohnen sämtliche Schausteller und Mitarbeiter der Geisterstadt

samte Stadt 1868 niederbrannte, wurde sie sogleich wieder aufgebaut und war bis in die 1920er-Jahre Stützpunkt für Goldgräber.

In den 1930er-Jahren brachte ein kleiner Boom nochmals einen Zustrom an Einwohnern, doch die Tage der idyllisch gelegenen Stadt waren gezählt. Als der Zweite Weltkrieg ausbrach, wurde der Bergbau nebensächlich und alle verfügbaren Kapazitäten anderweitig eingesetzt. Die Stadt war schließlich nicht mehr bewohnt und das Schicksal von Barkerville schien besiegelt – was zur Freude vieler Touristen verhindert wurde.

Über 100 historische Häuser sind bis ins Detail restauriert und „in Betrieb". Man fühlt sich in Barkerville sofort in die Zeit der ersten Siedler zurückversetzt und wird sogar ein bisschen vom Goldrausch erfasst. Es gibt eine Reihe an geführten Touren, Minenbesichtigungen, Theatervorführungen, und wer es gerne holprig mag, kann sogar mit der Postkutsche fahren. Sämtliche Mitarbeiter/Siedler und Goldgräber in Barkerville tragen historische Kostüme und geben gerne Auskunft über die lohnenden Besichtigungen. Mit etwas Glück kann man sogar erfahren, wo man vielleicht noch bei der Goldsuche fündig werden könnte…

Informationen: Am Eingang zur Stadt befindet sich ein Infostand, wo man sich mit einer Übersichtskarte von Barkerville ausstatten lassen kann und die Vorführungszeiten der diversen Veranstaltungen erfragen kann. **Historic Town of Barkerville**, www.barkerville.ca; ganzjährig geöffnet, jedoch ist der Ort nur saisonal in Betrieb.

Essen und Trinken: Barkerville hat drei Restaurants und eine Bäckerei, die allesamt an der Main Street liegen und dieselben Öffnungszeiten wie die Goldgräberstadt haben. Vor allem die Bäckerei ist einen Besuch wert!
Unterkunft: **St. George Hotel**, 4 Main Street, Barkerville, www.stgeorge hotel.bc.ca; 7 Zimmer – unbedingt reservieren, authentisch und gepflegt – ein tolles Erlebnis.

Orte & Städte

⑰ Bella Coola, BC – gut verstecktes Juwel in den Coast Mountains

Mitten in den Coast Mountains, etwa auf halbem Weg zwischen Vancouver und Prince Rupert, befindet sich ein (relativ) gut zugängliches, jedoch gut verstecktes Juwel. Bella Coola, eine kleine Gemeinde mit nur etwa 600 Einwohnern, ist zwar übers Wasser, aus der Luft und über den Highway 20 (ab Williams Lake) zu erreichen, aber dennoch in einer der **abgeschiedensten Regionen** British Columbias gelegen.

Wie in vielen Gemeinden in BC geht auch hier die mündlich überlieferte Geschichte der First-Nations-Ureinwohner Jahrtausende zurück, während die ersten europäischen Siedler und Forscher erst Ende des 18. Jahrhunderts in die Gegend kamen.

Der bedeutendste Europäer, der in den frühen Jahren durch Bella Coola kam, war der Schotte **Alexander Mackenzie**, der als erster Forscher Kanada von Osten nach Westen durchquerte und auf seinem Weg zum Pazifik 1793 durch das Bella-Coola-Tal reiste. Das Tal erstreckt sich über etwa 80 km von der Mündung des Bella Coola River im Westen bis zum Tweedsmuir Provincial Park im Osten.

Acwsalcta-Schule im Bella-Coola-Tal – farbenfrohe Geschichte und Kultur der First Nations

Wenn auch einige Sehenswürdigkeiten wie das Bella Coola Valley Museum und die Historic Walking Tour of Bella Coola geschichtlichen Hintergrund über die Ureinwohner und Siedler liefern, so sind die eigentlichen Attraktionen der Gegend die Natur, Flora und Fauna. Wandern, Kajak fahren, Angeln, Mountainbiking, Schwimmen und Wildtiere beobachten sind nur einige der scheinbar endlosen Freizeitaktivitäten. Wer sich nicht in die Wildnis stürzen möchte, kann sowohl die Sehenswürdigkeiten der Gemeinde erkunden als auch das etwa 14 km östlich gelegene **Norwegian Heritage House** in Hagensborg besuchen, das Ende des 19. Jahrhunderts von norwegischen Siedlern erbaut wurde.

Für Outdoor-Enthusiasten ist vor allem der **Tweedsmuir Provincial Park** ein Mekka an Möglichkeiten. Der 480 km (Luftlinie) von Vancouver entfernt gelegene Park ist mit einer Fläche von 981.000 Hektar einer der größten Parks in British Co-

Bella Coola, BC – gut verstecktes Juwel in den Coast Mountains

Mount Stupendous im östlichen Bella-Coola-Tal

lumbia. Er bietet Campingplätze für Wohnmobile (allerdings ohne Strom- oder Wasseranschlüsse) und zahlreiche Zeltplätze, die teilweise nur zu Fuß zugänglich sind. Verschiedene Wanderrouten, die mehrere Tage dauern und auch drei- oder fünftägige Kanufahrten sind auf der Internetseite von BC Parks beschrieben, z.B. der Alexander MacKenzie Grease Trail, Hunlen/Turner Lake Trail oder Odegaard Falls Trail. Diese sollten aber nur von erfahrenen Personen in Angriff genommen werden, da das Gebiet nur in unregelmäßigen Abständen von den Parkwächtern patrouilliert wird. Und Achtung: Hier leben viele Bären!

Information: Bella Coola Tourist/Visitor Info Booth, 628 Cliff St., www.bellacoola.ca; im Stadtzentrum gelegen und saisonal geöffnet von Mitte Juni bis Mitte September; samstags und an Feiertagen geschlossen. **Tweedsmuir Provincial Park**, www.env.gov.bc.ca/bcparks/, auf der sehr detaillierten Internetseite sind sämtliche Provincial Parks in British Columbia alphabetisch gelistet und genau beschrieben. Karten und Wanderrouten sind als Download zu finden.
Essen, Trinken und Unterkunft: Bella Coola Valley Inn, 441 Mackenzie Street, www.bellacoolavalleyinn.com; 20 saubere Zimmer sowie Restaurant mit japanischer und kanadischer Küche, tgl. geöffnet.

Gabriola Island, BC – Paradies der Stille

4.200 Menschen nennen Gabriola Island im Strait of Georgia, der Meerenge zwischen Vancouver Island und der Sunshine Coast, ihre Heimat. Die Bevölkerung der verträumten Insel besteht zum größten Teil aus Pensionären, die das Strandleben und die Stille genießen; der idyllische Ort zieht jedoch auch viele junge Familien an, die die Insel teilweise als Wohnsitz, teilweise als Wochenend-Domizil nutzen. Gabriola Island ist auch als die „**Isle of the Arts**" bekannt und hat angeblich die höchste „Künstlerdichte" Kanadas. Dieser Meinung sind zumindest die Inselbewohner und warten mit einer Vielzahl von Kunstgalerien, Glasbläsereien und Künstlerstudios auf.

Die ersten Siedler der Insel waren die Angehörigen der Snuneymuxw First Nation, deren Felszeichnungen etwa 5.000 Jahre alt sein sollen. Viel später, Ende des 18. Jahrhunderts, kamen spanische Entdecker auf die Insel, um dort nach Gold zu suchen. Weitere Europäer folgten und ließen sich als Farmer und Forstarbeiter nieder. Mitte des 19. Jahrhunderts hatten sich schließlich genügend Farmer auf der Insel etabliert, um als Hauptversorger des auf Vancouver Island liegenden Nanaimo zu gelten.

Die Geschichte der Insel von den ersten Einwohnern bis zum heutigen Tag kann im **Gabriola Museum** erforscht werden – der Schwerpunkt des reichhaltigen Freizeitangebotes liegt jedoch auf Outdoor-Aktivitäten: Fischen, Segeln, Kajak fahren, Wildtiere beobachten, die scheinbar endlosen Strände erkunden. Die Aktivitäten auf der Insel sind nicht besonders aufregend, aber dafür umso entspannender. Manche Einwohner sagen, dass es in Gabriola Island so ruhig und friedlich sei, dass man die Flügelschläge von vorbeifliegenden Vögeln hören könne…

Auf der Insel gibt es außerdem drei **Provincial Parks**, die nicht nur über sehr gepflegte Strände, sondern auch über Wanderwege und Picknickplätze verfügen. Gleichermaßen beliebt bei Touristen und Einheimischen bieten sich in den Parks auch oft gute Gelegenheiten, um die örtliche Fauna – unter anderem Seelöwen und Weißkopfseeadler – zu beobachten.

Als nördlichste der Golfinseln liegt Gabriola Island nur fünf Kilometer (oder 20 Minuten mit der Fähre) von Nanaimo (Vancouver Island) entfernt. Die Insel gilt als eine der am besten zugänglichen, mit Fährservice zwischen Nanaimo und Gabriola Island im Stundentakt, fast rund um die Uhr.

*Entspannung pur:
Paddeltour durch die Natur*

Gabriola Island, BC – Paradies der Stille

Von der Nordspitze von Gabriola Island hat man einen schönen Blick auf das „Entrance Island Lighthouse", das seit 1875 Schiffen den Weg durch den Strait of Georgia weist

Information: Gabriola Island Visitor Centre, 377 Berry Point Road, www.gabriolaisland.org; in der Nähe des Gabriola Sands Provincial Park gelegen, saisonal in den Sommermonaten geöffnet. Infos zur Anreise unter www.bcferries.com.
Gabriola Museum, 505 South Road, www.gabriolamuseum.org , nur im Sommer geöffnet.
Essen und Trinken: Robert's Place, 560 North Road, www.robertsplacegabriola.com; tgl. geöffnet, Frühstück, Mittag- und Abendessen. Gute amerikanische Küche (Burger, Steaks, Salate) und einige asiatische Gerichte.

Unterkunft: Manana Guest House, 1215 Barrett Road, www.mananagabriola.com; Bed & Breakfast in idyllischer Lage mit einmaligem Ausblick; gehobene Preisklasse.
Reisezeit: Das Klima auf Gabriola Island ist im Winter mild und oft regnerisch, im Sommer warm und trocken. Die Höchst- und Tiefsttemperaturen auf der Insel sind nicht so extrem wie auf dem Festland, können jedoch zwischen dem Inneren der Insel und den Stränden doch erheblich schwanken – wer auf angemessene Kleidung achtet, kann beides genießen!

Powell River, BC – charmante Stadt mit dem ältesten Kino in Kanada

Etwa 145 km nordwestlich von Vancouver, im Herzen der Sunshine Coast, liegt die Kleinstadt Powell River. Obwohl die Gemeinde mit ca. 13.000 Einwohnern direkt am Highway 101 liegt, muss man doch eine kurze Fahrt mit der Fähre in Kauf nehmen, um tatsächlich in Powell River anzukommen. Der Highway 101 ist zwischen Earl's Cove und Saltery Bay vom Jervis Inlet „unterbrochen". Die kurze Strecke, die mit der Fähre zu überwinden ist, tut jedoch dieser beeindruckenden Statistik keinen Abbruch: der **Highway 101**, der nur 28 km nördlich von Powell River endet, hält den Weltrekord für den längsten Highway und erstreckt sich von Südamerika (Chile) bis nach BC – eine Strecke von 15.020 km!

Gut zu erreichen, und dennoch abgeschieden – Powell River wartet mit beeindruckender Landschaft und fantastischen Outdoor-Aktivitäten auf, wie zum Beispiel dem 180 km langen **Sunshine-Coast-Wander- und Radweg**. Auch das Klima spielt mit – milde, wenn auch etwas regnerische Winter und warme Sommer sorgen dafür, dass Powell River ein Reiseziel für vier Jahreszeiten ist.

Das Ende von Highway 101…

Powell River, BC – charmante Stadt mit dem ältesten Kino in Kanada

Camping mitten in Powell River – Willingdon Beach

Die **Historic Townsite**, im nördlichen Teil der Stadt gelegen, trägt zum Charme der Kleinstadt bei und ist außerdem im Westen Kanadas einzigartig – 1995 wurde der Stadtteil zum National Historic District of Canada erklärt. Das im frühen 20. Jahrhundert geplante und erbaute Viertel ist zum größten Teil noch im Originalzustand erhalten, mit über 400 Gebäuden aus der Zeit um 1910. Einige der historischen Häuser sind im Rahmen der Historic Walking Tour auf eigene Faust oder mit einer geführten Tour zu erkunden. Eines der Gebäude ist das **Patricia Theatre**, das älteste Kino Kanadas (http://patriciatheatre.com/). Es ist seit 1913 in Betrieb, und in den Zeiten des Stummfilms waren außer der musikalischen Untermalung des Films noch gelegentliche Schreie des Publikums zu hören: Es war keine Seltenheit, dass Fledermäuse durch den Vorführungssaal flogen und von Zeit zu Zeit in den Haaren der Zuschauer hängen blieben.

Die Zeiten, als die Vorstellung samstagvormittags nur 15 Cent kostete, sind zwar vorbei, doch mit durchschnittlich $ 9 sind die Preise nach wie vor moderat. Das Patricia Theatre hat mittlerweile einen eigenen Fanclub, die Friends of the Historic Patricia Theatre (http://thepatriciablog.wordpress.com/). Dank dessen Bemühungen wurden die nötigen finanziellen Mittel zur digitalen Umstellung aufgebracht und die Zukunft des Kinos scheint gesichert.

Information: Powell River Visitor Centre, 4760 Joyce Avenue, www.discoverpowellriver.com; ganzjährig geöffnet von 9-17 Uhr, in den Sommermonaten bis 18 Uhr; im Stadtzentrum gelegen.
Informationen zur Historic Townsite: www.powellrivertownsite.com
Essen und Trinken: Alchemist Restaurant, 4680 Marine Ave., www.alchemistrestaurant.com; frische, saisonal wechselnde Gerichte, etwas gehobene Preisklasse, aber sehr lecker.
Unterkunft: The Old Courthouse Inn, 6243 Walnut Street, www.oldcourthouseinn.ca; in der Historic Townsite gelegen, Preise nicht zu hoch, sehr charmant und sauber.

Orte & Städte

⑳ Vulcan, AB – auf den Spuren von Mr. Spock

Hier dreht sich alles um **Star Trek**. Als das kleine Städtchen Vulcan, das zwischen Calgary und Lethbridge in der Prärie Albertas liegt, 1915 während des Baus der Eisenbahn seinen Namen erhielt, war das Raumschiff Enterprise allerdings noch nicht unterwegs – die Gemeinde wurde nach dem römischen Gott des Feuers, Vulcan, benannt. Die Landwirtschaft, vor allem der Anbau von Getreide, war seit Gründung des Städtchens die treibende Kraft für Wachstum und wirtschaftlichen Erfolg. Bis zum heutigen Tag produziert der Landkreis jährlich über 250.000 Tonnen Getreide, die in über 70 Länder weltweit exportiert werden.

Als Star Trek in den 1960er-Jahren erstmals über die Bildschirme flackerte, war das Potential für eine Touristenattraktion geboren: Der Heimatplanet von Mr.

> **Endlose Prärie**
>
> Östlich der Rocky Mountains beginnt die scheinbare endlose Prärie von Alberta. Flaches Land mit Feldern und Wiesen soweit das Auge reicht, und schnurgerade Highways, über die sich die Geister scheiden – während die Einwohner Albertas die endlosen Highways als beruhigend und sicher empfinden, finden sich Besucher aus British Columbia nur schwer zurecht, fehlen doch die vertrauten Berge zur Orientierung. Ein gängiger Witz unter den Einheimischen in BC: Wem in Alberta der Hund wegläuft, muss sich erst nach einigen Stunden auf den Weg machen, ihn wieder einzufangen – man kann ihn auf der flachen Prärie nämlich noch stundenlang sehen...

Visitor Centre in Vulcan, AB

Spock, dem stoischen Ersten Offizier der Enterprise, hieß ebenfalls Vulcan. Über die Jahre hinweg wurde Star Trek immer populärer, und Ende der 1980er-Jahre wurde schließlich die Vulcan Association of Science and Trek (VAST) gegründet, um Vulcan zu einem Reiseziel für Star-Trek-Fans zu machen.

Der erste **Star-Trek-Kongress** wurde bereits 1992 in Vulcan abgehalten und findet seitdem jedes Jahr im Juni statt – mit Tausenden von Besuchern, die zum größten Teil voll kostümiert erscheinen. 1995 folgte dann eine getreue Nachbildung des ersten Raumschiffs Enterprise, das am Ortseingang, direkt am Highway, zu sehen ist; Besucher von Vulcan werden hier auf Englisch, Klingonisch und in der Sprache des Planeten Vulcan begrüßt.

1998 wurde dann schließlich die **Vulcan Tourism & Trek Station** fertiggestellt. Das Gebäude sieht aus wie ein Raumschiff und beherbergt nicht nur das Infozentrum für Touristen, sondern auch eine Nachbildung von Captain Kirk's Kommandobrücke und eine umfassende Sammlung von Star-Trek-Memorabilien. Seit 2009 ist Vulcan offiziell die „Official Star Trek Capital of Canada" und der bisherige Höhepunkt war im April 2010 – Mr. Spock alias Leonard Nimoy kam persönlich nach Vulcan und zog damit Tausende von Touristen und Fans an.

Durch die Nähe zu Calgary lohnt es sich in jedem Fall, dem kleinen Städtchen einen Besuch abzustatten. Wer bisher noch kein Fan von Star Trek ist, wird es bei einem Besuch in Vulcan ganz sicher!

Star Trek für Groß und Klein

Information: Vulcan Tourism & Trek Station, 115 Centre Street E, www.vulcantourism.com; ganzjährig geöffnet im Sommer tgl. von 9–18 Uhr, im Winter von 9–17 Uhr und sonntags geschlossen; hat neben Infos über Vulcan und Star Trek auch Reiseinformationen über die ganze Provinz Alberta.

Essen, Trinken und Unterkunft: Vulcan Country Inn and Restaurant, 110 Centre Street, Vulcan, AB; ganz in der Nähe des Infozentrums, für Familien geeignet; einfache Zimmer, aber sauber und zentral gelegen.

㉑ Fort McMurray, AB – das Zentrum des kanadischen Ölsands

Fort McMurray ist mit über 75.000 Einwohnern die größte Ansiedlung im Wood Buffalo Bezirk und ist meist nicht nur wegen der Nähe zum Wood Buffalo National Park in den Schlagzeilen.

Die knapp 450 km nordöstlich von Edmonton gelegene Stadt befindet sich im Zentrum der kanadischen Ölindustrie, in der Nähe der **Athabasca Oil Sands**. Der von Umweltschützern oft kritisierte Abbau von Öl aus dem sogenannten Ölsand sorgt seit Jahrzehnten für Kontroversen. Obwohl Firmen wie Syncrude und Suncor ständig an der Entwicklung umweltfreundlicher Abbaumethoden arbeiten, sind die Langzeiteffekte auf Flora und Fauna unbekannt.

Fort McMurray ist keineswegs ein finsteres, mit Öl verschmiertes Loch – die Stadt liegt am Zusammenfluss des Athabasca mit dem Clearwater River, umgeben von dichten Wäldern und rollenden Hügeln. Das kontinentale Klima sorgt für einen kanadischen Winter, wie er im Buche steht; -35 °C sind in den Wintermonaten normal. Die Sommer sind kurz, können jedoch heiß und dank der hohen Luftfeuchtigkeit schwül und mit Millionen von Moskitos gefüllt sein. Doch wie überall in Kanada gibt es auch in Fort McMurray kein schlechtes Wetter – nur ungeeignete Kleidung und nicht genügend „Off" (Schutzmittel gegen Moskitos).

Bevor der Entdecker Alexander McKenzie 1790 erstmals den Ölsand in seinen Aufzeichnungen erwähnte, war der bitumenhaltige Sand den Ureinwohnern der Cree Nation schon seit Jahrtausenden bekannt. Die Cree benutzten den Teer, um

Oil Sands in Fort McMurray

Fort McMurray, AB – das Zentrum des kanadischen Ölsands

In Fort McMurray lässt es sich auch gut leben und Urlaub machen

ihre Boote wasserdicht zu machen. Als sich die ersten europäischen Siedler schließlich im späten 19. Jahrhundert in der Gegend niederließen, wuchs auch das Interesse am Abbau des schwarzen Goldes.

Es sollte jedoch noch einige Jahre dauern, bis die Abbaumethoden effektiv genug waren, um Profit erwirtschaften zu können. Erst in den 1960er-Jahren fing der Abbau im großen Stil an und Fort McMurray gilt heute als kanadische **Boomtown**. Die Bevölkerung wuchs von weniger als 5.000 Einwohnern Anfang der 70er-Jahre bis auf über 75.000 im Jahre 2010. Ausländer und auch Einwanderer aus allen Ecken Kanadas kommen in den Norden Albertas, um Geld zu verdienen – die Ölindustrie lockt mit hohen Stundenlöhnen und saftigen Bonuszahlungen.

Wer Fort McMurray besucht, sollte unbedingt eine „Oil Sands Tour" auf dem Programm haben. Die halbtägige Tour findet in den Sommermonaten statt und bietet einen interessanten Einblick sowohl in die Geschichte und Zukunft des Ölsands als auch der Stadt selbst.

INFO

Information: Fort McMurray Tourism, 400 Sakitawaw Trail, www.fortmcmurraytourism.com; ganzjährig geöffnet, Juni-August tgl. 9-17 Uhr, September-Mai Mo-Fr 8-16 Uhr.
Fort McMurray Historical Society, 1 Tolen Drive, www.fortmcmurrayhistory.com.

Essen und Trinken: Montana's Cookhouse, 9705 Hardin St, www.montanas.ca; beliebte und bewährte Restaurantkette, tgl. geöffnet.
Unterkunft: Clearwater Suite Hotel, 4 Haineault Street, www.clearwaterfortmcmurray.com; alle Zimmer mit Küche und kleinem Wohnbereich; gepflegt und sauber.

② Crowsnest Pass, AB – Besuch im Frank Slide Interpretive Centre

Am 29. April 1903 um vier Uhr morgens donnerten 82 Millionen Tonnen Stein und Geröll auf die schlafende Gemeinde Frank und begruben einen großen Teil der Eisenbahnstrecke, des Bergwerks und fast den gesamten östlichen Teil der Kleinstadt unter sich. Der Felsrutsch, in Kanada als „Frank Slide" bekannt, ist bis zum heutigen Tage der tödlichste im Land; mehr als 70 Menschen wurden begraben, die meisten wurden bis zum heutigen Tag nicht gefunden.

Auslöser für den Kollaps von Turtle Mountain war hauptsächlich die fehlende Stabilität des Berges, der unter den Ureinwohnern als „the mountain that moves" bekannt war. Hinzu kamen noch der Bergbau und ein harter Winter – Schnee und Eis hatten die Gesteinsmassen noch weiter geschwächt und der Berg brach schließlich förmlich in der Mitte auseinander.

Frank Slide – der tödlichste Felsrutsch in der Geschichte Albertas

Die Eisenbahnstrecke wurde umgeleitet und innerhalb weniger Wochen wieder eröffnet, ebenso die Kohlezeche. Als der Bergbau schließlich 1917 zum Erliegen kam, wurde der lebendige Ort fast zur Geisterstadt. Mittlerweile nennen etwa 150 Menschen die Gemeinde im südwestlichen Alberta ihre Heimat. Die Stelle des Felsrutsches – 1.000 Meter breit, 425 Meter hoch und 150 Meter tief – ist praktisch unverändert und zieht immer noch jedes Jahr Tausende von Touristen an.

Nach dem Felsrutsch dauerte es nicht lange, bis sich kuriose Geschichten um die Ereignisse rankten. Lange Zeit hielt sich das Gerücht, dass die Filiale der Union Bank of Canada von Geröllmassen begraben wurde und zwar mit einer Summe von $ 500.000 im Safe. Obwohl das Gebäude der Bank völlig intakt geblieben war, wurde während der Aufräumarbeiten und später während des Baus von neuen Straßen in der Gegend eine Polizeieskorte beigestellt, um übereifrige Schatzsucher unter Kontrolle zu halten.

Frank Slide ganz aus der Nähe

Eine ebenfalls weit verbreitete Geschichte war die der „einzigen Überlebenden". Über Jahre hinweg gaben sich Menschen als die einzig Überlebenden Bewohner von Frank aus oder erzählten von einem kleinen Mädchen, das den Felsrutsch als Einzige überlebte. Tatsächlich wurden 23 Menschen im Pfad der Geröllawine verschont. Die letzte Überlebende, Gladys Ennis, war erst zwei Jahre alt, als sich das Unglück ereignete und starb 1995.

Nachdem der Ort des Felsrutsches 1977 zur Provincial Historical Resource erklärt wurde, öffnete schließlich auch im Jahre 1985 ein Touristen-Infozentrum seine Türen. Ausführliche Dokumentationen des Ereignisses und der Geschichte der Kohleindustrie informieren hier über 100.000 jährliche Besucher. Frank liegt direkt am Crowsnest Highway, nur 136 km von Lethbridge entfernt, und ist ganz sicher einen Besuch wert.

Information: Frank Slide Interpretive Centre, Blairmore, Crowsnest Pass, AB, www.frankslide.com; ganzjährig tgl. geöffnet (nur Weihnachten und Ostern geschlossen); www.travelalberta.com.

Camrose, AB – die Rose der Prärie

Inmitten der fruchtbaren Prärie Albertas liegt Camrose, aufgrund seiner vielen Parks auch als „The Rose City" bekannt und nur 90 km südöstlich von Edmonton gelegen. Die Freundlichkeit und Hilfsbereitschaft der fast 18.000 Einwohner sind es, die die Stadt für Einheimische besonders attraktiv macht. Natur wird in der Rose City großgeschrieben und der Mirror Lake, im Zentrum der Stadt gelegen, ist mit einem Rundweg um den See ein guter Ausgangspunkt für Erkundungen. Das **Stoney Creek Valley**, das sich von Norden nach Süden durch die Stadt schlängelt, bietet außerdem über zehn Kilometer an asphaltierten Rad- und Wanderwegen und viele Möglichkeiten, heimische Fauna wie Biber, Hirsche und verschiedene Vogelarten zu beobachten.

Wie viele Dörfer und Städte im Zentrum Albertas entstand auch Camrose bedingt durch die Nähe zur Eisenbahnstrecke. Ausgangspunkt für viele Pioniere auf dem Weg, ihr eigenes Stück Land zu beanspruchen, waren größere Zentren wie Edmonton oder Wetaskiwin. Das heutige Camrose lag zum damaligen Zeitpunkt – Ende des 19. Jahrhunderts – etwa eine Tagesreise entfernt von Edmonton und wurde so zuerst zum Übernachtungsort und schließlich Heimatort für einige dieser Pioniere.

Einer der Zeugen dieser frühen Siedlungszeit ist die **Camrose Railway Station & Park**. Der historische Bahnhof ist in den Sommermonaten geöffnet und enthält ein kleines Museum, einen Rosengarten und das Station Café, das an manchen Wochenenden während des Sommers köstliche Kuchen und Snacks serviert. Ebenfalls sehenswert ist das **Camrose Museum**, das mit seinen zehn Gebäuden fast eine kleine Pionierstadt ist. Jedes der Gebäude ist gefüllt mit Ausstellungsstücken aus der Pionierzeit und gibt nicht nur einen Einblick in die Geschichte der Stadt, sondern auch in die Lebensweise der ersten Siedler.

Camrose hat jedoch nicht nur Historisches zu bieten – die kleine Stadt ist auch Heimat einiger nicht so kleiner Festivals, allen voran des jährlichen **Big Valley Jamboree** (www.bigvalleyjamboree.com), eines der größten Country Music Festivals in Kanada. Jedes Jahr im August kommen bis zu 100.000 Fans zu diesem Ereignis, das die Größen der Country Music wie Blake Shelton, Toby Keith und Rascal Flatts auf die Bühne bringt.

Museum im alten Bahnhof in Camrose

Camrose, AB – die Rose der Prärie

Mirror Lake Park in Camrose

Information: Tourism Camrose, 5402 48 Ave, Tel.: 780-672-4255, www.tourismcamrose.com; ganzjährig geöffnet, in den Sommermonaten tgl., in den Wintermonaten wochentags.
Camrose and District Centennial Museum, www.camrosemuseum.ca, Mai-Ende August Mo-Fr 10-17 Uhr.
Essen und Trinken: Monte Carlo Restaurant, 4907 48th Ave., www.montecarlorestaurant.com; sehr beliebt unter den Einheimischen, tgl. geöffnet für Mittag- und Abendessen; sehr gute Steaks.
Unterkunft: Norsemen Inn, 6505 48th Ave., www.norsemeninn.com; zentral gelegen mit 75 sauberen Zimmern, zum Teil Suiten; mittlere Preisklasse, guter Service.

24 Red Deer, AB – zu Besuch bei Wayne Gretzky in der Alberta Sports Hall of Fame

Etwa auf halbem Weg zwischen Calgary und Edmonton liegt die Stadt Red Deer mit 90.000 Einwohnern. Das fruchtbare Land und der hohe Bestand an Elchen, Wapitis und Bibern machten die Gegend um den Red Deer River bereits vor 2.000 Jahren zum bevorzugten Lebensraum der Ureinwohner. Seinen Namen bekamen der Fluss und später auch die Stadt jedoch von den europäischen Siedlern. In der Sprache der Cree Nation wurde der Fluss „Waskasoo Seepee" (Wapiti-Fluss) genannt, die Siedler hielten jedoch die Wapitis für Rothirsche, und im Laufe der Zeit wurde der Name schließlich in Red Deer River geändert.

Gegen Ende des 19. Jahrhunderts wurde die Gegend erstmals von europäischen Einwanderern besiedelt. Der Ort wurde zum Stützpunkt auf dem Weg von Calgary nach Edmonton und nach Errichtung eines Forts für die North West Mounted Police erfolgte der Anschluss an die Eisenbahnstrecke. Trotz schwieriger Zeiten während des ersten Weltkrieges und der Weltwirtschaftskrise in den 1930er-Jahren wuchs Red Deer stetig heran und ist heute durch seine günstige Lage mehr als nur ein Zwischenstopp auf dem Weg von Calgary nach Edmonton.

Neben zahlreichen Attraktionen wie dem historischen **Fort Normandeau**, Museen, Parks und einer Fahrt mit einer historischen Dampflok sollte man die **Alberta Sports Hall of Fame** unbedingt auf dem Programm haben. Auf einer Fläche von fast 700 Quadratmetern dreht sich hier alles um den Sport – und wie es in vielen Museen Kanadas der Fall ist, gibt es

So hat Wayne Gretzky auch angefangen

Red Deer, AB – zu Besuch bei Wayne Gretzky in der Alberta Sports Hall of Fame

Rapsfelder außerhalb von Red Deer

auch hier jede Menge „hands on". So kann man zum Beispiel herausfinden, wie lange es dauert, bis man 200 Meter mit dem Rollstuhl zurücklegt oder ob man das Zeug zum Eishockeyspielen hat.

Eine der wichtigsten Persönlichkeiten in der Hall of Fame ist die Eishockeylegende Wayne Gretzky. Seine Karriere als Spieler dauerte von 1979 bis 1999, nach dieser Zeit war er als Trainer aktiv und unterstützt auch heute noch aktiv den Lieblingssport der Kanadier. In Kanada als „The Great One" bekannt, war er außerdem der letzte und wichtigste Träger der olympschen Fackel 2010 in Vancouver und entzündete das olympische Feuer während der Eröffnungsfeier.

Information: Tourism Red Deer, 101 4200 Hwy 2, www.tourismreddeer.com; ganzjährig geöffnet, Mo-Fr 9-17 Uhr, Sa-So 10-17 Uhr, an manchen Feiertagen geschlossen; sehr informative Internetseite.
Alberta Sports Hall of Fame Museum, 102 4200 Hwy 2, www.albertasportshalloffame.com; direkt neben dem Touristen-Infozentrum, tgl. geöffnet.
Essen und Trinken: Red Deer bietet eine Fülle an Restaurants, Fast-Food-Ketten und trendigen Cafés, wie zum Beispiel **Babycakes Cupcakery** (144 Erickson Drive www.babycakesreddeer.com) oder **Siberia** mit original russischem Essen (75 Street Ecke Taylor Drive). Aber auch bewährte Familienrestaurants sind vertreten, wie **Glenn's Family Restaurant** (5 125 Leva Avenue (ca. 4 km südlich der Downtown, www.glenns-restaurant.com).
Unterkunft: McIntosh Bed & Breakfast, 4631 50 Street, www.bbcanada.com/2986.html; im Zentrum der Stadt gelegen, sehr charmante Unterkunft mit günstigen Preisen.

25 Arctic Circle, YK – den Polarkreis im Yukon überqueren

Der Polarkreis liegt auf dem **66. Breitengrad** nördlich des Äquators und markiert die Grenze zum Land der Mitternachtssonne. Einmal im Jahr, während der Sommersonnenwende, bleibt die Sonne entlang dieser imaginären Linie für 24 Stunden über dem Horizont und die Tage sind auch während der Monate Juni und Juli besonders lang. Doch die vielen Sonnenstunden im Sommer haben auch eine Schattenseite – während der Wintersonnenwende bleibt es am Polarkreis für 24 Stunden dunkel und die Tage sind von Mitte November bis Mitte Januar extrem kurz.

Das Yukon Territory hat seine südliche Grenze am 60. Breitengrad und erstreckt sich bis nördlich des 69. Breitengrades an die Beaufort Sea, die ein Teil des Nordpolarmeeres ist. Im Yukon gibt es außerdem die einzige öffentliche Straße, die den Polarkreis überquert und das ganze Jahr befahrbar ist – den Dempster Highway.

Viele Geschichten ranken sich um den Zauber der Arktis. Für die meisten ist es schwer, sich ein Leben im rauen Klima des Nordens vorzustellen. Temperaturen von -40 °C über Monate hinweg, nur wenige Stunden Sonne pro Tag in den Wintermonaten und kurze Sommer…

Für die Menschen, die „**North of 60**" (nördlich des 60. Breitengrades) leben, ist es jedoch schwer, sich ein anderes Leben vorzustellen. Dies gilt nicht nur für diejenigen, die von Geburt an z. B. in den Northwest Territories leben, sondern auch für die Newcomer. Die Ureinwohner sind überzeugt, dass das Land von der Seele Besitz ergreift und sie nicht mehr loslässt.

Trotz des scheinbar unwirtlichen Klimas ist der nördliche Yukon bereits seit der letzten Eiszeit Heimat und traditioneller Jagdgrund von verschiedenen Stämmen der First Nations. Über 90 archäologische Ausgrabungsstätten entlang des Dempster Highway zeugen von der Kultur und Geschichte der **Gwich'in Nation**, die noch immer in der Gegend ansässig ist.

Der Canadian Encyclopedia zufolge kamen die Gwich'in erstmals 1789 mit Europäern in Kontakt, als Alexander Mackenzie in das Gebiet vordrang. Die Gwich'in waren eine sehr naturverbundene Nation und verstanden es, im Einklang mit der kargen Landschaft des Yukon zu leben. Jagd und Fischerei spielten eine große Rolle, zudem hielten sie Karibus. Die große Anzahl an Fellen, die ihnen auf diese Weise zur Verfügung standen, waren der Grund für den regen

Tierbeobachtung

Rund um den Arctic Circle ist es nicht selten, der artenreichen Fauna des Yukon zu begegnen. Grizzlies, Elche, Karibus, Büffel und sogar der eine oder andere Eisbär können einem hier über den Weg laufen. Oft bieten sich ausgezeichnete Möglichkeiten zum Fotografieren – eines sollte man jedoch nie vergessen: Es handelt sich um wilde und unberechenbare Tiere, und man sollte dem Tier niemals den Fluchtweg abschneiden und wenn möglich vom Auto aus oder mit sicherem Abstand fotografieren.

Arctic Circle, YK – den Polarkreis im Yukon überqueren

Begegnungen mit einem Grizzly nördlich des Polarkreises sind nicht häufig, aber wenn man Glück hat, steht er direkt am Dempster Highway

Handel, der innerhalb weniger Jahre mit den Handelsposten der europäischen Einwanderer entstand.

Den Zauber der Arktis kann man förmlich spüren, wenn man den Polarkreis überquert. Die weite, faszinierende Landschaft um den Dempster Highway lässt Reisende leicht den Überblick verlieren – bis eine Informationstafel am Straßenrand daran erinnert, dass man im Begriff ist, den Polarkreis zu überqueren, und zwar genau bei Kilometer 405,5 des Dempster Highway.

Informationen: www.travelyukon.com – allgemeine Reiseinformationen und Übernachtungsmöglichkeiten (die im Norden des Yukon sehr spärlich gesät sind)

Tipps zum Fahren auf dem Dempster Highway (s. auch S. 140): Der Dempster Highway ist fast ausschließlich Schotterstraße, nur die ersten wenigen Kilometer sind asphaltiert. Vorsichtiges Fahren und ein einsatzbereiter Ersatzreifen sind ein absolutes Muss. Ausführliche Tipps zum Befahren der abenteuerlichen Strecke gibt es als Broschüre zum Download auf verschiedenen Internetseiten, wie zum Beispiel unter www.hpw.gov.yk.ca/pdf/2004_567_bro_web.pdf

Whitehorse, YK – die Stadt in der Wildnis

Die Hauptstadt des Yukon, die mit fast 25.000 Einwohnern gleichzeitig die westlichste und größte kanadische Stadt nördlich des 60. Breitengrades ist, erhielt ihren Namen von den Goldsuchern des Klondike Gold Rush. Die ersten Siedler und Goldgräber der Gegend waren der Meinung, dass die weißen Kronen der Stromschnellen des Yukon River, an dessen Ufer Whitehorse liegt, aussehen wie Pferdemähnen – und der Name war geboren.

Heute sieht sich Whitehorse selbst als charmante Kleinstadt. Umgeben von dichten Wäldern, endlosen Bergketten und tiefblauen Seen bietet Whitehorse eine Reihe an Outdoor-Aktivitäten, die für Abenteurer und auch für Familien geeignet sind. Die Stadt hat ihre Reize sowohl in den Sommer- als auch in den Wintermonaten, wobei die Temperaturen im Winter durchaus auf empfindliche -50 °C fallen können...

Bei einem Besuch in Whitehorse muss man sich jedoch nicht unbedingt in die Wildnis des Yukon stürzen – die Stadt bietet attraktive Sehenswürdigkeiten und auch Kunst, Kultur und kulinarische Genüsse kommen nicht zu kurz.

Eine dieser Sehenswürdigkeiten ist die **SS Klondike**, ein historischer Schaufelraddampfer, der einst die Goldgräber in den Norden nach Dawson City brachte. Das Boot liegt etwas außerhalb und kann mit einem Spaziergang entlang dem Yukon River erreicht werden. Heute ist das Schiff im Ruhestand eine National Historic Site, das seine Besucher in die Zeit des Goldrausches zurückversetzt. Der Dampfer benötigte nur 1,5 Tage, um von Whitehorse nach Dawson City zu gelangen und war von 1937 bis 1955 im Einsatz. Wer möchte, kann die SS Klondike auf eigene Faust erkunden oder an einer der regelmäßigen Führungen teilnehmen. Ebenfalls sehenswert ist das 2012 eröffnete **Kwanlin Dün's cultural centre**. Die First Nation der Kwanlin Dün war eine der ersten, die im Zuge der „land claims", also Rückgabe des Landes vom Staat an die ursprünglichen Bewohner, ein Gebiet innerhalb einer Stadtgrenze erhielten. Schon vor 9.000 Jahren sollen die Vorfahren dieser First Nation in diesem Gebiet gelebt haben. Heute kann man das Kulturzentrum für Veranstaltungen mieten und sich in wechselnden Ausstellungen über die Geschichte und Traditionen der Kwanlin Dün informieren. Auch das MacBride Museum (s. S. 180) lohnt einen Besuch.

Willkommen in Whitehorse

Whitehorse, YK – die Stadt in der Wildnis

SS Klondike am Ufer des Yukon River

Eine weitere Sehenswürdigkeit, die am besten zwischen Mitte Juli und Mitte August besucht wird, ist die **Fish Ladder**. Die sog. Fischleiter wurde 1959 vom Energieversorger Yukon Energy erbaut. Auf einer Länge von 366 Metern überwinden Tausende von Lachsen jedes Jahr einen Höhenunterschied von 15 Metern, um zurück an ihren Geburtsort zu kommen. Auf einem fünf Kilometer langen Spaziergang kann man die Fish Ladder auch als Teil des Millennium Trail erkunden, der einen schönen Rundgang bietet. Ein möglicher Startpunkt des für Fußgänger und Radfahrer bestimmten asphaltierten Weges ist die SS Klondike oder das Visitor Information Centre, wo auch Karten erhältlich sind.

INFO

Information: **Whitehorse Visitor Information Centre**, 2nd Avenue und Lambert Street, www.visitwhitehorse.com; ganzjährig geöffnet, Mitte Mai bis Mitte September tgl. 8-20 Uhr, Mitte September bis Mitte Mai Mo-Fr 8.30-17 Uhr;
Kwanlin Dün's cultural centre, 1171-1st Avenue, www.kwanlindunculturalcentre.com, www.kwanlindun.com, geöffnet Mo-Fr 9-17 Uhr, im Sommer auch am Wochenende.
SS Klondike, 10 Robert Service Way, www.pc.gc.ca/lhn-nhs/yt/ssklondike/index.aspx, im Sommer tgl. von 9-17 Uhr, geführte Tour $ 6.
Informationen über die **Fischleiter** unter www.yukonenergy.ca/services/facilities/fishway/
Essen und Trinken: **Sam N' Andy's**, 506 Main Street, Whitehorse, sehr kleines Restaurant, kann also ziemlich laut werden... einfaches, aber gutes mexikanisches Essen!
Unterkunft: siehe auch S. 207 (Nr. 93)

27 Dawson City, YK – Gold Rush im Klondike

Die Kleinstadt im Nordwesten des Yukon zählt nur knapp 1.900 Einwohner, ist damit aber immerhin die zweitgrößte Gemeinde des Territoriums. Bis 1953 war Dawson City sogar die Hauptstadt des Yukon, seitdem ist der Regierungssitz im zentraler gelegenen Whitehorse.

Weltweit berühmt wurde Dawson City Ende des 19. Jahrhunderts während des **Klondike Gold Rush**. Im August 1896 fanden die drei Goldgräber George Carmack, Dawson Charlie und Skookum Jim erstmals Gold im Rabbit Creek. Der Fundort wurde schnell in Bonanza Creek umbenannt und über **30.000 Goldgräber**, Geschäftsleute, Finanziers und Prostituierte strömten innerhalb kürzester Zeit in die Stadt. Die meisten Goldgräber fanden zwar kein Gold, aber dafür zahlreiche Abenteuer in der Wildnis, so wie Jack London (s. S. 178).

Der Gold Rush dauerte nur wenige Jahre, hinterließ aber bleibende Spuren. Einige Geschichten und Legenden werden heute noch erzählt, Dawson City ist eine bezaubernde Kleinstadt mit dem Charme vergangener Tage. Die meisten Straßen des Ortes sind übrigens nicht asphaltiert, um den Charakter der Gemeinde zu erhalten!

Eine der zahlreichen, gut erhaltenen Sehenswürdigkeiten ist die **SS Keno**, die an den Ufern des Klondike River auf dem Trockenen liegt. Das Dampfschiff aus dem Jahre 1922 wurde zum Transport der abgebauten Edelmetalle eingesetzt. Für viele war das Schiff die einzige Verbindung zur Außenwelt – die Gemeinde war während der langen Winter des Yukon von der Welt ab-

Zu Goldgräberzeiten war die SS Keno die einzige Verbindung mit der Außenwelt

geschnitten. Bis in die 1950er-Jahre hinein war eine holprige Schotterstraße die einzige Verbindung nach Whitehorse und nur für besonders mutige Reisende geeignet.

Etwas südlich der SS Keno liegt die **Dawson Complex National Historic Site**. Dieser Park zeigt die Stadt zur Zeit der Goldgräber, die Zeit des Wilden Westens. Auf eigene Faust oder im Rahmen einer geführten Tour kann man hier zum Beispiel die Commissioner's Residence oder das Grand Palace Theatre erforschen und in die Glanzzeit des Gold Rush eintauchen.

Etwas außerhalb der Stadt gibt es noch weitere Spuren des Gold Rush zu sehen. Die Bonanza Creek Road führt bis zur **Dredge #4 National Historic Site**, etwa 12 km außerhalb von Dawson City gelegen. Dredge #4 ist ein riesiger Bagger, der Gold förderte und zur Weiterverarbeitung auf einem Fließband transportierte. Er wurde 1992 an seinen jetzigen Standort gebracht, 30 Jahre, nachdem er zuletzt in Gebrauch war. Wer noch ein paar Kilometer weiter auf der Bonanza Creek Road fährt kommt zum Claim #6, einem öffentlichen Gold Claim, der vom Fremdenverkehrsverband für Touristen betrieben wird. Hier kann man Herzenslust sein eigenes Glück mit der Goldsuche versuchen.

Vom Gold Rush übrig geblieben...

Die Straßen in Dawson City sind nicht geteert!

Information: Klondike Visitors Association, Ecke 4th Avenue und Queen Street, www.dawsoncity.ca; geöffnet Mai bis September; hier gibt es die Eintrittskarten zu den National Historic Sites zum Paketpreis – $ 6,40 für Einzelkarten, $ 13,85 für drei und $ 22,25 für fünf.

Essen und Trinken: Bonanza Dining Room, 902 Third Avenue, www.eldoradohotel.ca; Steaks, Büffel-Burger und Lachs; tgl. geöffnet für Frühstück, Mittag- und Abendessen.
Unterkunft: Westminster Hotel, 975 Third Avenue, www.thewestminsterhotel-1898.com; das älteste Hotel im Yukon, Gemeinschaftsbäder und Toiletten, aber tolle Atmosphäre.

28 Inuvik, NWT – am Ende des Dempster Highway

Am Ende des 775 km langen Dempster Highway liegt das Städtchen Inuvik, im Delta der Beaufort Sea und des Mackenzie River. Dieser abenteuerliche Highway ist Kanadas einzige Straße, die über den Polarkreis führt und ganzjährig befahrbar ist (s. S. 62 und S. 140). Auf der gesamten Strecke gibt es nur wenige Tankstellen und Verpflegungsmöglichkeiten – die Reise sollte also vor Antritt genau geplant werden und man sollte auf Pannen und Wetterkapriolen eingerichtet sein.

Inuvik wurde Mitte der 1950er-Jahre von der kanadischen Regierung gegründet, als klar wurde, dass das schon bestehende Aklavik etwa 100 km weiter westlich die steigende Einwohnerzahl nicht fassen konnte und zudem nur im Winter über die Ice Road zu erreichen war.

Inuvik, dessen Name in etwa „**der Platz für Menschen**" bedeutet, liegt etwa zwei Breitengrade nördlich des Polarkreises und genießt somit fast zwei Monate lang (Ende Juni bis Anfang August) 24 Stunden Tageslicht. Im Januar geht dafür die Sonne in Inuvik gar nicht auf – bei 30 Tagen arktischer Nacht ist man selbst für wenige Stunden Zwielicht dankbar.

The Canadian North Great Northern Arts Festival

Seit 1989 wird in Inuvik für zwei Wochen alljährlich ein ganz besonderes Festival gefeiert. Beim Great Northern Arts Festival kommen Künstler aus Kanadas Norden hier zusammen, um gemeinsam zu feiern und sich auszutauschen. Die Künstler sind überwiegend, aber nicht nur Angehörige der First Nations wie den Inuit, Inuvialuit, Gwich'in, Dene und Metis. Mit Kunsthandwerk, Konzerten, Filmen, Tanzdarbietungen und einer Arctic Fashion Show wird hier die ganze Vielfalt der Kunst des Nordens geboten. Infos und Programm unter www.gnaf.org.

Rund 3.500 Menschen leben in der Stadt inmitten der kanadischen Tundra und erleben Temperaturextreme zwischen -50 °C im Winter und 30 °C im Sommer. Obwohl es fast das ganze Jahr über frostig ist, kann man sich in Inuvik dennoch schnell einen Sonnenbrand holen. Die geschädigte Ozonschicht über dem Nordpol erhöht das Risiko eines Sonnenbrands um ein Vielfaches – deshalb sollte man zu jeder Jahreszeit Sonnenschutz (mind. SPF 50!) auftragen!

Die Gegend ist die Heimat der Inuvialuit und Gwich'in-Nationen. Die Kultur und Sprache dieser Ureinwohner werden auch heute noch gelebt: der CBC Radiosender in Inuvik sendet täglich eine

„Smartie Houses" werden die kleinen bunten Häuser in Inuvik genannt, da sie von Weitem wie bunte Punkte aus der weißen Landschaft hervorstechen.

Stunde in der Sprache der beiden Volksgruppen und die örtlichen Schulen unterrichten nicht nur in Englisch, sondern auch in der jeweiligen Sprache.

Das wohl bekannteste Wahrzeichen Inuviks ist die „**Iglu-Kirche**", Our Lady of Victory, die zwischen 1958 und 1960 von freiwilligen Helfern der Kirchengemeinde erbaut wurde. Die weiße Kirche ähnelt tatsächlich einem Iglu und kann jederzeit besichtigt werden.

Die Hauptattraktionen in der arktischen Kleinstadt sind jedoch die faszinierende Natur des Mackenzie-Deltas und die abenteuerlichen Möglichkeiten für Outdoor-Enthusiasten. Die Aurora sehen (s. S. 150), Wandern, Fauna und Flora bestaunen, ein Ausflug zum arktischen Ozean, um dort kurz die Zehenspitzen einzutauchen, Jagen und Fischen – das Angebot ist scheinbar endlos, und wer sich traut, kann die Faszination der Arktis auch im Winter erleben. Dazu gehören Touren auf den Ice Roads (s. S. 148), Schneeschuh-Wanderungen und Rundflüge (z.B. zur Inuit-Gemeinde Tuk), die einen faszinierenden Ausblick auf die arktische Landschaft ermöglichen.

Die berühmte Iglu-Kirche ist eines der Wahrzeichen der Stadt

Information: Economic Development & Tourism Department, Town of Inuvik, 2 Firth Street, Tel.: 867-777-8600, www.inuvik.ca.
Touren: Empfehlenswerte Veranstalter sind u.a. **Up North Travel & Tours** (www.upnorthtours.ca) und **Arctic Adventure Tours** (www.whitehuskies.com).

Unterkunft: Die Auswahl ist nicht groß, empfehlenswert sind **Capital Suites**, 198 Mackenzie Rd., Inuvik, www.capitalsuites.ca; Einzelzimmer und Suiten, mit Küchenzeile; sehr sauber und gepflegt, gehobene Preisklasse ab $ 180 pro Übernachtung.

㉙ Yellowknife, NWT – Willkommen in der „little big city"

Die Siedlungsanfänge der Hauptstadt der Northwest Territories gehen zurück ins Jahr 1789, als Alexander Mackenzie in der Gegend der Yellowknife Bay einen Handelsposten etablierte. Der Handel mit Fellen florierte, und als 1896 in der Yellowknife Bay Gold gefunden wird, strömten Goldsucher und Siedler trotz des rauen Klimas in den Norden. 1939 zählte die Stadt bereits 1000 Einwohner und wenige Jahre später platzte der Stadtteil Old Town aus allen Nähten. Das rasante Wachstum setzte sich auch in den folgenden Jahren fort. 1967 wurde Yellowknife offiziell die Hauptstadt der Northwest Territories, als der Regierungssitz von Ottawa in die Stadt am Great Slave Lake verlegt wurde. Damit begann auch die kulturelle Entwicklung der Stadt – CBC Television öffnete ein Studio, jährlich wird der **Caribou Carnival** gefeierte und das Up Here Magazin wurde veröffentlicht. Heute ist Yellowknife auch als „little big city" bekannt – eine kleine Stadt mit den Annehmlichkeiten einer Großstadt.

Die Geschichte von Yellowknife begann jedoch nicht erst mit der Ansiedlung von europäischen Pionieren. Angehörige der Chipewyan Nation und Dogrib Nation bevölkerten seit vielen Jahrhunderten die Ufer des Great Slave Lake. Eine der Sehenswürdigkeiten, die von der Geschichte der Ureinwohner erzählen, ist das **Prince of Wales Northern Heritage Centre**. Das Museum beherbergt die Geschichte und Artefakte vieler Jahrhunderte und wurde im April 1979 von Prince Charles, dessen Titel das Museum als Namen trägt, eingeweiht.

Nur einen Katzensprung entfernt liegt die **Legislative Assembly**, das Parlamentsgebäude der Northwest Territories. Das beeindruckende Gebäude ist einem Iglu nachempfunden und in die natürliche Umgebung des Sees eingebettet. Auf dem

Eingefrorene Hausboote in der Yellowknife Bay

Fliegenfischen nahe Yellowknife

Verbindungsweg zum Rathaus und dem Prince of Wales Northern Heritage Centre befindet sich der sogenannte **Ceremonial Circle**. Hier sind die Flaggen aller 33 Gemeinden, die die Northwest Territories bilden, zu sehen. Auf den jeweiligen Fahnenmasten stehen die Namen der Gemeinden zuerst in der traditionellen Sprache der Ureinwohner und danach in der offiziellen Sprache der Territories. Der Ceremonial Circle ist ein spiritueller Ort, an dem sich alle Volksgruppen der Northwest Territories versammeln, um ihre Tradition und Kultur zu feiern.

Trotz des rauen Klimas spielt sich das Leben in Yellowknife hauptsächlich draußen ab – unter anderem im **Fred Henne Territorial Park**, der vor den Toren der Stadt liegt. Der beliebte Park verfügt über zahlreiche Freizeitmöglichkeiten und sogar einen Sandstrand. Es gibt außerdem einen beschilderten Wanderpfad, den vier Kilometer langen Prospector Trail. Der Spaziergang ist absolut empfehlenswert und führt entlang von Gesteinsformationen, die von Wissenschaftlern für die ältesten jemals entdeckten gehalten werden.

Information: Northern Frontier Visitor Centre, 4807 49th Street, http://visityellowknife.com/; tgl. geöffnet, Mo-Fr 9-17 Uhr, Sa-So 12-16 Uhr, in den Sommermonaten Sa-So 9-17 Uhr.
Essen und Trinken: Dancing Moose Café, 3505 McDonald Drive, www.baysidenorth.com; nettes kleines Restaurant (gehört zum Bayside B&) mit gutem Frühstück, zudem Sandwiches, Salate, Burger und eine Auswahl vegetarischer Gerichte. Schöner Blick auf den See und die Wasserflugzeuge.
Unterkunft: Embleton B&B, 5203 52nd Street, Tel. 867-873-2892, http://www.bbcanada.com/4899.html; mitten in der Stadt gelegenes, herzlich geführtes B&B mit einfacheren Zimmern und geteiltem Bad sowie Luxus-Suiten mit Kamin und Whirlpool. Zimmer $ 115-220.

30 Ulukhaktok, NWT – weltbekannte Künstler in der Arktis

Etwa 700 km (Luftlinie) nordöstlich von Inuvik, an der Westküste von Victoria Island liegt das kleine Dorf Ulukhaktok. Die bis 2006 als Holman bekannte Gemeinde (benannt nach einem Forscher der Arktisexpedition von 1853) ist heute offiziell wieder unter ihrem traditionellen Namen bekannt. In der Sprache der Inuit, die die Gegend seit vielen Jahrhunderten besiedeln, bedeutet Ulukhaktok so viel wie „der Ort an dem man Teile für Ulus finden kann".

Info

Ulukhaktok befindet sich auf der westlichen Seite von Victoria Island (die östliche Seite gehört zum Territorium Nunavut). Banks Island, Parry Island und Read Island gehören ebenfalls zu den arktischen Inseln der Northwest Territories. Obwohl das Klima rau und scheinbar unwirtlich ist, herrscht dort eine überraschende Artenvielfalt – alleine auf Victoria Island gibt es über 200 Arten von Pflanzen, 50 Vogelarten sowie zahlreiche Säugetiere und Fischarten.

Ulus sind traditionelle Messer der Inuit, die vor allem von Frauen zum Häuten von erlegten Tieren, aber auch für die tägliche Hausarbeit gebraucht wurden. Der Griff des Messers besteht normalerweise aus einem Tierknochen oder Geweih, die Klinge aus Metall oder geschliffenen Schieferplatten. In der Gegend um Ulukhaktok kommt sowohl Kupfer als auch Schiefer vor und wurde dort zur Herstellung der Messer gesammelt.

Bis ins 20. Jahrhundert hinein drangen nur wenige Forscher bis an die Westküste von Victoria Island vor. 1911 war **Vilhjalmur Stefansson** der erste Europäer, der

Das dicke Packeis der Beaufort Sea macht das Erreichen von Ulukhaktok meist nur per Flugzeug möglich

die Siedlung der Inuit erreichte. 1940 richtete die Hudson's Bay Company einen Handelsposten in Ulukhaktok ein, nachdem sich der Missionar **Henri Tardi** 1939 dort niedergelassen hatte.

Er war es auch, der den Ureinwohnern die Kunst der Grafik näherbrachte, wofür die Gemeinde heute berühmt ist. Zeichnungen und Lithographien von Künstlern der Gemeinde sind weltbekannt – die wohl berühmteste Vertreterin von Ulukhaktok ist **Helen Kalvak** (1901–1984), die in den 1960er-Jahren von Tardi unterrichtet wurde. Ihre Zeichnungen und Drucke sind von ihrer Tätigkeit als Schamanin inspiriert und stellen oft Frauen in ihren Rollen als Heilerin oder Zauberin dar.

Die sehr abgeschiedene Gemeinde, die auch im Sommer nur per Flugzeug erreicht werden kann, ist noch in anderer Hinsicht einzigartig –

Kunst von Mabel Nigiyok und Mary Okheena aus Ulukhaktok

jedes Jahr im Juli wird hier das **Billy Joss Open Celebrity Golf Tournament** abgehalten, ein dreitägiges Golfturnier unter der Mitternachtssonne, das Teilnehmer aus weiten Teilen Kanadas anzieht.

Wer sich bis an die Westküste von Victoria Island wagt, sollte einen Besuch in der Gemeinde gut planen – die Auswahl an Hotels und Restaurants ist äußerst spärlich und ein erfahrener Reiseführer ist ein Muss.

Information: Halmet of Ulukhaktok, Mrs. Elena Egotak – **http://ulukhaktok.lgant.ca/**

Informationen zu **Touren**, Übernachtungen und vieles mehr auf der Internetseite des **Arctic Char Inn**: www.arcticcharinn.com/holman-contact-us.htm

Natur, Landschaft & Tiere

Im gebirgigen Süden von British Columbia und Alberta leben die Dickhornschafe, die ausgezeichnete Kletterer sind

Whale Watching per Kajak – Orcas, Grauwale und Belugas hautnah an der Küste von British Columbia

In der Zeit von Mai bis Oktober tummeln sich an der Westküste Kanadas Buckelwale, Grauwale, Killerwale und Belugas. Auch Seelöwen und Delfine sind mit von der Partie. Die **Killerwale** British Columbias sind die wohl bekannteste Walart – sie sind der Stoff von Legenden und Filmen. An der Küste BCs bilden die eleganten Orcas zwei unterschiedliche Gruppen – die sogenannten *Residents* und die *Transients*. Die Residents sind in größeren Gruppen zu finden und bleiben das ganze Jahr über im gleichen Gebiet, während die Transients in kleinen Gruppen von nur wenigen Walen weite Strecken entlang der Küste zurücklegen. Wissenschaftler sind sich nicht sicher, warum die beiden Gruppen voneinander getrennt bleiben – sicher ist nur, dass es sich bei den Riesen um faszinierende, hochintelligente Tiere handelt; sie zu beobachten ist eine ganz besondere Erfahrung, die man nicht vergisst.

Während man auf einer Überfahrt mit der Fähre nach Vancouver Island, Bowen Island oder sogar Powell River vielleicht Glück hat und einen Blick auf die majestäti-

Orca in Alert Bay vor Vancouver Island

schen Wale des Pazifik erhaschen kann, sind **Whale-Watching-Touren** fast ein Garant dafür, die Giganten des Ozeans in ihrem natürlichen Habitat beobachten zu können.

Wer weniger abenteuerlich ist, ist bei einem Veranstalter mit größerem, überdachtem Ausflugsboot gut aufgehoben und kann Wale mit Gleichgesinnten beobachten. Für Individualtouristen, die den Reiz des Besonderen suchen, gibt es auch **Kajak-Touren** (oft mehrtägig), bei denen hautnahe Begegnungen mit Walen keine Seltenheit sind.

Dabei paddelt man an der großartigen Kulisse der kanadischen Westküste entlang, picknickt an einsamen Stränden und schlägt am Abend unter dem Sternendach sein Zelt auf. Wer auf Lagerfeuerromantik und Natur pur steht, der ist hier genau richtig. Auch kleinere Wanderungen werden angeboten.

In jedem Fall wird bei Whale-Watching-Touren stets auf Sicherheit geachtet – die Sicherheit der Tiere und der Beobachter. Der Mindestabstand beträgt 100 Meter. Die meisten Veranstalter haben bei den Ausflügen auch einen Zoologen oder Meeresbiologen an Bord, der Fragen über die Wale und deren Habitat beantwortet.

Otter vor den Olympic Mountains

Die Wale hören

Eine Besonderheit beim Paddeln ist, dass das Naturerlebnis nicht durch Motorengeräusche getrübt wird. Zudem werden unter den Booten sog. **Hydrophone** (Unterwasser-Mikrofone) angebracht, die an einen Lautsprecher angeschlossen sind. Damit kann man den Walgesängen der Orcas lauschen, wenn diese sich in der Nähe aufhalten.

Informationen:
Out For Adventure Wilderness Tours Ltd., Harper Rd & Heriot Bay Rd, The Village Square, Units C & D, Quathiaski Cove, BC, Tel.: 250-285-3600, www.outforadventure.com; Kajakunterricht, ein- und mehrtägige Abenteuerreisen mit dem Kajak möglich, Preisbeispiel: für 3 Tage $ 795 „Pure Orca – Kayaking with Killer Whales". Start ist in Campbell River, Vancouver Island.

Sowohl auf Vancouver Island als auch in Vancouver und Umgebung gibt es etliche weitere Veranstalter für Whale Watching Touren, z. B. **Prince of Whales Whale Watching**, 812 Wharf Street, Victoria, BC V8W 1T3, Tel.: 250-383-4884, www.princeofwhales.com; verschiedene Tourenangebote, Preise zwischen $ 100 und $ 360 per Person. Weitere Infos zu verlässlichen Veranstaltern unter www.hellobc.com.

Spirit Bears – auf der Suche nach dem weißen Geisterbären im Regenwald von British Columbia

Woher kommt der Geisterbär?

Der wissenschaftliche Name des Spirit Bear ist *Ursus Americanus Kermodei* – benannt wurde diese besondere Art der Schwarzbären nach Frank Kermode, dem ehemaligen Direktor des Royal BC Museum in Victoria. Obwohl der weiße Bär in British Columbia meist als Spirit Bear bezeichnet wird, ist auch ein weiterer Name – Ghost Bear (Geisterbär) – unter den Einheimischen weit verbreitet. Nicht nur die Farbe seines Fells ist eine Besonderheit – in der gesamten Tierwelt findet man kein weiteres Säugetier mit derselben genetischen Veränderung. Denn der Bär ist kein Albino, wie es ihn bei anderen Tieren auch gibt.
Eine der Legenden der Gitga'at First Nation, in deren traditionellem Gebiet die Bären heimisch sind, lautet wie folgt: *Vor vielen tausend Jahren wählte der Schöpfer der Welt den Bären als Wächter der Träume und Erinnerungen. Nachdem der Schöpfer dem Bären versprochen hatte, dass er und seine Nachkommen für immer in Frieden und Sicherheit leben konnten, war der Bär im Gegenzug damit einverstanden, dass jeder zehnte Bär, der geboren wurde, weiß sein sollte.*

In Norden British Columbias liegt der **Great Bear Rainforest**, der sich auf einer Länge von fast 400 km entlang der Küste British Columbias erstreckt. Das Gebiet ist einer der wenigen Regenwälder dieser Erde, den es in kühlen Gebieten gibt – ein sogenannter Kaltregenwald. In dem üppigen, oft nebelverhangenen Grün der uralten Nadelbäume befindet sich das Territorium des **Kermode Bear**.

Auch Spirit Bear genannt, ist dieser weiße Bär ein Braunbär, dessen Fell aufgrund einer genetischen Mutation weiß ist. Die Bären sind selten, werden jedoch am häufigsten in der Gegend um Terrace gesehen. Laut den Einheimischen sind Sichtungen im Monat Mai, kurz nachdem die Bären aus dem

Der legendäre Spirit Bear

Winterschlaf erwacht sind, entlang des Highway 16 (zwischen Prince George nach Prince Rupert) am wahrscheinlichsten.

Die weißen Bären haben einen besonderen Platz in der **Mythologie der Ureinwohner** und wurden und werden traditionell nicht gejagt. Auch als die Europäer in Kanada den Pelzhandel etablierten, bliebt die Jagd auf den heiligen Bären ein Tabu. Forscher sind sogar der Meinung, dass der besondere Status bei den Ureinwohnern das Überleben des Spirit Bears bis heute gesichert hat – die First Nations hielten auch die Aufenthaltsorte der Bären geheim, um sie vor Wilderern zu schützen.

Die Bemühungen von Ureinwohnern und Umweltschützern haben sicherlich zum Überleben der Bären beigetragen, doch auch die Tiere selbst sind in ihrem natürlichen Lebensraum erfolgreich – Spirit Bears sind bessere Fischer als Braunbären, da sie durch ihr helles Fell von den Fischen nicht so leicht erkannt werden können wie ihre dunkleren Artgenossen. Insgesamt soll es in BC zwischen 500 und 900 Exemplare der seltenen Bären geben. Doch ihr **Lebensraum** bleibt bedroht: aus den Ölfeldern in Alberta (s. S. 54 u. S. 172) soll eine Pipeline entlang der Küste gebaut werden, um den Ölexport nach China zu vereinfachen. Damit wäre nicht nur der Lebensraum der Bären, sondern auch der der Lachs fischenden **Küstenwölfe**, Schwarzbären und hunderter anderer Tiere gefährdet.

Great Bear Rainforest an der Westküste BCs

Während der weiße Bär am häufigsten in der Gegend um Terrace gesichtet wird, kommt er am zahlreichsten auf **Princess Royal Island vor**, wo bis zu 10 % der Bärenbevölkerung ein weißes Fell haben, und Gribbell Island, wo sogar jeder dritte Bär weiß ist. vor. Die Insel ist jedoch nur per Kajak oder Wasserflugzeug zu erreichen und kann zum Beispiel mit den erfahrenen Führern der King Pacific Lodge (s. S. 192) erkundet werden.

Informationen: Die **Raincoast Conservation Foundation** (www.raincoast.org) setzt sich für den Schutz und Erhalt der Küstenregenwälder Britisch Columbias und gegen Ölpipelines durch das Gebiet ein.

Unterkunft und Touren: Spirit Bear Lodge, Klemtu, BC V0T 1L0, Tel.: 250-339-5644, www.spiritbear.com; organisierte Touren (mehrtägig), ausgezeichnete Informationen über den Spirit Bear und die Kultur der Ureinwohner der Gegend.

33 Carp Lake Provincial Park, BC – Angelparadies in der Seengegend um McLeod Lake

British Columbia hat mit über 600 Provincial Parks und hunderten anderer Naturschutzgebiete (insgesamt 1.008 geschützte Gebiete) bis heute knapp 14% seiner Fläche unter Naturschutz gestellt (ca. 13 Millionen Hektar). In den Parks gibt es über 6.000 km Wanderwege. Allein von dem Ort Macleod Lake aus liegen in einem Umkreis von bis zu 100 km 19 Parks. Ganz in der Nähe liegen der Tudyah Lake Provincial Park und der Whiskers Point Provincial Park, die sich beide für entspannte Tages- und Angelausflüge eignen.

Größer und ein echtes Angelparadies für **Forellenfischer** ist der fast 20.000 Hektar große Carp Lake Provincial Park. Er umfasst nicht nur den eigentlichen Carp Lake, sondern auch den nahegelegenen War Lake, zahlreiche kleinere Seen und einen acht Kilometer langen Flusslauf, der beide großen Seen verbindet. Der riesige See wurde schon zu Beginn des 19. Jahrhunderts von dem Entdecker Simon Fraser in seinen Aufzeichnungen als außergewöhnlich fischreich gelobt. Besonders berühmt sind die Regenbogenforellen, aber auch verschiedene Karpfenarten wie der Northern Pikeminnow leben hier. Ein kurzer Wanderweg führt von den Campingplätzen zum Rainbow Lake und dem **McLeod River**, ein idealer Ort zum **Fliegenfischen**. Nahe dem östlichen Eingang zum Park sollte man auf jeden Fall den kurzen Weg zu den schönen **War Falls** auf sich nehmen und die Natur genießen.

In BC häufig zu sehen: Weißkopfseeadler

Wer nicht angelt: Kajak- und Kanutouren sind ebenso möglich, drei der kleineren Campingplätze auf den Inseln sind nur per Boot erreichbar und bieten Natur pur. An der nördlichen Seite des Sees gibt es zudem schöne Sandstrände.

Erstmalig Erwähnung fang der See durch die Dakelh First Nation, die die reichen Fischgründe des Sees nutzten und deren Namen „Menschen, die sich mit dem Boot bewegen" bedeutet. Der nächste Ort ist McLeod Lake, in dessen Nähe ein interessanter Punkt liegt: der **McLeod's Lake Post**, der den Beginn des Pelzhandels in der Region markierte. Benannt nach Archibald Norman McLeod (der übrigens nichts mit James Farquharson Macleod, Namensgeber des historischen Forts in Alberta (s. S. 174) zu tun hat), ist diese „Historic Site" vor allem aufgrund der Tatsache bekannt, dass es sich hierbei um den ersten per-

Carp Lake Provincial Park, BC – Angelparadies in der Seengegend um McLeod Lake

manent von Europäern besiedelten Flecken westlich der Rocky Mountains in British Columbia handelt. Gegründet wurde der Handelsposten 1805 für das Pelzgeschäft vom Entdecker **Simon Fraser** (1776–1862), der sich und seine Mitstreiter auch durch den Fisch aus dem Carp Lake ernähren konnte. Der gebürtige Schotte Macleod kam später für die Northwest Company nach Kanada und baute den Posten weiter aus. Später übernahm ihn die Hudson's Bay Company von 1821 bis 1952. Heute sind noch vier Holzhäuser (Haupthaus, Lager, Werkstatt und Eishaus) zu sehen sowie Überbleibsel wie Sägen und eine Feuerstelle. Die Gebäude stammen alle aus der Zeit von 1920–1940.

Der Posten am nördlichen Ende des McLeod Lake, der aus vier Holzhäusern besteht, wurde in unmittelbarer Nachbarschaft des alten **Tsek'ehne Village** errichtet. Somit ist er nicht nur ein bedeutendes Zeugnis für die Entwicklung des Pelzhandels in Kanada, sondern auch ein Beispiel dafür, wie die neuen, europäischen Kanadier mit den Einheimischen interagierten und über die Parsnip und Peace River Handel mit weiter entfernten Regionen betrieben. Eine Besonderheit weist der Handelsposten noch auf: im Gegensatz zu allen anderen Gründungen jener Zeit wurde der McLeod's Lake Post nicht von Palisadenzäunen umgeben.

Pumas – British Columbia ist das Reich der großen Katzen

British Columbia ist ein wahres Paradies für Natur- und Tierfreunde – und das Land der Pumas, auch Berglöwen (mountain lions) genannt. Von den geschätzten 4.000 Pumas im ganzen Land leben etwa 3.500 in British Columbia, die meisten auf Vancouver Island. Leider kommen sich aufgrund des schrumpfenden Lebensraums der auf Englisch cougar genannten Katzen Mensch und Tier immer wieder zu nah. Doch selbst viele Einheimische bekommen die scheuen Tiere niemals zu sehen. Sie kommen nur in die Nähe von Menschen und Städten, wenn sie keine andere Wahl haben und nichts zu fressen finden. Viele Kanadier haben vor einem Puma wesentlich mehr Respekt als vor einem Bären. Doch kein Grund zu übertriebener Sorge: in den letzten 100 Jahren gab es weniger als 40 Angriffe auf Menschen.

INFO

Informationen: Carp Lake Provincial Park, www.env.gov.bc.ca, Zufahrt vom Highway 97 (John Hart Highway) nahe McLeod Lake. Von Prince Rupert sind es ca. 2 Stunden. 102 Campingplätze (geöffnet von Mitte Mai bis Mitte September) auf den beiden größeren Plätzen stehen zur Verfügung, mit Toiletten, fließendem Wasser und Spielplatz.
Tipps zur Tierbeobachtung: Wer Tiere in ihrem natürlichen Lebensraum beobachten will, hat in jedem Winkel der Provinz Gelegenheit dazu. Natürlich gibt es keine Garantie, doch die Chancen, einen Bären, Weißkopfseeadler oder Elch in freier Wildbahn zu sehen, stehen gut. Der British Columbia Wildlife Watch gibt Tipps und stellt auch eine umfassende Liste mit den besten Plätzen zur Verfügung. Grundsätzlich sollte man sich ruhig verhalten und den Tieren immer genug Raum lassen, damit sie sich nicht bedroht fühlen. Respekt im Umgang mit der Natur und ihren Bewohnern ist oberstes Gebot! Ein gutes Fernglas erhöht die Chancen ebenfalls, da die Tiere sich dann nicht gestört fühlen und man das Erlebnis aus sicherer Entfernung genießen kann. Weitere Infos unter www.recreationalatlas.com/viewing.html.

34 Sasquatch Provincial Park, BC – auf den Spuren von Bigfoot

Yeti, Sasquatch oder auch Bigfoot: gab und gibt es das „Monster" wirklich? Seit Jahrhunderten scheiden sich die Geister an dieser Frage – immer wieder gibt es Meldungen von Menschen, die das affenähnliche Wesen gesehen haben wollen…

Fragt man die Bewohner um die Gegend des Sasquatch Provincial Park, dann bleiben keine Zweifel – die legendäre haarige Kreatur, in BC als **Sasquatch** bekannt, hat nach wie vor ihr Revier im Süden British Columbias. Das Wort selbst stammt aus der Sprache der Sts'ailes First Nations, *Sasq'ets*, was so viel wie „haariger Mann" bedeutet. Dem Glauben der Sts'ailes zufolge ist der Sasquatch ein Geisterwesen, das sich selbst jederzeit ins Reich der Geister und Träume bewegen kann – ein Grund mehr dafür, dass es so schwer zu sehen ist… In vielen traditionellen Liedern und Geschichten der Sts'ailes spielt dieses Fabelwesen eine wichtige Rolle. Heute wird das Thema in der Region vor allem für den Tourismus aufbereitet, in der Hochsaison kann man sich an vielen Stellen mit verkleideten Bigfoots fotografieren.

Bigfoot im Film

Dafür, dass niemand Bigfoot jemals gesehen hat, hat er eine passable Kino-Karriere hingelegt und war Hauptfigur in zahlreichen Filmen, die meisten allerdings B-Movie-Horror-Schocker wie „Bigfoot – Die Legende lebt!" (2012). Berühmter wurde Bigfoot als liebenswertes, aber nicht für die Welt der Menschen geschaffenes Wesen in der Komödie „Bigfoot und die Hendersons" (1987) oder „Mein großer Freund Bigfoot" (1994).

1959 wurde ein Park am östlichen Ufer des Harrison Lake ins Leben gerufen, der zunächst als Green Point Park bekannt war. Die beliebte Destination wurde kurz darauf touristisch erschlossen und um eine Anlegestelle für Boote erweitert. Als 1968 schließlich noch die Gebiete um den Hicks und Deer Lake in die Grenzen des Parks mit eingeschlossen wurden, erhielt der Park seinen jetzigen Namen – die Gegend war und ist angeblich **traditionelles Bigfoot-Gebiet**.

Die üppige grüne Vegetation des Parks und die atemberaubenden Ausblicke auf die umliegenden Berge und Harrison Lake verleihen der Landschaft tatsächlich etwas **Geheimnisvolles**. Jedes Jahr schwören etliche Kinder – und auch Erwachsene – einen Blick auf Sasquatch

Blick auf den Harrison Lake

erhascht zu haben. Um mehr über die zahlreichen Bigfoot-Geschichten zu erfahren kann man sich im Park mit einem der Ranger im Visitor Centre unterhalten – es gibt jedoch keine Garantie, dass man danach noch ruhig schlafen kann…

Wer sich nicht auf die Jagd nach Bigfoot begeben möchte, kann im Sasquatch Provincial Park trotzdem einige wunderschöne Tage verbringen. Es werden zahlreiche **Outdoor-Aktivitäten** angeboten, die Landschaft ist faszinierend und die Stille erholsam. Mountainbiking, Schwimmen, Wasserski und Angeln sind nur einige der Möglichkeiten. Der Park verfügt auch über einige gut markierte Wanderwege, wie zum Beispiel den vier Kilometer langen Pfad um den Hicks Lake, der in etwa 90 Min. gut zu bewältigen ist.

Sasquatch Provincial Park ist außerdem Teil des natürlichen Lebensraumes der **Weißkopfseeadler, Biber und Bergziegen**, die vor allem in den frühen Abendstunden beobachtet werden können. Auch Bären und Pumas frequentieren die Gegend, und mit etwas Glück kann man – aus sicherer Entfernung – einen Blick auf die scheuen Tiere erhaschen.

Der Park liegt nur sechs Kilometer nördlich von Harrison Hot Springs (s. S. 86) und wer nicht im Bigfoot-Gebiet campen möchte, kann auch nur den Picknickbereich und Strand von Trout Lake am Eingang des etwa 1.200 Hektar großen Parks nutzen.

INFO

Information: Sasquatch Provincial Park, www.env.gov.bc.ca/bcparks/ (Internetseite von Parks BC, hier sind alle Provincial Parks alphabetisch gelistet).
Tourism Harrison, www.tourismharrison.com: Nach 70 Jahren wurden in Harrison 2012 die **Sasquatch Days** wiederbelebt. Zwei Tage lang wird rund um das Thema gefeiert, gegessen und getrunken. Dabei werden Kanu-Rennen veranstaltet, traditionelles Lachs-Grillen der Sts'ailes, Kunsthandwerk und nicht zuletzt Diskussionsrunden mit Teilnehmern der First Nations und lokalen „Sasquatch-Forschern". Wer sich vorab informieren möchte: www.sasquatchdatabase.com, www.bigfootencounters.com, www.sasquatchcountryadventures.com.
Unterkunft: Sasquatch Crossing Eco Lodge: Das den First Nations gehörende Bed & Breakfast bietet inmitten der Natur und von Wanderwegen umgeben neun einfache, aber gemütliche Zimmer und einen Salzwasser-Pool. Die Betreiber erzählen gerne von den Legenden ihrer Vorfahren (15500 Morris Valley Road, Harrison Mills, www.sasquatchcrossing.ca). Weitere Unterkünfte gibt es in Agassiz (ca. 20 km vom Park entfernt), z.B. in der **Fraser River Lodge** (http://fraserriverlodge.com/), ein idealer Ort zum Angeln und Entspannen, oder im gemütlichen **Mt. Woodside B&B** (www.mtwoodsidebandb.com).
Angeln: Sehr gute, detaillierte Informationen über das Angeln in British Columbia gibt es unter www.gofishbc.com. Um einen Angelschein online zu kaufen gibt es den Link „buy a fishing license" auf der Startseite; Angelscheine sind auch in vielen Filialen von Walmart oder Canadian Tire erhältlich.

Natur, Landschaft & Tiere

35 Monck Provincial Park, BC – Archäologie und Windsurfen unter der Sonne des Nicola Valley

Der Monck Provincial Park, am Ufer des Nicola Lake gelegen, ist mit 92 Hektar zwar nicht besonders groß, bietet aber eine Menge an Freizeitmöglichkeiten, mit denen man mehr als nur einen Tag füllen und das sonnige Strandleben am See genießen kann. Der Sandstrand zieht nicht nur Camper, sondern auch zahlreiche Tagesgäste in den Sommermonaten an, am Wochenende ist dieser Park meist bis zur Kapazitätsgrenze gefüllt.

Schwimmen ist jedoch nicht die einzige Freizeitmöglichkeit – es gibt Wanderwege mit verschiedenen Längen und Schwierigkeitsgraden; Windsurfen ist ebenfalls eine sehr beliebte Sportart in der Gegend, wobei der Wind auf der südlichen Seite des Sees in der Nähe des Quilchena Hotels meist günstiger für Anfänger ist. Der Wind in der Mitte des Sees kann teilweise sehr stark werden und nur erfahrene Windsurfer sollten sich dort in die Fluten stürzen. Eine Anlegestelle für Boote vervollständigt das Programm für Outdoor-Enthusiasten.

Nicola Lake ist ein bekannter Brutplatz der Weißkopfseeadler und Fischadler und man muss meist nicht lange warten, bis man diesen beeindruckenden Vögeln beim Fischen zusehen kann. Im See sind außerdem 26 verschiedene Arten Fisch heimisch, hier lohnt es sich also auch, einen Angelschein und eine Rute dabei zu haben.

Im Park (und entlang des Sees) gibt es außerdem zahlreiche Stellen, wo man auch vom Ufer aus angeln kann, das meiste Glück hat man in den frühen Morgenstunden oder während der Abenddämmerung. Wer die Gegend etwas erkunden will, kann

Badestrand im Monck Provincial Park

Monck Provincial Park, BC – Archäologie und Windsurfen

Blick über Nicola Lake auf die kleine Siedlung Quilchena

einem fünf Kilometer langen Rundwanderweg folgen, der über die Parkgrenzen hinaus auf eine kleine Anhöhe führt. Der etwas anstrengende Anstieg wird mit einem fantastischen Ausblick über den See und das gegenüberliegende Quilchena belohnt.

Ein Teil des Rundwanderwegs führt an historischen Stellen der Ureinwohner vorbei. **Archäologische Ausgrabungen** haben unter anderem Felszeichnungen zutage gebracht, die auf die Zeit um 1500 v. Chr. datiert wurden. Der Park ist seitdem offiziell eine heilige Stätte der Ureinwohner und jedes Jahr zur Sonnwende im Juni wird hier der **National Aboriginal Day** gefeiert. Dabei feiern die First Nations ihre Kultur mit Konzerten, Tänzen und erinnern an die alten Legenden.

Wie die meisten Provincial Parks in BC ist der Campingplatz sehr gut betreut und in Schuss gehalten. Es gibt jedoch keine Strom- oder Wasseranschlüsse für Wohnmobile, Trinkwasser ist aber vorhanden. Am Eingang des Parks ist außerdem ein kleiner Laden, der Getränke und Snacks sowie Feuerholz verkauft. Das Sammeln von Holz in Provincial Parks ist übrigens nicht gestattet – wer kein Feuerholz mitbringt, muss auf ein Lagerfeuer verzichten oder einige Bündel kaufen.

Information: Monck Provincial Park, Monck Park Road am Kamloops-Merritt Highway, www.env.gov.bc.ca/bcparks/explore/parkpgs/monck/; 120 Stellplätze, teilweise schattig, teilweise direkt am See; schöner Kinderspielplatz und Amphitheater im Park; Reservierung empfehlenswert, vor allem an den Wochenenden.

36 Harrison Hot Springs, BC – vom Sandstrand zu den heißen Quellen

Die kleine Gemeinde Harrison Hot Springs liegt am südlichen Ufer des Harrison Lake im Fraser Valley, etwa 37 km von Hope entfernt. Mit rund 1.500 Einwohnern ist der Ort zwar nicht besonders groß, hat aber jede Menge in Sachen Outdoor und Erholung zu bieten.

Harrison Hot Springs ist Heimat der gleichnamigen heißen Quellen, die bereits vor Hunderten von Jahren von den Salish First Nations wegen ihrer **heilenden Kräfte** geschätzt wurden. Der Sasquatch Provincial Park (s. S. 82) ist nur sechs Kilometer entfernt und bietet die Möglichkeit, dem Touristenrummel zu entfliehen.

Hope Slide

Ein Ausflug zur Hope Slide ist ein Umweg, der sich allemal lohnt. Die Hope Slide, etwa 12 km von Hope entfernt am Highway 3 gelegen, ist die Gedenkstätte eines gewaltigen Naturschauspiels. Im Januar 1965 donnerten hier nach einem Erdbeben insgesamt 46 Millionen Tonnen Geröll und Schnee ins Tal und forderten vier Menschenleben. Das Ausmaß des Felsrutsches kann man von einem Rastplatz, der mit Picknicktischen und einer informativen Gedenktafel ausgestattet ist, gut überblicken.

Die kleine Gemeinde selbst ist bestens auf den jährlichen Ansturm der Touristen eingerichtet, und die Quellen können entweder im öffentlichen Hallenbad oder im Harrison Hot Springs Resort genossen werden.

Der idyllisch gelegene Ort hat neben den heißen Quellen, die weltweit angeblich den höchsten Gehalt an Mineralstoffen haben, noch weitere Superlativen zu bieten. Der heimische **Stör**, eine begehrte Trophäe unter Anglern, wird hier bis zu 14 Fuß (knapp fünf Meter) lang und wiegt bis zu 750 Kilo. Eine weitere beeindruckende Statistik aus der Tierwelt: Harrison River ist offiziell der erste sog. **Salmon Stronghold** in Kanada. Dies bedeutet, dass alle in Kanada vorkommenden Lachsarten und Lachsforellen im Fluss heimisch sind und sich dort während des jährlichen Salmon Run versammeln. Doch nicht nur menschliche Besucher

Am Strand von Harrison Hot Springs

Der Pazifische Rotlachs hat im Meer einen blaugrünen Rücken und wird daher auch Blaurückenlachs genannt (engl. Sockeye). Wenn sich die Laichzeit nähert und die Fische die Flüsse hochschwimmen, ändert sich die Farbe in Rot mit einem hellgrünen Kopf

kommen jedes Jahr, um dieses Spektakel zu erleben – über 5.000 Weißkopfseeadler versammeln sich zu dieser Zeit hier, wenn die leuchtend rot gefärbten Fische leichte Beute sind.

Auch in kultureller Hinsicht hat die Gegend einiges zu bieten: in Agassiz, zwischen Harrison Hot Springs und Hope, befindet sich das **Agassiz-Harrison Museum**. Das Museum ist in einem alten Bahnhof der Canadian Pacific Railway untergebracht und lässt seine Besucher in die Geschichte der Gegend und der ersten Pioniere eintauchen. Ebenfalls einen Besuch wert ist die **Kilby Historic Site**, die aus einem General Store und verschiedenen Gebäuden aus den 1920er-Jahren besteht.

Information: Tourism Harrison Hot Springs, 499 Hot Springs Road, Harrison Hot Springs, BC, Tel.: 604-796-5581, www.tourismharrison.com
Agassiz-Harrison Museum, 7011 Pioneer Avenue, Agassiz, BC, Tel.: 604-796-3545, www.agassizharrisonmuseum.org, Mo-Sa 10-16, So 13-16 Uhr.
Kilby Historic Site, 215 Kilby Road, Harrison Mills, BC, Tel.: 604-796-9576, www.kilby.ca, Mai-Sept. tgl. 11-17, Apr./Okt. Do-Mo 11-16 Uhr, $ 9.

Essen und Trinken: Old Settler Pub, 222 Cedar Avenue, Harrison Hot Springs, BC, Tel.: 604-796-9722, www.oldsettler.com, nette Atmosphäre und gutes Essen
Unterkunft: Harrison Hot Springs Resort & Spa, 100 Esplanade Avenue, Harrison Hot Springs, BC, Tel.: 604-796-2244, www.harrisonresort.com; familienfreundlich, saubere Zimmer und tolles Freizeitangebot; mittlere Preisklasse, Zimmer ab $ 139.

37 Penticton, BC – die kanadische Riviera

Wer einmal an den Ufern des Okanagan Lake, im schönen **Okanagan Valley** (s. S. 194) gelegen hat oder durch den Sand gelaufen ist, der weiß, warum die Salish First Nations die Gegend „Snpintktn" nannten – das bedeutet so viel wie „der Ort, an dem man für immer bleibt". Penticton, so der heutige Name der Stadt, ist ein Kleinod im Inneren British Columbias und hat trotz seiner Größe (ca. 30.000 Einwohner) den Charme einer Kleinstadt.

Durch die Lage zwischen zwei Seen hat Penticton eine große Auswahl an Stränden – am Okanagan Lake im Norden der Stadt und an kleineren Skaha Lake im Süden der Stadt. Beide Strände haben ausgedehnte Uferpromenaden, Beach-Volleyball und Eisdielen – und so kommt es, dass Penticton auch als die kanadische Riviera bezeichnet wird, wähnt sich der Besucher doch fast am Mittelmeer ... So zumindest empfinden es die Namensgeber, die Touristen aus dem raue Alberta, die jedes Jahr das milde Klima des südlichen British Columbia genießen.

In Penticton gibt es jedoch nicht nur Strände. Die Gegend ist auch Heimat einiger sehr bekannter und beliebter **Winzer**, die im trockenen, heißen Klima des Okanagan-Tals erfolgreich Wein anbauen. Touren der Weinberge werden in den Sommermonaten regelmäßig angeboten, um die hervorragenden Tropfen zu kosten, die in der Region produziert werden (s. S. 194).

Lieblingsbeschäftigung der Einheimischen und mittlerweile auch vieler Touristen ist das sogenannte **Channel Floating**. Ein etwa 15 Meter breiter Kanal verbindet den Okanagan Lake mit Skaha Lake. An heißen Sommertagen lassen sich hier Hunderte von der kaum wahrnehmbaren Strömung auf Luftmatratzen oder Reifenschläuchen treiben. Die gesamte „Reise" dauert etwa zwei Stunden und wird oft noch von einem Besuch am Strand des Skaha Lake vervollständigt. Sehr relaxt und entspannend!

Okanagan Lake in Penticton

Radeln auf dem Kettle Valley Rail Trail

Der Kettle Valley Rail Trail ist ein kleines Stück des längsten Rad- und Wanderwegs der Welt – dem **Trans Canada Trail**. Dieser soll sich nach der Fertigstellung über 22.000 km erstrecken und dabei den Atlantik, den Pazifik und die Arktis erreichen. Bis heute sind knapp 18.000 km fertig gestellt. Der Trail besteht aus über 400 Einzelstücken und läuft entlang historischer Pfade und einstiger Eisenbahnstrecken – so wie der Kettle Valley Trail. Mit der Planung begonnen wurde 1992, zum 125. Jubiläum des Landes Kanada, und tausende Freiwillige und verschiedene Organisationen haben daran mitgearbeitet. 2017 soll das Werk, das die ganze Nation nicht nur geografisch verbinden soll, vollendet sein. Schon heute sollen 80 % der Kanadier in weniger als 30 Min. Entfernung zum Trail wohnen. Einige Radler und sogar Wanderer haben den ganzen Weg zurückgelegt, auf der Homepage http://tctrail.ca/ kann man nach zukünftigen Expeditionen suchen.

Strand am Skaha Lake, dem zweiten See in Penticton

Aktive mit weniger Zeit können die knapp 219 km des Kettle Valley Rail Trail von Penticton nach Midway zurücklegen, und dabei zauberhafte Aussichten genießen. Es geht dabei entlang einer ehemaligen Eisenbahnstrecke, und die Strecke ist nicht durchgängig asphaltiert, ein Mountainbike wird empfohlen. Verleihstationen gibt es in umliegenden Orten, **KVR Outfitters** (532 Alexander Avenue, Penticton, www.kvroutfitters.com) vermietet Fahrräder und kümmert sich auch um den Transport, **Monashee Adventure Tours** (1591 Highland Dr. N. Kelowna, www.monasheeadventuretours.com) organisiert mehrtägige Touren. Weitere Infos unter www.kettlevalleyrailtrail.com/cycling-the-kvr/, www.bctrail.ca.

INFO

Information: Penticton & Wine Country Visitor Centre, 553 Railway Street, Penticton, BC, Tel.: 250-276-2170, www.tourismpenticton.com; tgl. geöffnet, im Sommer 8–19 Uhr, im Winter etwas verkürzte Zeiten. Auf der Internetseite von Tourism Penticton gibt es eine Reihe an Top-Ten-Listen, die beim Planen eines Besuchs helfen: www.tourismpenticton.com/top-tens.

Essen und Trinken: Barley Mill Brew Pub & Sports Bar, 2460 Skaha Lake Rd., Penticton, BC, Tel.: 250-493-8000, www.barleymillpub.com; im Süden der Stadt, freundlicher Service, gutes Essen; kleines Sportmuseum im oberen Stockwerk.

Unterkunft: Beachside Motel, 3624 Parkview Street, Penticton, BC, Tel.: 250-492-8318, www.beachsidemotel.ca; sauber und gepflegt, mittlere Preisklasse, sehr kinderfreundlich; nur wenige Meter vom Strand am Skaha Lake entfernt.

38 Waterton Lakes National Park, AB – wo sich die Berge und Prärie treffen

Im äußersten Südwesten der Provinz Alberta liegt Waterton Lakes National Park. Das Motto des Parks ist „wo sich Berge und Prärie treffen" und tatsächlich scheinen die Rocky Mountains hier abrupt in die Weite der Prärie überzugehen. Der gut 500 Quadratkilometer große Nationalpark ist in mehr als einer Hinsicht besonders: Er wurde bereits 1932 mit dem im Süden anschließenden Glacier National Park in den USA als **Waterton-Glacier International Peace Park** zusammengeschlossen. 1995 wurde das Gebiet als **UNESCO-Weltnaturerbe** anerkannt. Die Ökosysteme des Parks sind vielfältig und einzigartig; über 60 Arten von Säugetieren, mehr als 250 Vogelarten sowie seltene Pflanzenarten sind im Parkgebiet heimisch.

Eine weitere Besonderheit des 1895 gegründeten Parks ist der **Upper Waterton Lake** – er ist mit 148 Metern der tiefste See in den kanadischen Rocky Mountains. Selbst das Klima im Waterton Park ist einzigartig – die Gegend gilt als der windigste Ort in Alberta. Windstärken von bis zu 100 km/h sind keine Seltenheit, bei einem Besuch des Parks sollte man darauf vorbereitet sein. Der extreme Wind hat jedoch auch Vorteile: In den Wintermonaten weht dort besonders oft der warme Chinook-Wind und macht Waterton somit zu einem der wärmsten Orte während des eisigen Winters in Alberta.

Familienvergnügen in Waterton Lakes

Sowohl Outdoor-Enthusiasten als auch Familien mit Kindern kommen im kleinsten Nationalpark der kanadischen Rockies auf ihre Kosten. Wandern, Angeln, Klettern, geführte Touren, Schwimmen und Reiten – das Angebot ist ausgewogen und bestens organisiert. Der Park beherbergt außerdem zwei **National Historic Sites** – zum einen die *First Oil Well in Western Canada National Historic Site* (die erste Ölquelle im Westen Kanadas) und zum anderen das 1926 erbaute *Prince of Wales Hotel*, das seit 1993 als National Historic Site gilt.

Kanadisch-amerikanische Freundschaft im Park

Ölfund in den Rocky Mountains

Im Osten Kanadas wurde bereits 1858 Öl gefunden, und während im Westen auch eifrig gebohrt wurde, waren alle Versuche bis ans Ende des 19. Jahrhunderts erfolglos. 1889 wurden schließlich einige Siedler in der Gegend des Waterton National Park darauf aufmerksam, dass die Ureinwohner Rohöl für verschiedene Anwendungen benutzten. Das Öl war an einigen Stellen an die Oberfläche getreten und wurde von den First Nations abgeschöpft. Bohrungen an diesen Stellen erwiesen sich jedoch auch als erfolglos – erst im Jahre 1902 wurde John Lineham, der Gründer der Rocky Mountain Development Company, fündig: Am Lineham Discovery Well No. 1 stieß er in einer Tiefe von 311 Metern auf Öl. Ursprünglich war Lineham an der Nutzung des Öls für die Viehzucht interessiert (zur Behandlung bestimmter Krankheiten bei Rindern), doch der Marktwert des Schwarzen Goldes überzeugte ihn schnell vom Gegenteil.

Eiskalt und glasklar – Cameron Lake

Information: Waterton Lakes National Park, Tel.: 403-859-5133, www.pc.gc.ca/waterton; Touristen- Informationszentrum ist von Mai bis September geöffnet, tgl. 9–17 Uhr (Juli und August tgl. 8–19 Uhr), Eintritt für Kinder $ 3,90, Erwachsene $ 7,80, Familien $ 19,80.
Unterkunft: Der Park verfügt über drei **Campgrounds**, wobei der Townsite Campground sogar über Stellplätze mit Wasser-, Abwasser- und Stromanschluss verfügt. Reservierungen sind unbedingt empfohlen unter http://reservation.pc.gc.ca/.
Prince of Wales Hotel, Off Hwy. 5, Glacier Park Inc., Waterton Lakes, AB, Tel.: 403-859-2231, www.nationalparkreservations.com/glacier_prince-wales.php; historisches Hotel mit tollem Flair, gehobene Preisklasse (Zimmer mit Blick auf Waterton Lake ab $ 259); kein TV oder Internet im Hotel!

39 Cypress Hills Interprovincial Park, AB – Kleinod in der Prärie

Das Cypress Hill Massaker

1873, als das heutige Saskatchewan noch zu den Northwest Territories gehörte, ereignete sich in der Gegend von Fort Walsh das Cypress Hill Massaker. Die Gegend war zu der Zeit ohne jegliche Polizeimacht und wurde mehr oder weniger von **Whiskeyschmugglern** aus den USA beherrscht. Obwohl die Schmuggler die meiste Zeit mit den örtlichen First Nations zusammenarbeiteten und in Frieden lebten, verursachte der übermäßige Alkoholgenuss doch immer wieder Streit und auch Todesfälle. Im Juni 1873 verursachte schließlich das Zusammentreffen von verschiedenen Schmugglerbanden und First-Nations-Stämmen in Kombination mit Alkohol einen Streit, der schnell außer Kontrolle geriet. Etliche Indianer, darunter Frauen und Kinder, verloren ihr Leben im sog. Cypress Hill Massaker. Der Vorfall war letztendlich der entscheidende Auslöser für die Erschaffung der **North West Mounted Police**, die kurz darauf ins Leben gerufen wurde und sich bereits 1874 als Polizeimacht in der Gegend etablierte.

Cypress Hills ist Kanadas einziger *Interprovincial Park* und liegt teilweise in Alberta, teilweise in Saskatchewan. In Alberta wurde die Gegend bereits 1951 zum Provincial Park erklärt und schließlich 1989 um 58 Quadratkilometer der Provinz Saskatchewan auf insgesamt 400 Quadratkilometer erweitert. Im Jahre 2000 wurde die **Fort Walsh National Historic Site**, die die Besucher in die Zeit der 1870er-Jahre zurückversetzt, an den Park angeschlossen. Während der Park selbst ganzjährig geöffnet ist, kann man das im Südosten gelegene Fort Walsh nur in den Sommermonaten von Mai bis September besuchen.

Mit über 50 km ausgewiesener Wanderwegen, die auch für Mountainbikes geeignet sind, ist Cypress Hills eine Top-Destination für aktive Outdoor-Enthusiasten. Es gibt außerdem eine Reihe von geführten Touren – Wanderungen oder Ausritte –, die dem Besucher die Lebensart der Cowboys näher bringen.

Besuchern, die auf der Suche nach Ruhe und Erholung nach Cypress Hills kommen, ist ein Blick auf den nächtlichen Himmel zu empfehlen: seit 2004 ist der Park eine

Strandleben im Cypress Hills Interprovincial Park

Rollende Hügel und saftiges Grün im Park

sog. **Dark Sky Preserve**. In Kanada gibt es sieben dieser Schutzgebiete, die keine Luft- und Lichtverschmutzung erlauben und somit spektakuläre Blicke auf den Sternenhimmel ermöglichen. Ohne den Einfluss von künstlich erzeugtem Licht kann man hier in absoluter Dunkelheit Sternenbilder und die Milchstraße mit bloßem Auge deutlich erkennen (weitere Infos unter www.darksky.org).

Wer in den Cypress Hills Park kommt muss auf Luxus nicht unbedingt verzichten. Zwar sind zahlreiche Campgrounds vorhanden, es gibt jedoch auch einige Übernachtungsmöglichkeiten innerhalb der Grenzen des Parks wie Guest Ranches oder Bed & Breakfast Häuser.

Der Park liegt etwa 325 km östlich von Calgary und 32 km von Medicine Hat entfernt und ist als Tages- oder Wochenend-Ausflug sehr zu empfehlen. Wer vorhat, dort zu übernachten, sollte allerdings vorher reservieren!

Information: **Cypress Hills Visitor Centre**, Elkwater, AB, Tel.: 403-893-3833, www.cypresshills.com; Infozentrum in Alberta, ganzjährig geöffnet und am Ufer des Elkwater Lake gelegen; Mo–Di geschlossen, Mi–So 9–16 Uhr; gute erste Anlaufstelle, um den Besuch im Park zu planen.

Essen, Trinken und Unterkunft: **Elkwater Lake Lodge & Resort**, Elkwater, AB, Tel.: 403-893-3811, www.elkwaterlakelodge.com; in der Nähe des Visitor Centre gelegen, Gästezimmer und Ferienwohnungen erhältlich, Restaurant ebenfalls im Haus; Zimmer ab $ 109.

40 Auf dem David Thompson Highway durch Alberta – von Saskatchewan River Crossing bis Red Deer

Benannt nach dem Forscher David Thompson, der für sowohl für die Hudson's Bay Company als auch für die North West Company als Landvermesser tätig war, gilt der gut **300 km** lange David Thompson Highway in Alberta als einer der schönsten in der Provinz. Der Highway ist für kanadische Verhältnisse relativ gut in Schuss gehalten und bietet (mit wenig Verkehr) eine entspannte Art, vom Banff National Park bis nach Red Deer zu fahren. Die atemberaubende Natur Albertas steht im Vordergrund und es gibt viel zu sehen! Der schönste Teil der Strecke liegt zwischen dem Beginn des Highways im Westen (Abzweig von Highway 93 etwa 75 km nördlich von Banff) und Rocky Mountain House – 180 km Strecke, die man jedoch als Tagesetappe betrachten und genügend Zeit für Zwischenstopps einplanen sollte.

Die Fahrt auf dem Highway beginnt umgeben von den majestätischen Gipfeln der Rocky Mountains und führt bereits nach wenigen Kilometern auf das Hochplateau der **Kootenay Plains**, die als Schutzgebiet für Flora und Fauna gelten. Der North Saskatchewan River, der meist parallel zum Highway verläuft und aufgrund seiner Breite oft eher einem See gleicht, ist Hintergrund für mehrere Camping- und Picknickplätze entlang des Weges. Etwa 90 km nach Beginn des Highways kündigt ein gut sichtbares Schild den Abzweig nach rechts in Richtung **Nordegg** an. Die Ursprünge der mittlerweile nur aus wenigen Häusern bestehenden Ansiedlung gehen zurück auf Martin Nordegg, der zu Beginn des 20. Jahrhunderts im Auftrag eines deutschen Unternehmens die Gegend nach Kohle erkundete. Zusammen mit der Canadian Northern Railway Company beaufsichtigte er den Bau einer Kohlemine, die bis 1955 betrieben wurde.

Zu seiner Glanzzeit war Nordegg Heimat für fast 3.000 Einwohner – weniger als 200 Menschen leben nun in der Gegend, die 2002 zur National Historic Site erklärt

David Thompson Highway

Auf dem David Thompson Highway durch Alberta

Abraham Lake bei Nordegg

wurde. Campingplätze, ein Hotel und Einkaufsmöglichkeiten versorgen Gäste mit allem Notwendigen, und die idyllische Lage verlockt so manchen Reisenden, ein paar Tage in der Gegend zu verbringen.

Ab Nordegg sind es noch gut 100 km bis Rocky Mountain House – die Rocky Mountains weichen den Foothills und gehen schließlich über in rollende Hügel, bis man sich am Rande der Prärie Albertas befindet.

Informationen: **Travel Nordegg**, Nordegg Resort Lodge, Nordegg, AB, www.travelnordegg.com.
Visitor Information Centre RMH, 53 Ave direkt am Highway 11, Rocky Mountain House, AB, www.rockymtnhouse.com.
Unterkunft: **Best Western Rocky Mountain House Inn & Suites**, 4407 41st Ave, Rocky Mountain House, AB, www.bestwestern.com; Zimmer ab $ 120, gepflegt und sauber, schöner Pool mit Wasserrutsche.
New Old Town Campground, 4302 62 Street, Rocky Mountain House, AB, www.newoldtowncottages.com; Zelt- und Wohnmobilplätze von Mai bis Oktober belegbar, sowie neun Blockhütten auf dem Gelände, die das ganze Jahr vermietet werden ($ 104 pro Nacht) – die Hütten sind voll ausgestattet und sehr gemütlich.
Buchtipp: **The David Thompson Highway: A Hiking Guide** (ISBN 978-1897522486, erhältlich bei Amazon oder vor Ort. 256 S.). In dem kleinen Buch werden eine Reihe Wanderungen unterschiedlicher Länge vorgestellt, die man entlang des Highways machen kann (Startpunkt immer in der Nähe der Straße).

41 William A. Switzer Provincial Park, AB – einzigartige Flora in den Foothills der Rockies

Etwa 30 km nördlich der Kleinstadt Hinton, AB, in den Foothills der Rocky Mountains liegt der William A. Switzer Provincial Park. Der 2.500 Hektar große Park wurde Ende der 50er-Jahre zum Provincial Park erklärt und war anfangs unter dem Namen Entrance Provincial Park bekannt – die Umbenennung in William A. Switzer Provincial Park erfolgte aber schon kurze Zeit später, zu Ehren von William A. Switzer, dem ersten Bürgermeister der Stadt Hinton.

Ausblick genießen im William A. Switzer Park

William A. Switzer Provincial Park, AB – einzigartige Flora in den Foothills der Rockies

Die Gegend in den Foothills um Hinton war im frühen 19. Jahrhundert eine sehr beliebte **Reiseroute für Pioniere**, Geologen und Landvermesser. In dieser Zeit wurde ein großer Teil des Landes vermessen und in Karten eingetragen – der Westen war damals noch wild und ungezähmt. Durch die natürliche Lage war die Route das ganze Jahr über günstig für Reisen und von 1880 bis 1920 wurde am Ufer des im Norden des Parks gelegenen Gregg Lake sogar ein kleiner Laden betrieben, der die Reisenden mit allem Nötigen versorgte.

Im Süden des Parks befinden sich Jarvis Lake und Graveyard Lake, wo zwischen 1946 und 1948 eine Biberzucht betrieben wurde. Große Betonbecken wurden erbaut, um dort die Biber zu halten und wegen ihrer Felle zu züchten. Das Unterfangen endete innerhalb kurzer Zeit im finanziellen Desaster, da die Biber sich in der Gefangenschaft nicht fortpflanzten. Noch heute kann man die Ruinen der Betonbecken in der Nähe des Picknickplatzes bei Beaver Ranch sehen.

Der Park befindet sich in der Foothills Natural Region, einer Übergangszone zwischen der Ostseite der Rocky Mountains und der Prärie. Durch die höhere Lage sind die Sommer etwas kühler als im Flachland, doch die rollenden Hügel der Landschaft sorgen dafür, dass die arktischen Luftmassen im Winter fernbleiben. Auch wenn es für deutsche Verhältnisse hier empfindlich kalt werden kann, so ist das Klima speziell in dieser Gegend deutlich milder als in vielen anderen Teilen Albertas, wo -40 °C im Winter keine Seltenheit sind.

Die Flora der Gegend beinhaltet seltene und bedrohte Pflanzenarten. So wachsen hier zum Beispiel Frauenschuhorchideen und andere Pflanzen, die in ganz Kanada nur selten zu finden sind. Auch die Fauna ist beeindruckend. Über 150 Vogelarten sind hier zu Hause, unter anderem auch Weißkopfseeadler und Fischadler. Die heimischen Säugetiere beinhalten Bären, Wölfe, Otter, Elche und Kojoten.

Wanderwege von einem bis zehn Kilometer Länge sind angelegt und deutlich beschildert und zahlreiche Rastplätze, Picknickbereiche und Campingplätze laden zum Verweilen ein.

Wer den Park besucht, beginnt am besten am Visitor Centre, das als Kelley's Bathtub bekannt ist und von Mitte Mai bis Anfang September geöffnet ist. Dort erhält man nicht nur von den Parkrangern Auskunft, sondern kann sich auch mit allen erforderlichen Karten und Informationsbroschüren über den Park und die Rundwanderwege eindecken.

Information: William A. Switzer Provincial Park, Highway 40, 30 km nördlich von Hinton, http://www.albertaparks.ca/william-a-switzer.aspx; Infozentrum und Campingplätze saisonal geöffnet.

Essen und Trinken: Porterhouse Grill, 201 Pembina Ave, Hinton; tgl. außer Montag geöffnet, etwas gehobenes Preisniveau, aber sehr leckeres Essen; familienfreundlich.

Unterkunft: Lakeview Inn & Suites, 500 Smith Street, Hinton, www.lakeviewhotels.com; sehr schönes Ambiente, geschmackvoll eingerichtete Zimmer; am östlichen Ende der Stadt direkt am Highway 16.

Natur, Landschaft & Tiere

Writing on Stone Provincial Park, AB – ein Einblick ins Leben der Blackfoot Indians

Etwa 330 km südöstlich von Calgary, in den Badlands zwischen Lethbridge und Medicine Hat, liegt der Writing on Stone Provincial Park. Die Region der sog. **Canadian Badlands** (www.canadianbadlands.com, s. auch S. 176) erstreckt sich in einem Umkreis von ca. 350 km nördlich, östliche und südlich von Calgary und beeindruckt mit ihren Landschaften aus Lava und Steinformationen. Die ungewöhnlichen Felsformationen des knapp 2.700 Hektar große Parks entstanden vor über 85 Millionen Jahren, als das Sedimentgestein im Milk River Valley am Rande eines riesigen Meeres lagen. Durch Schmelzwasser nach der letzten Eiszeit wurde der weiche Sandstein geformt und bildetet die „Hoodoos" (spitze Felspfeiler) und Schluchten.

Der Park wurde hauptsächlich durch Initiativen der umliegenden Siedler, von denen die meisten seit vielen Generationen in der Gegend leben, 1957 ins Leben gerufen. Neben der **beeindruckenden Natur** und den tollen Outdoor-Aktivitäten ist das eigentliche Highlight des Provincial Parks die Geschichte der **Blackfoot-Indianer**. Die Gegend des Parks ist seit tausenden von Jahren ein bedeutendes Gebiet für diesen Stamm.

Eine der größten Sammlungen von **Felszeichnungen und Piktogrammen** weltweit ist auf den Felswänden des Parks verewigt und seit 1977 ebenfalls unter Schutz gestellt.

Die Blackfoot glauben, dass die Landschaften der Erde von Náápi geschaffen wurden und das Gebiet des Writing on Stone Parks (Áisinai'pi in der Sprache der Blackfoot) besonders gut gelungen war. Mündlichen Überlieferungen zufol-

Writing on Stone Provincial Park

Writing on Stone Provincial Park, AB – ein Einblick ins Leben der Blackfoot Indians

ge versammelten sich die Blackfoot dort seit 10.000 Jahren, um zu jagen, Beeren und Wurzeln zu sammeln und die Winter zu verbringen.

Der Park bietet eine Vielzahl an Freizeitmöglichkeiten wie Schwimmen, Angeln und Campen. Es sind außerdem über 160 Arten von Vögeln dort heimisch, sowie etliche Säugetiere und Reptilien – die Tiere kann man vor allem in den frühen Morgenstunden und während der Dämmerung beobachten. Klapperschlangen haben im Writing on Stone Park ebenfalls ihr Territorium; wer sich also auf einen der Wanderpfade durch die felsige Landschaft im heißen Süd-Alberta begibt, sollte unbedingt festes Schuhwerk tragen und die Augen (bzw. Ohren!) offen halten.

Die Parkverwaltung bietet außerdem in den Sommermonaten, meist von Ende Mai bis Anfang September, geführte Touren an, die einen Einblick in die Kultur und Geschichte der Blackfoot gewähren. Auf der gut zweistündigen Tour kann man auch einen genauen Blick auf die faszinierenden Felszeichnungen werfen und sich von den Erzählungen und Sagen der Blackfoot verzaubern lassen.

Hoodoos im Park

Information: Writing on Stone Provincial Park, www.albertaparks.ca/writing-on-stone.aspx; Tel.: 1-866-427-3582 (gebührenfreie Nummer, nur innerhalb Kanadas), Reservierungen für Campingplätze können online getätigt werden, www.reserve.albertaparks.ca. Es gibt insgesamt fast 75 Plätze, zum großen Teil auch für Wohnmobile geeignet, in der Hauptsaison sollte dennoch reserviert werden. Eine Besonderheit dieses Parks ist das sog. Comfort Camping – in einem stationären Luxuszelt gibt es zwei Doppelbetten auf rustikalem Holzboden, komplett eingerichtete Mini-Küche und angebaute Terrasse. Gekocht werden darf im Zelt zwar nicht, aber dafür steht ein Gasgrill direkt neben dem Zelt zur Verfügung. Der Luxus in der Wildnis kostet $ 95 pro Nacht und muss unbedingt im Voraus gebucht werden (online nicht möglich, nur telefonisch unter 403-647-2364).

43 Fish Creek Provincial Park, AB – Oase in Calgary

Im südlichen Teil der Millionenstadt Calgary liegt einer der größten urbanen Provincial Parks Kanadas. Der Fish Creek Provincial Park wartet mit einer Größe von 1,355 Hektar auf und ist eine wahre Oase inmitten der Großstadt.

Wälder und offenes Grasland laden zum **Wandern** (auf über 100 km Wanderpfaden!) und zum Mountainbike fahren ein und ein Picknickbereich mit Strand und Spielplatz ist ein beliebter Platz für Familien mit Kindern. Flora und Fauna sind üppig und um den Bow River herum wurden bereits über 200 Vogelarten gezählt.

Das **Bow Valley Ranch Visitor Centre** ist eine gute Anlaufstelle, um sich mit Karten einzudecken – und dann den Park zu erkunden. Um das Visitor Centre herum sind alle Wanderwege barrierefrei! Insgesamt befinden sich zwölf Picknickbereiche im Park, teilweise direkt am Wasser.

Ebenfalls direkt an der Bow Valley Ranch gelegen sind die **Artisan Gardens**, in denen an die Geschichte und Kultur der First Nations und der Pioniere erinnert

Oase in der Stadt – Fish Creek Provincial Park

Fish Creek Provincial Park, AB – Oase in Calgary

wird. Über 175 Kunstwerke von kanadischen Künstlern werden in dieser einzigartigen Freiluftgalerie gezeigt. Ein weiteres Highlight sind die **Native Gardens**, die die Naturverbundenheit der Ureinwohner in den Mittelpunkt stellen. Dort sieht man vor allem Pflanzen, die seit Jahrhunderten in der Gegend heimisch sind. Wer nach einem ausgedehnten Spaziergang durch die grüne Idylle hungrig geworden ist, sei ein Mahl in **The Ranche Restaurant** empfohlen. Im restaurierten Haupthaus der Bow Valley wird in den Sommermonaten deftiges Mittag- und Abendessen in authentischer Ranch-Atmosphäre serviert (www.theranche.com).

> **Tipp**
>
> Calgary hat ein sehr gut ausgebautes öffentliches Verkehrsnetz. Von der Innenstadt am Calgary Tower bis zum Fish Creek Provincial Park ist man zum Beispiel nur etwa 30 Minuten mit dem Bus unterwegs. Fahrpläne und Hilfe bei der Planung: www.calgarytransit.com.

Die Gegend des Fish Creek Provincial Park wartet mit reichhaltiger Geschichte auf. Ureinwohner waren dort bereits vor über 8.000 Jahren sesshaft, die ersten europäischen Siedler – John und Adelaide Glenn – ließen sich 1874 nieder und betrieben ab 1875 eine Farm und einen kleinen Handelsposten; dieser wurde bald von einem Fort der North West Mounted Police gefolgt.

John Glenn war in mehr als nur einer Hinsicht ein **Pionier**. Er pflanzte 1876 als erster Getreide in der Prärie Albertas und entwickelte auch als erster Siedler ein Bewässerungssystem für seine Felder. Glenn verkaufte seine Farm bereits 1879 und nach mehreren Eigentümerwechseln wurde das Land 1895 von John Hull erworben. Er läutete das „goldene Zeitalter des Ranching" in Alberta ein, indem er Flächen von bis zu 350 Hektar bewässerte und schließlich innerhalb eines Jahres 1.200 Tonnen Heu (anstatt 90 Tonnen) erzeugte. Hull erfand außerdem eine einfache Maschine, um das Heu zu stapeln, und seine Methoden wurden bald in ganz Kanada kopiert.

Obwohl der größte Teil des Heus verkauft wurde, nutzte John Hull doch einen beträchtlichen Teil für die eigene Rinderzucht. Zwischen der Rinderzucht und der Farm wuchs Hulls Unternehmen schnell heran, und er setzte sich nach nur wenigen Jahren zur Ruhe und verkaufte das mittlerweile auf Bow Valley Ranch getaufte Gebiet 1902 an Patrick Burns. Die Familie Burns war eine der bedeutendsten Rinderzüchterfamilien im Land und nutzte die Bow Valley Ranch ausschließlich für die Viehzucht. Das Land blieb im Besitz der Burns' bis 1972, als es schließlich von der Provinz Alberta erstanden wurde; der Fish Creek Provincial Park wurde 1975 ins Leben gerufen und ist eines der beliebtesten Ausflugsziele für die Bewohner von Calgary.

> **INFO**
>
> **Informationen: Fish Creek Provincial Park**, Bow Valley Ranch Visitor Centre, 15979 Bow Bottom Trail S. E., Calgary, AB, Tel.: 403-297-5293, www.albertaparks.ca/fish-creek.aspx; Visitor Centre ganzjährig Mo-Fr geöffnet, am Wochenende geschlossen; keine Übernachtungsmöglichkeiten im Park.

44 Karibus im Yukon – die wilden Rentiere Nordamerikas

Karibus (engl. caribous) werden im deutsch-englischen Wörterbuch mit „wilde Rentiere Nordamerikas" erklärt; sie gelten tatsächlich als ein Symbol des Nordens und sind kaum unterhalb des 60. Breitengrades zu finden. Kein anderes großes Säugetier im hohen Norden hat so beeindruckende **Migrationsstatistiken** wie das Karibu – Forschern sind Herden bekannt, die jedes Jahr die Strecke von der südlichen Grenze des Yukon bis weit über den Polarkreis zurücklegten. Für die Kanadier ist das Tier fast so etwas wie ein **Nationalsymbol** und ziert seit 1937 die Rückseite der kanadischen 25-Cent-Münze.

Von den drei verschiedenen Karibuarten Kanadas (Peary-, barren-ground, Woodland-Karibus, wobei letzteres eine gefährdete Art ist) sind die sog. *barren ground caribou* die zahlreichsten Vertreter im Yukon; sie wandern jedes Jahr zwischen ihrem Winterstandort in den Richardson Mountains und ihrer Sommerweide an der nördlichsten Grenze zwischen dem Yukon und Alaska. Die sogenannte Porcupine Herde zählt um die 165.000 Tiere und macht somit einen Großteil der insgesamt 250.000 Karibus des Yukon aus. Damit leben im Yukon übrigens siebenmal mehr Karibus als Einwohner.

Der Name Karibu kommt von der Sprache der Micmac-Ureinwohner, in der „xalibu" so viel bedeutet wie „mit den Hufen graben" – und genau dies tun die Karibus – sie sind dafür bekannt, mit ihren breiten, scharfkantigen Hufen im Schnee nach Nahrung zu graben. Die Hufe sind nur eine von vielen Anpassungen, mit denen die Evolution die Karibus bedacht hat.

Um die extremen Temperaturen des Winters im Yukon ertragen zu können (-50 °C sind keine Seltenheit) haben Karibus ein sehr warmes Fell, das sich sogar

Die Waldkaribus sind eine bedrohte Unterart

Karibus im Yukon – die wilden Rentiere Nordamerikas

Karibus auf dem Dempster Highway

auf Schnauze, Schwanz und Hufe erstreckt. Die **behaarten Hufe** haben auch noch eine weitere Funktion – sie dienen praktisch als Schneeschuhe und die Tiere sind somit in der Lage, sich auch im hohen, weichen Schnee fortzubewegen.

Sowohl Bullen als auch Kühe tragen Geweihe, auch diese eine Adaption, um das Überleben im rauen Klima des Nordens zu sichern. Bullen verlieren ihr Geweih bereits im Winter, während trächtige Kühe ihr Geweih bis in den Sommer hinein behalten – sie können so im Winter ihren Weidegrund verteidigen und so Nahrung für sich selbst und ihr Kalb sichern.

Die Verbindung zwischen den Ureinwohnern und den Karibus ist viele Jahrtausende alt. Archäologische Fund in der Gegend des Porcupine River wurden auf ca. 27.000 Jahre alt datiert und untermauern die Bedeutung der Jagd – Werkzeuge aus Karibugeweih, Sehnen zum Bespannen von Bogen und Nähen von Kleidung sowie Felle sind unter den Funden. Wenn auch die Jagd auf Karibus heutzutage mit modernen Gewehren keine besondere Herausforderung mehr ist, so war es für die Ureinwohner nicht so einfach. In mühevoller Arbeit wurden bis zu 1,5 km lange Zäune errichtet – sog. „caribou fences"; die Tiere wurden in die Richtung der Zäune getrieben, wo Jäger bereits mit Pfeil und Bogen oder Speeren warteten.

Generationen von Ureinwohnern wurden von den Karibuherden des Yukon über die Jahre hinweg ernährt. Was heute bleibt, ist nach wie vor ein großer Respekt für die Tiere und der Wunsch, die letzten großen Säugetiere des Polarkreises zu schützen und zu erhalten.

Informationen: Environment Yukon, www.env.gov.yk.ca; im Menü unter Wildlife & Biodiversity - Mammals findet man interessante und detaillierte Fakten über den Karibubestand des Yukon Territory.

45 Southern Lakes Area, YK – die „kleinste Wüste der Welt" liegt im Yukon

Am Ufer von Bennett Lake, zwischen Whitehorse, YK, und Skagway, AK, liegt die kleine Gemeinde Carcross im Herzen der Southern Lakes Area des Yukon. Der ursprünglich als Caribou Crossing bekannte Ort wurde in den Zeiten des Gold Rush – als die Eisenbahn fertiggestellt wurde – in den heutigen Namen umbenannt und war zur damaligen Zeit ein beliebter Ort für einen Zwischenstopp auf dem Weg in den Klondike.

Seit dem Gold Rush hatte sich die Einwohnerzahl zwischen 300 und 500 gehalten, mittlerweile sind jedoch bedeutend weniger als 100 Menschen das ganze Jahr in der Gegend sesshaft. Tourismus ist die hauptsächliche Einnahmequelle und zum größten Teil auf die Sommermonate beschränkt – freilich ist der Yukon auch im Winter zauberhaft, doch die eisigen Temperaturen sind doch Grund für viele, die Gegend dann eher zu meiden.

Carcross ist reich an Geschichte und Artefakten der **Tagish First Nations**, und einige der Sehenswürdigkeiten, die man nicht verpassen sollte, sind das historische Caribou Hotel (das 2008 zur Yukon Historic Site erklärt wurde), sowie der **Matthew Watson General Store**, der als ältester Laden im Yukon gilt.

Auch die Natur hat hier etwas Besonderes zu bieten: Außerhalb der Gemeinde befindet sich die **Carcross Desert**, eine geologische Besonderheit, die mit einer Fläche von etwa 2,6 Quadratkilometern als die „kleinste Wüste der Welt" bekannt ist. Dabei ist es keine „echte" Wüste, sondern das Überbleibsel eines einstigen Gletscher-See, den es vor tausenden von Jahren an dieser Stelle gegeben hat. Eine Infotafel, die am Wegesrand steht, lautet wie folgt:

„Carcross Desert – unter den Einheimischen liebevoll als kleinste Wüste der Welt bekannt, war diese Gegend ursprünglich von einem großen Gletschersee bedeckt. Als sich die Gletscher zurückzogen, was einen Fall des Wasserspiegels zur Folge hatte, blieb schließlich nur der sandbedeckte Grund des Sees zurück. Die starken Winde des Lake Bennett halten den Sand konstant in Bewegung, was es für jegliche Vegetation fast unmöglich macht, sich zu etablieren. Eine der wenigen erfolgreichen Arten von Pflanzen in der Gegend sind Drehkiefern und Kinnikinnick (niedrig wachsende Büsche)."

In der kleinen Wüste gibt es auch einige Bewohner, die sich nicht an den scheinbar unwirtlichen Umständen stören: Karibus, Widder und Bergziegen sind hier zuhause und können mit etwas Glück beobachtet werden.

Das fragile und faszinierende Ökosystem der Carcross Desert sollte 2002 unter Naturschutz gestellt werden. Dies wurde jedoch in einer Volksabstimmung von den Einheimischen, die die Gegend sowohl im Sommer als auch im Winter als Erholungs- und Freizeitgebiet nutzen, verhindert.

Southern Lakes Area, YK – die „kleinste Wüste der Welt" liegt im Yukon

Kuriose Landschaft: Wüstensand mitten im Yukon

Information: Carcross Visitor Information Centre, im historischen Bahnhofsgebäude, geöffnet von Anfang Mai bis Mitte September, Tel.: 867-821-4431, www.southernlakesyukon.com (im Menü links unter „The Southern Lakes" dann unter „Carcross"). Eine kleine Broschüre über die Carcross Desert gibt es zum Download unter www.env.gov.yk.ca/publications-maps/documents/carcross_2011.pdf.

Unterkunft: Dunroamin' Retreat, Crag Lake, YK, www.dunroaminretreat.com; einzigartiger „Zufluchtsort" in der Wildnis des Yukon, direkt am Crag Lake – etwa zehn Minuten außerhalb von Carcross; Übernachtungen mit Frühstück ab $ 125 pro Zimmer; uriges Holzhaus und sehr nette Gastgeber. Unbedingt im Voraus buchen!

46 Kluane National Park, YK – Heimat des höchsten Bergs Kanadas

160 km westlich von Whitehorse, in der südwestlichen Ecke des Yukon Territory liegt der Kluane National Park. Zugegebenermaßen keine kleine Ecke, denn der Park selbst bedeckt eine Fläche von fast 22.000 Quadratkilometern, geprägt von schroffen Gipfeln, tiefen und fruchtbaren Tälern. Zusammen mit den in den USA angrenzenden Parks (Kluane / Wrangell-St. Elias / Glacier Bay / Tatshenshini-Alsek) wurde das Gebiet 1979 u.a. aufgrund der Gletscherlandschaften und der Karibu-, Grizzlybären- und Alaska-Schneeschaf-Population als UNESCO-Weltnaturerbe deklarierte. Der Park ist auch Heimat des höchsten Gipfel Kanadas – dem **Mount Logan** mit beeindruckenden 5.959 Metern.

> **Filmtipp: National Parks Project**
>
> Zum 100. Jubiläum der kanadischen Nationalparkbehörde wurden 2011 unter dem Namen „National Parks Project" renommierte Naturfilmer, Fotografen und Journalisten durch das Land geschickt, um die Einzigartigkeit der kanadischen Landschaften zusammen mit Musikern in Kurzfilmen zu porträtieren. Unter www.nationalparksproject.ca/ kann man Filme und Informationen zu den Parks abrufen. Ein weiterer sehenswerter Film zum Kluane National Park ist unter www.nfb.ca/film/kluane/ abrufbar.

Die mit etwa 800 Einwohnern kleine Gemeinde Haines Junction ist Ausgangspunkt für einen Besuch der endlosen Wildnis des Kluane National Park und bietet neben dem Visitor Information Centre des Parks auch Übernachtungs- und Einkaufsmöglichkeiten für Reisende, die nicht mit dem Zelt oder Wohnmobil unterwegs sind.

Ein großer Teil des Nationalparks besteht aus unzugänglichen **Gletschern und Eisfeldern**, der zugängliche Teil des Park bietet jedoch eine Fülle an Möglichkeiten wie Wanderungen (geführte Wanderungen können im Visitor Information Centre gebucht werden und sind sehr empfehlenswert), Rafting, Mountain Biking und Angeln. Eventuell notwendige Erlaubnisscheine müssen im Infozentrum erworben werden, und es ist außerdem ratsam dort mitzuteilen, wie lange man vorhat im Park zu bleiben. Erfahrene Parkranger helfen gerne bei der Planung und geben außerdem Tipps zur Sicherheit – eine deutsche Broschüre über Wandern und Campen im Bärengebiet steht auch auf der Internetseite des Kluane National Park zum Download bereit (www.pc.gc.ca/eng/pn-np/yt/kluane/visit/visit6.aspx – unten rechts auf der Seite „Deutsch").

Mit fast 19 Stunden Tageslicht im Sommer sind die Monate Juni bis August ideal für einen Besuch des Parks. Wenn auch meist angenehme Temperaturen herrschen, so ist das Wetter im hohen Norden dennoch unberechenbar. Innerhalb von Stunden kann die Temperatur unter den Gefrierpunkt fallen, und auch Schneefall ist im Sommer nicht ganz unüblich – wer zu Fuß unterwegs ist, sollte also auf jedes Wetter eingestellt sein.

Das Gebiet des Kluane National Park ist seit Menschengedenken traditionelles Gebiet verschiedener Ureinwohner, allen voran der **Kluane First Nation**. Auch die

Kluane National Park, YK – Heimat des höchsten Bergs Kanadas

Menschen der Champagne und Aishihik First Nations sind hier heimisch und in ihre Geschichte und Kultur kann man bei einem Besuch des Visitor Information Centres, das sich im *Da K Cultural Centre* befindet, eintauchen.

Unterwegs auf dem Alaska Highway mit Blick auf die Bergkette des Kluane National Parks

INFO

Information: Kluane National Park Visitor Centre, Haines Junction, YK, www.pc.gc.ca/kluane; ganzjährig geöffnet, an Wochenenden und Feiertagen geschlossen.
Eine besonders interessante Internetseite ist das Virtuelle Museum Kanadas, das faszinierende Einblicke in die Geschichte des Mount Logan gibt: www.museevirtuel-virtualmuseum.ca, dann auf „Virtual Exhibits" und oben links die Suchfunktion nutzen – auf jeden Fall einen „Besuch" wert!
Essen und Trinken: The Raven Hotel and Gourmet Dining, 181 Alaska Hwy, Haines Junction, YK, Tel.: 867-634-2500, www.ravenhotelyukon.com; frische, saisonale Küche.
Unterkunft: Alcan Motor Inn, Haines Junction, YK, Tel.: 867-634-2371, www.alcanmotorinn.com; Zimmer ab $ 115, schlicht, aber sauber und günstig gelegen.

47 Great Slave Lake, NWT – Ausflüge auf dem tiefsten See Nordamerikas

28.000 Quadratkilometer Fläche und 614 Meter tief – der Great Slave Lake ist der **tiefste See** in Nordamerika und nach dem Great Bear Lake der zweitgrößte in den Northwest Territories. Mit einer Länge von etwa 480 km und einer Breite zwischen 19 und 100 km erstreckt er sich von der Slave Region der Northwest Territories bis hinein in die Barren Lands und wird von einer Vielzahl an Flüssen wie dem Yellowknife River, Hay River und Slave River gespeist; der mächtige Mackenzie River entspringt dem westlichen Ende des Sees.

Der See ist durchschnittlich acht Monate im Jahr gefroren und liefert in den Sommermonaten den Lebensunterhalt für viele Familien, die von der Fischerei leben. Der See ist artenreich und bietet unter anderem verschiedene Arten von Forellen sowie Hechten, Zander und Saiblingen eine Heimat.

Die größte Ansiedlung am Great Slave Lake ist **Yellowknife**, Hauptstadt der Northwest Territories (s. S. 70). Die Siedlungsanfänge gehen zurück ins Jahr 1789, als Alexander Mackenzie in der Gegend des Yellowknife Bay einen Handelsposten etablierte. Bis dahin war die Bucht am Great Slave Lake vor allem mit Angehörigen der Chipewyan Nation und Dogrib Nation bevölkert. Seinen Namen erhielt der See allerdings von den Ureinwohnern der Slavey Nation und hat nichts mit „Sklave" zu tun.

Weitere Gemeinden am Great Slave Lake sind Hay River und Fort Providence. Hay River ist auch das traditionelle Gebiet der **Slavey Nation**. 1892 richteten die Slavey, die die Gegend bereits seit langem als Sommerresidenz nutzten, dort ihre permanente Siedlung ein. Kurze Zeit später folgte eine Mission der Anglikanischen Kirche und Hay River etablierte sich in den Jahren des frühen 20. Jahrhunderts zum Zentrum des Handels und „Hub of the North" (Knotenpunkt des Nordens).

Abenteuer auf dem Great Slave Lake

Great Slave Lake, NWT – Ausflüge auf dem tiefsten See Nordamerikas

Mit der richtigen Kleidung kann man den See auch im Winter genießen

Great Slave Lake erkundet man am besten mit einem erfahrenen Führer, wie von Great Slave Lake Tours, die alles von halbtägigen bis einwöchigen Touren anbieten – Angeln, Vögel beobachten, Kajak fahren und im Winter die Aurora erleben, hier kommt jeder auf seine Kosten.

Einer der beliebtesten Ausflüge (mit dem größten Wow-Faktor) ist eine mehrtägige Reise zum sog. East Arm des Sees. Der nordöstliche Teil des Great Slave ist der tiefste und abgeschiedenste Teil und nur zwei Monate im Jahr (Juli und August) zugänglich. Selbst in der Hochsaison sind hier nur sehr wenige Menschen unterwegs, und während des Aufenthaltes in einem alten Fischerei-Camp kann man sich von der Flora und Fauna faszinieren lassen und den einen oder anderen meterlangen Hecht an Land ziehen.

Information: Great Slave Lake Tours, Hay River, NT, Tel.: 867-874-3617, www.nwtfishingtours.com; der Eigentümer Shawn Buckley ist ein erfahrener Führer und teilt gerne seine Leidenschaft für den Great Slave Lake.

Northern Frontier Visitor Centre, 4807 49th Street, Yellowknife, NT, Tel.: 867-873-4262, http://visityellowknife.com/; ganzjährig geöffnet; **Hay River Visitor Information Centre**, 923 Mackenzie Highway, Hay River, NT, Tel.: 867-874-3180, www.hayriver.com; tgl. geöffnet von Mitte Mai bis Mitte September.

Natur, Landschaft & Tiere

㊽ Nááts'ihch'oh National Park Reserve und Nahanni National Park Reserve, NWT – unberührte Wildnis im Norden

Das **Nahanni National Park Reserve** ist ein Nationalpark, zu dem keine Straße führt. Das riesige, **30.050 km²** große Gebiet liegt etwa 500 km westlich von Yellowknife. Das Reserve ist eines der unberührtesten und wildesten an der kanadischen Westküste – und entsprechend schwierig zu erreichen. Ausgangspunkte für Erkundungen, die meist mit einem Charterflug beginnen, sind zum Beispiel Muncho Lake, BC, und Fort Simpson oder Yellowknife, NWT. Ein **Wasserflugzeug** ist die bevorzugte Transportart für die Mehrheit aller Besucher des Parks. Ein Tagesausflug in den Park, der 1976 als das erstes UNESCO Weltnaturerbe anerkannt wurde, dauert etwa sechs bis acht Stunden und ist dafür geeignet, das berühmteste Merkmal des Parks zu sehen – die **Virginia Falls**. Kurz vor dem Zusammenfluss des South Nahanni mit dem Flat River rauschen tosende Wassermassen 96 Meter in die Tiefe.

Wer abenteuerlustig ist und die richtige Ausrüstung hat (oder mietet) kann auch eine oder zwei Nächte im Park verbringen – und herausfinden wie es wirklich ist, ganz alleine in der Einsamkeit Kanadas zu sein. Für einen kürzeren Aufenthalt von nur einer Nacht ist die Gegend der Virginia Falls gut geeignet. Der Zeltplatz muss im Voraus reserviert werden, da nur eine beschränkte Anzahl an Gästen zugelassen wird – die Flora und Fauna soll so wenig wie möglich gestört werden.

Eine lohnende Wanderung in diesem Bereich des Parks ist der insgesamt 16 km lange **Sunblood Mountain Trail**; ein anstrengender Weg, der mit einer fantastischen Aussicht belohnt. Wer zwei Nächte im Park verbringen will, kann zum Beispiel im fast 100 km

Virginia Falls im Nahanni Park – atemberaubend

weiter flussabwärts gelegenen Deadman Valley mehrere Wanderwege erkunden. Vor allem empfehlenswert sind hier der Ram Creek Trail, mit 30 km Gesamtlänge und der Dry Canyon Creek Trail, insgesamt 20 km lang. Auch mehrtägige Rafting-Touren, Angeln (spezielles Permit nötig) und andere Outdoor-Aktivitäten werden angeboten.

Wichtig: Alle Besucher werden ausdrücklich darauf hingewiesen, sich intensiv auf mehrtägige Besuche des Parks vorzubereiten und vor allem die eigenen Fähigkeiten richtig einzuschätzen. Das Wetter im Park kann sich jederzeit ändern und auch in den Sommermonaten unter 0 °C sinken. Zu Beginn muss man sich bei der Parkbehörde registrieren und am verabredeten Termin auch wieder zurückmelden – ist man mehr als 24 Stunden später immer noch nicht da, werden Suchtrupps losgeschickt.

Im August 2012 wurden von Premierminster Stephen Harper weitere 4.850 km² in Kanadas Norden unter Schutz gestellt und zur **Nááts'ihch'oh National Park Reserve** erklärt. Dieser neueste Nationalpark ist der 44. in Kanada und schließt an die nordwestliche Grenze des Nahanni National Park an. Er liegt rund um den Nááts'ihch'oh Mountain, ein spirituell bedeutendes Gebiet der First Nations Sahtu Dene und Metis. Der Name bedeutet in der Sprache der Dene First Nation übrigens „steht wie ein Stachelschwein".

Endlose Weiten begrüßen Besucher, die das faszinierende Ökosystem des Nordens erleben und Tiere wie Grizzlies, Trompeter-Schwäne und Widder in freier Wildbahn beobachten wollen. Hier lebt auch die nördlichste Population der sog. Dall-Schafe.

Der **South Nahanni River**, der durch den Park fließt, ist zudem ein Paradis für Kajak- und Rafting-Touren. Ein Besucher-Infozentrum oder Campingplätze gibt es in diesem Park (noch) nicht. Infos unter www.pc.gc.ca.

Information: Auf der Internetseite der **Nahanni National Park Reserve** gibt es detaillierte Karten und Hinweise für alle Besucher des Parks: www.pc.gc.ca/nahanni.
Liard Air / Northern Rockies Lodge, Mile 462, Muncho Lake, Tel.: 250-776-3481, www.northern-rockies-lodge.com. Ein guter Ausgangspunkt für *Flightseeing* im Nahanni Park ist **Muncho Lake** in BC. Die **Northern Rockies Lodge** (hier wird Deutsch gesprochen!) bietet Tagesausflüge in den Park mit einem erfahrenen Piloten per Wasserflugzeug. Ausflüge dauern etwa fünf bis sechs Stunden und sind eine gute Alternative zu einem mehrtägigen Aufenthalt in der Wildnis. Muncho Lake liegt direkt am Alaska Highway und kann so als ein- oder mehrtägiger Zwischenstopp auf dem Weg in den Norden dienen.
Yellowknife Outdoor Adventures, 3603 Franklin Avenue, Yellowknife, NT, www.yellowknifeoutdooradventures.com; Flüge und andere Angebote (Aurora, Angeln) ab Yellowknife und Fort Simpson
Unterkunft: **Nahanni Lodge**, s. S. 208

Natur, Landschaft & Tiere

49 Wood Buffalo National Park, NWT – faszinierendes Ökosystem und Salzebenen

Nur wenige Kilometer von Fort Smith, NWT, entfernt liegt der **größte Nationalpark Kanadas**. Er umfasst eine Fläche von 44.807 km², was in etwa der Größe der Schweiz entspricht. Obwohl der Park ganzjährig geöffnet ist, sind einige Straßen nur im Sommer passierbar, andere wiederum nur im Winter. Die am meisten besuchten Attraktionen des Parks liegen im Umkreis von etwa 120 km um Fort Smith.

Das Gebiet wurde 1922 zum Nationalpark erklärt und 1983 zum UNESCO Weltnaturerbe. Es ist Heimat der weltweit größten wild lebenden Büffelherde und beherbergt außerdem den vom Aussterben bedrohten **Schreikranich**.

Über die Grenzen Kanadas hinaus ist der Park aber nicht nur wegen der riesigen Büffelherde, sondern auch wegen der einmaligen **Landschaftsformationen** bekannt. Das Flussdelta, an dem sich Peace River und Athabasca River treffen, ist eines der größten Süßwasser-Deltas weltweit. Eine weitere Besonderheit sind die in der Nähe von Fort Smith gelegenen Salzebenen. Im Rahmen einer geführten Tour kann man diese faszinierende Landschaft barfuß erkunden und eine Kostprobe des unterirdisch verlaufenden Salzwasser-Flusses „genießen". Die Aussichtsplattform bei den Salzebenen ist außerdem ein günstiger Punkt, um Wildtiere zu erspähen und zu beobachten. Neben den Büffeln sind hier auch Wölfe, Bären, Luchse und Weißkopfseeadler zu sehen.

Salzebenen im Wood Buffalo National Park

Wenn auch die natürlichen Wunder und die wilden Tiere im Vordergrund stehen, so birgt der Wood Buffalo National Park auch kulturelle Schätze. Die Besiedlung der Gegend, hauptsächlich durch die Chipewyan-Ureinwohner erfolgte bereits vor über 8.000 Jahren. Im Visitor Centre des Parks wird die Kultur der Ureinwohner durch Artefakte und Geschichten gewürdigt.

Der Wood Buffalo National Park ist wildes, ursprüngliches Land – und vor allem auch **Bear Country**. Man sollte sich niemals einem Bären nähern oder sogar versuchen ihn zu füttern. Auch vor den Büffeln ist Respekt geboten. Die Tiere sind besonders aggressiv während der Brunftzeit im Juli und August, man sollte sich ihnen aber zu keiner Zeit nähern!

Im Park ist der Name Programm: Buffalo Crossing

Man sollte mindestens zwei Tage zum Erkunden einplanen und wer nicht im Wohnmobil unterwegs ist oder nicht auf einen Campingplatz mit Strom- und Wasseranschluss verzichten will, kann Fort Smith zum Stützpunkt machen.

Information: Fort Smith Visitor Reception Centre, 149 McDougal Road, Fort Smith, www.pc.gc.ca/buffalo; ganzjährig geöffnet; das Infozentrum ist nicht im Park, sondern in der Innenstadt von Fort Smith gelegen; hier mit detaillierten Karten des Parks eindecken und vor allem erkundigen ob alle Straßen geöffnet sind oder wetterbedingte Schließungen vorliegen.

Essen und Trinken: Berro's Pizzeria, 195 McDougal Street, Fort Smith, wechselnde Öffnungszeiten, im Sommer tgl., Mittags- und Abendtisch;
Unterkunft: Whispering Pines Cottages, 8 St.Mary's Street, Fort Smith, www.whisperingpinescottages.ca; saubere, kleine, komplett eingerichtete Blockhütten zur Selbstversorgung.

Outdoor, Sport & Aktivitäten

Das Abenteuer wartet!

Outdoor, Sport & Aktivitäten

50 Mountainbiking – nirgends ist es so divers wie in British Columbia

British Columbia ist der Ort in Kanada mit den meisten Hügeln, Bergen und Tälern, und daher scheint die Provinz prädestiniert zu sein für den Mountainbiking-Sport. Slogans wie „mountain biking lives here" locken jedes Jahr Tausende von Touristen in die westlichste Provinz. Wer kommt, um dieser Sportart zu frönen, wird nicht enttäuscht. Touren können von wenigen Kilometern bis zu mehreren Tagen dauern und entweder alleine oder mit erfahrenen Führern bewältigt werden. Es muss auch nicht immer Extremsport sein; es gibt genügend Touren, die für die ganze Familie geeignet sind!

Radfahren im Stanley Park

Wer sich nicht in die Wildnis stürzen möchte, kann den Stanley Park mit dem Fahrrad erkunden. Ein Fahrradweg führt zum Beispiel um die berühmte Seawall herum und kilometerlange Pfade führen kreuz und quer durch den ganzen Park. Fahrräder können bei Ezee Riders am Eingang des Parks stundenweise gemietet werden. Ab $ 5 pro Stunde kann man die Schönheit von Stanley Park entspannt genießen und muss auch keine anstrengenden Berge bezwingen. Infos unter www.ezeeriders.com.

Vor allem im südlichen British Columbia (südlich von Prince George) gibt es eine Vielfalt an Touren, wie zum Beispiel im **Mount Dufferin/Kenna Cartwright Park** in Kamloops. Dort kann man sich zu jeder Jahreszeit mit dem Rad vergnügen (oder auch wandern), ist trotzdem noch in der Nähe der Stadt und genießt spektakuläre Ausblicke über das Thompson Valley und Kamloops Lake. Über 40 km an Wegen und Pfaden sind in die Schwierigkeitsstufen grün (leicht), blau (medium) und schwarz (schwierig) eingeteilt, wobei man bei den schwarzen Pisten auch mit ziemlichen Höhenunterschieden rechnen muss.

Ebenfalls sehr beliebt unter Einheimischen und Besuchern sind die Mountainbikestrecken in und um **Whistler**. Ein Beispiel dafür ist die sog. „Kill-Me-Thrill-Me"-Strecke, die mit einer Länge von gut fünf Kilometern nicht nur tolle Ausblicke, sondern auch ein sehr anspruchsvolles körperliches Training bietet – es gibt zahlreiche Steigungen und Kurven.

Auch Vancouver Island und die Gulf Islands bieten Mountainbikingspaß, wie

Whistler Mountain Bike Park

Mountainbiking – nirgends ist es so divers wie in British Columbia

Biking in Revelstoke in den Kootenay Rockies

Kamloops Bike Ranch

zum Beispiel die insgesamt 20 km langen **Hornby Island Trails**. Mit der Fähre gelangt man von Vancouver Island nach Hornby Island, wo man um den Mount Geoffrey perfekte Verhältnisse zum Fahren findet – nicht zu steil und nicht zu flach und nur wenige enge Kurven. Wer Mount Geoffrey mit dem Rad erklommen hat, wird mit einem tollen Ausblick auf Vancouver Island belohnt!

Information: Mountain Biking BC, www.mountainbikingbc.ca – Ein guter Ausgangspunkt für die Planung ist die Internetseite von Mountain Biking BC. Hier findet man fast 200 Touren, die mehr oder weniger detailliert beschrieben werden, sowie stets aktuelle Nachrichten und Highlights und ein Verzeichnis für Reparaturshops, Führer oder Übernachtungsmöglichkeiten. Weitere Infos unter www.bikeparksbc.com, www.whistlerbike.com.

51 Minter Gardens, BC – spektakuläre Gärten im Fraser Valley

Brian Minter und seine Frau haben eine Leidenschaft für Pflanzen und Gärten. Eine Leidenschaft, die groß genug war, um die Minter Gardens zu schaffen, die seit 1980 Tausende von Besuchern erfreuen. Als Brian Minter 1977 das Grundstück erstmals sah, war der Plan geboren – mit dem Mount Cheam im Hintergrund und der Mischung aus hoch gewachsenen Zedern und saftigen Wiesen war dies der perfekte Platz, um seinen Traum zu verwirklichen.

Circle Farm Tour

Chilliwack bietet – wie einige andere Gemeinden in Metro Vancouver – eine sog. Circle Farm Tour. Im eigenen Tempo und mit eigenem Auto erkundet man originelle kleine Farmen, Geschäfte und Handwerksbetriebe; hier wird mit viel Stolz der kanadische Unternehmergeist zur Schau gestellt. Minter Gardens ist ein Teil der Tour in Chilliwack, eine Karte gibt es unter www.tourismchilliwack.com/docs/circlefarmtour.pdf. Weitere Touren findet man unter www.circlefarmtour.com.

Auf einer Fläche von zehn Hektar fühlt man sich bei einem Spaziergang durch die Gärten wie im Paradies. Im Frühling können sich Besucher an über 100.000 Tulpen erfreuen, die eigens aus Holland importiert werden. Der Sommer wartet mit einer einzigartigen **Farbenpracht** auf, in dieser Zeit zeigen sich über 1.000 Rhododendronbüsche von ihrer besten Seite. Der gewachsene Baumbestand und die liebevoll angelegten Blumenbeete ziehen sich durch alle zwölf Bereiche der Minter Gardens und ein Besuch lohnt sich zu jeder Jahreszeit.

Brian Minter teilt seine Leidenschaft für Pflanzen gerne mit seinen Besuchern. Er schreibt Kolumnen für verschiedene Zeitungen, gibt Gartentipps im Radio und hält Vorträge bei landwirtschaftlichen Ausstellungen und Messen in ganz Kanada. Der mehrfach ausgezeichnete Gärtner hält auch einen monatlichen Newsletter auf der Internetseite der Minter Gardens bereit (im Menü unter *Gardening News*); hier gibt es nicht nur eine monatliche Top-Ten-Liste für den Garten, sondern auch Inspiration für

Auch im Herbst spektakulär

Oase für Stille und Abkühlung im Sommer

neue Projekte und Einblicke in das „seelische" Wohl der Pflanzen. Nachdem die Pflanzen seinen Besuchern und ihm selbst so viel Freude bereiten, soll es ihnen selbst natürlich auch gut gehen!

Das Familienunternehmen, das seit der Eröffnung 1980 stetig wächst, beschäftigt mittlerweile auch die Töchter der Minter-Familie. Brian Minters Leidenschaft steckt offensichtlich an – seiner Frau zufolge ist er der einzige Mensch, der es schafft, 25 Stunden in einem Tag zu „finden", um mit voller Kraft seiner Leidenschaft zu folgen.

Information: Minter Gardens, 52892 Bunker Rd., Chilliwack, Tel.: 604-794-7191, www.mintergardens.com; Mitte April-Mitte Oktober 10-17 Uhr, Juni-Aug. 9-18 Uhr; Eintritt für Kinder bis 5 Jahre frei, bis 12 Jahre $ 6,50, Jugendliche $ 9,50, Erwachsene $ 17.
Essen und Trinken: Im Sommer kann man im **Trillium Restaurant**, das zu den Minter Gardens gehört, Mittag essen (Reservierungen unter Tel.: 604-794-7044 empfohlen). Außerhalb des Parks gibt es jedoch auch zahlreiche Möglichkeiten, den Appetit zu stillen. Chilliwack bietet eine große Auswahl an Fast Food, Restaurant und Cafés – kulinarisch bleibt hier kein Wunsch offen.
Unterkunft: The Fraser River's Edge B&B, 43037 Old Orchard Road, Chilliwack; Tel.: 604-703-1968, www.fraserriversedge.com; Zimmer ab $ 120, schöne, gemütliche Zimmer mit tollem Ausblick auf das Fraser Valley.

52 Cultus Lake, BC – Provincial Park, Outdoor-Paradies und Wasserrutschen

Nur wenige Minuten südlich von Chilliwack, BC, und dem Trans Canada Highway liegt die kleine Gemeinde Cultus Lake, die den gleichen Namen trägt wie der zugehörige Provincial Park, Wasservergnügungspark und der eigentliche See. Freizeitmöglichkeiten, Wasserspaß im (meist sonnigen) Sommer und Wandern oder Biking im Herbst machen die Gegend zu einer attraktiven Urlaubsregion für Familien.

Der **Cultus Lake Waterpark** liegt am nördlichen Ende des Sees und ist einer der größten (und ganz sicher der schönste) Wasserpark an der Westküste Kanadas. Alle Becken sind beheizt und zehn Wasserrutschen mit teilweise vielversprechenden Namen wie „Freefall" oder „Colossal Canyon" versprechen einen abwechslungsreichen Tag. Insgesamt sieben Restaurants oder Imbissbuden und über 100 Picknicktische bieten Gelegenheit zum „Auftanken". Die beste Zeit, den Wasserpark zu besuchen, ist ein bewölkter Wochentag – an sonnigen Tagen und vor allem am Wochenende kann es hier sehr voll werden.

Wenige Kilometer südlich vom Cultus Lake Waterpark liegt der Cultus Lake Provincial Park am gleichnamigen See. Vier Campingplätze (teilweise nur für Zelte) und mehrere Picknickplätze direkt am See machen diesen Park zu einem der beliebtesten der Provinz. Zwar wird es in den Sommermonaten hier für kanadische Verhältnisse sehr voll, doch es stellt sich kein Vergleich mit den Stränden des Mittelmeers ein – für europäische Verhältnisse ist selbst die Hochsaison im über 2.500 Hektar großen Park noch sehr angenehm.

Cultus Lake ist eine beliebte Sommer-Residenz

Cultus Lake, BC – Provincial Park, Outdoor-Paradies und Wasserrutschen

Mount Cheam als Hintergrund in der Gegend um Cultus Lake

Angeln, Windsurfen, Schwimmen, Radfahren, Bootfahren, Reiten… die Gegend ist ein wahres Outdoor-Mekka und Kinder sind auf den Spielplätzen oder am Strand den ganzen Tag beschäftigt. Der Provincial Park hat zwar keine Strom- oder Wasserversorgung für Wohnmobile, bietet aber Trinkwasser von verschiedenen Zapfstellen und Duschen.

Im Park gibt es außerdem vier Wanderwege, die von einem kurzen Spaziergang bis zur Tagestour ausgedehnt werden können. Der beliebte **Giant Douglas Fir Trail**, der in etwa 40 Minuten bewältigt werden kann, verbindet den Delta Grove Campground mit dem Clear Creek Campground und wird seinem Namen voll gerecht – er führt an einer gigantischen Douglasfichte vorbei.

Information: Cultus Lake Waterpark, 4150 Columbia Valley Road, Cultus Lake, BC, www.cultus.com; geöffnet von Mitte Mai bis Anfang September, tgl. 10-18.30 Uhr; Kinder bis 2 Jahre frei, alle bis 120 cm Größe $ 17,86, über 120 cm $ 25,89; auf der Internetseite findet man im oberen Menü unter „Local Info" Informationen zu Übernachtungsmöglichkeiten und Restaurants der Gemeinde Cultus Lake.
Cultus Lake Provincial Park, Cultus Lake, BC, www.env.gov.bc.ca/bcparks; auf der Startseite oben rechts unter „Find a Park / Alphabetical Listing" findet man den Park unter „C" und kann dort Informationen über Campingplätze, Aktivitäten und Karten einsehen oder downloaden.

(53) Sun Peaks, BC – der Outdoor-Spielplatz für alle Jahreszeiten

Ursprünglich als Wintersportort konzipiert, wurde das damals als Tod Mountain bekannte Gebiet im Winter 1961 eröffnet. Ein Hotel und ein Sessellift waren der Anfang des mittlerweile knapp 1.500 Hektar umfassenden Resorts. Über die Jahre hinweg wurden Stück für Stück weitere Pisten erschlossen und Skilifte erbaut und Ende der 1980er-Jahre begann schließlich der Bau eines kleinen Resort-Dorfes.

Als die japanische Nippon Cable Company das Resort 1992 übernahm, wurden Ziele für die Zukunft gesetzt – Sun Peaks sollte zum führenden **Outdoor-Spielplatz** im Inneren British Columbias ausgebaut werden. Wer heute hierher kommt sieht sofort, dass dieser Plan erfolgreich umgesetzt wurde. Hotels, ein Snowboardpark, Golfplätze, Mountainbikestrecken, Wanderwege und weitere Abfahrten sowie Loipen wurden geschaffen. Alleine im Winter besuchen mittlerweile weit über 300.000 Menschen das Resort, viele von ihnen Einheimische.

Sun Peaks, das etwa eine Stunde nordöstlich von Kamloops entfernt liegt, ist jedoch nicht nur für Superlative im Bereich Outdoor bekannt. Der Resort wurde 2004 nach dem Umweltstandard ISO 14001 zertifiziert und ist somit der erste Resort Nordamerikas, der sich zu diesem Standard verpflichtete. Seit der Zertifizierung erfolgten zahlreiche Auszeichnungen im Bereich Umweltschutz, wie zum Beispiel eine Anerkennung für besonders energiesparenden Stromverbrauch im Jahre 2007.

Die vielfach ausgezeichnete Sportlerin Nancy Greene ist ein prominentes Mitglied des Sun Peaks Resorts. Die mittlerweile im kanadischen Senat sitzende Greene

Pulverschnee in Massen und bestes Wetter

Sun Peaks, BC – der Outdoor-Spielplatz für alle Jahreszeiten

Sun Peaks Village bei Nacht

Auch im Sommer atemberaubend schön

war zusammen mit ihrem Mann an der Konzipierung und Planung des Sun Peaks Resort beteiligt, und sie ist außerdem „Director of Skiing" für Sun Peaks. Das nach ihr benannte „Nancy Greene International Race Centre" wurde 2005 eröffnet und ist seitdem ein Anlaufpunkt für Athleten aus aller Welt, die hier für World Cup Rennen und Olympiaden trainieren.

Ebenfalls beeindruckend: das „Adaptive Sports at Sun Peaks-Programm" (ASSP). Das Programm bietet Sitz-Ski und Snowboardingunterricht für Menschen mit körperlichen Behinderungen und ermöglichte so bereits vielen Kindern, Jugendlichen und Erwachsenen, die Natur um Sun Peaks zu genießen und eine aufregende Abfahrt ins Tal zu erleben.

Information: Sun Peaks Resort, 1280 Alpine Road, Sun Peaks, BC, Tel.: 250-578-7222, www.sunpeaksresort.com; Übernachtungen im Sommer ab $ 89 pro Person, im Winter ab $ 129 inkl. Skipass; auf der Internetseite findet man im oberen Menü links unter „Plan Your Trip" aktuelle Angebote und Pakete. Für das leibliche Wohl ist bestens gesorgt, mit über 25 Restaurants, Cafés und Pubs ist für jeden Geschmack etwas dabei. BC ist weit über seine Grenzen hinaus für den feinsten **Pulverschnee** bekannt. Eine informative Internetseite mit einer Liste aller wichtigen Ski Resorts findet man unter www.goski.ca/ski-resorts/BC/index.asp.

54 Heli-Skiing in BC – Pulverschnee vom Feinsten für Mutige

Tausende von Gipfeln, unberührter Pulverschnee – in BC gibt es das sog. Champagne Powder, einen **Pulverschnee**, der durch die extrem niedrige Luftfeuchtigkeit besonders locker ist – und beste Wetterverhältnisse: So präsentieren sich die Winter in British Columbia, und Ski-Enthusiasten aus aller Welt sehen es als das Nonplusultra, die Pisten in BC zu befahren. Eine Besonderheit des ohnehin außergewöhnlichen Erlebnisses ist das Heli-Skiing.

In den 1970er-Jahren wurde das Heli-Skiing erstmals in British Columbia angeboten – und erfreut sich seither stetig wachsender Beliebtheit. Eine Reihe von Anbietern, die sich zum größten Teil entweder in der Gegend um Whistler oder in den Kootenay/Rockies befinden, bringen Skifahrer per **Hubschrauber** zu einsamen Gipfeln mit tiefem Pulverschnee und erfahrene Führer begleiten die Besucher auf der Fahrt ins Tal.

Für Anfänger oder nicht ganz so erfahrene Skifahrer ist Heli-Skiing nicht geeignet, es gibt jedoch seit mehreren Jahren das sog. **Cat-Skiing**, das eine attraktive Alter-

Black Tusk in Whistler

Heli-Skiing in BC – Pulverschnee vom Feinsten für Mutige

Mit dem Schneemobil auf unberührten Pisten

native darstellt. Mit einer Snowcat (Pistenwalze) werden die Skifahrer ebenfalls auf unberührte Pisten gebracht – nur eben nicht ganz bis an den Gipfel und meist in etwas zugänglicherem Terrain. Cat-Skiing ist nicht nur eine günstigere Alternative zum Heli-Skiing, sondern wird auch oft bei ungünstigem Wetter bevorzugt.

Die meisten Anbieter für Heli-Skiing und Cat-Skiing in British Columbia sind erfahren und von Tourism BC anerkannt; Preisunterschiede halten sich in Grenzen. Ein Anbieter mit europäischen Wurzeln ist zum Beispiel Mike Wiegele Helicopter Skiing in Blue River, am östlichen Eingang des Wells Grey Provincial Park. Mike, ein österreichischer Auswanderer, der sich in Kanada 1959 niederließ, gründete das Unternehmen 1970 und setzte von Beginn an hohe Sicherheits- und Qualitätsstandards.

Hoher Standard kombiniert mit atemberaubender Natur und einer außergewöhnlichen Ski-Erfahrung sind das Erfolgsrezept für Wiegele – 80% seiner Kunden kommen immer wieder zurück. Ein Gefühl von Freiheit während der teilweise schier endlosen Abfahrten, Nervenkitzel bei steilen, engen Pisten und die abwechslungsreiche Landschaft sorgen für ein unvergessliches Erlebnis (und damit man es tatsächlich nicht vergisst, kommt man eben immer wieder…).

Information: Mike Wiegele Helicopter Skiing, 1 Harrwood Drive, Blue River, BC, www.wiegele.com; 3-, 5- oder 7-Tage-Pakete möglich (all inclusive) mit Transfer ab/bis Kamloops ab $ 3.876 (3 Tage) für Heli-Skiing, $ 2.280 (3 Tage) für Cat-Skiing; ausführliche Informationen auf der Internetseite.

55 River Rafting – auf dem wilden Wasser des Fraser Canyon

British Columbia ist ein Paradies für Abenteurer und Outdoor-Enthusiasten, und eine Fahrt auf dem wilden Fluss darf natürlich nicht fehlen. River Rafting ist in BC in seiner ganzen Vielfalt zu Hause – von „mild bis wild" ist hier alles vertreten. Die Gegend um den **Fraser Canyon** bietet besonders viel Auswahl. Der Fraser River und Canyon selbst ist hauptsächlich im Frühsommer – nach der Schneeschmelze – wild. Wenn sich die Stromschellen im Sommer etwas beruhigt haben, kann man dort die atemberaubende Natur des Canyon entspannt genießen.

Die Flüsse und Stromschnellen werden in Klassen von eins bis fünf eingeteilt und der Fraser River gilt durchschnittlich als Fluss der Klasse zwei. Weitere Flüsse derselben Klasse sind zum Beispiel der Nicola River, River of Golden Dreams (sehr vielversprechend!) und der Lower Green River. Diese Flüsse sind ohne Weiteres für die ganze Familie geeignet.

Wer es etwas schneller und wilder mag, ist zum Beispiel auf dem **Coquihalla River** oder Thompson River gut aufgehoben. Beides sind Flüsse der Klasse drei (mit einigen Stromschnellen der Klasse vier) und versprechen eine aufregende Fahrt. Wer Erfahrung und eine tüchtige Portion Mut mitbringt, kann sich auf den Nahat-

Rafting auf dem Nahatlatch River

latch River und in den gleichnamigen Canyon trauen... Für die Fahrt auf den Flüssen der Klasse vier muss man auf jeden Fall „seetüchtig" sein.

Für Profis und Unerschrockene gibt es schließlich den **Stein River**, einen Fluss der Klasse fünf. In keinem anderen Fluss in Kanada – der für das Rafting zugelassen ist – gibt es steilere Canyons. Ein Erlebnis der besonderen Art, aber wirklich nur für erfahrene Rafter geeignet!

Ein erstklassiges Unternehmen, das Rafting auf den besten Flüssen British Columbias anbietet, ist **Reo Rafting**. Im Fraser Canyon bei Boston Bar gelegen ist das Camp ein idealer Ausgangspunkt für Rafting-Abenteuer und bietet außerdem noch eine Besonderheit: Glamping (glamouröses Camping) ist eine tolle Alternative zum Campen. In robusten Zelten, die wie Häuser eingerichtet sind (vor allem mit einem „echten" Bett!), fühlt man sich sofort wie zu Hause und ist trotzdem inmitten fantastischer Natur. Komplett mit leckerer Verpflegung kann man ein paar Tage im

So lässt es sich aushalten – ein Glamping-Zelt

Camp direkt am Nahatlatch River verbringen und einen Rafting-Ausflug ganz nach eigenem Geschmack und Interesse buchen und genießen. Für Wasserscheue bietet das Camp auch andere Aktivitäten: Wandern, Klettern und Fischen stehen auf dem Programm, zum krönenden Abschluss kann man sich mit Aromatherapie oder einer Sportmassage im hauseigenen Spa verwöhnen lassen. Ideal, um während einer mehrwöchigen Rundreise ein paar Tage zu entspannen.

Information: **Reo Rafting**, Nahatlatch River, Boston Bar, BC, Tel.: 604-461-7238, www.reorafting.com; Saison von Mai bis September; Rafting ab $ 145 für Erwachsene, $ 95 für Kinder; Glamping ab $ 135 pro Nacht und Person inkl. Verpflegung.

56 Canyon Icewalks in Alberta – Wanderung im Maligne Canyon in Jasper

Jasper, in den kanadischen Rockies und im gleichnamigen Nationalpark gelegen, ist eine entzückende kleine Stadt, in der bei Weitem nicht so viel Rummel herrscht wie in Banff oder Lake Louise. Die Anfänge der etwa 290 km nördlich von Banff gelegenen Gemeinde gehen – wie bei vielen Orten der Gegend – auf das späte 19. und frühe 20. Jahrhundert zurück. David Thompson (s. S. 94) war einer der ersten Europäer, die im frühen 19. Jahrhundert in die Gegend kamen. Kurz darauf wurde ein Handelsposten der North West Company errichtet. Die Eisenbahn folgte und nach Einrichtung des Nationalparks wurde schließlich 1913 Jasper zur Stadt erklärt.

Die Region ist unter anderem bekannt für die Schönheit des **Maligne Lake** im Sommer, doch verbirgt sich hier auch ein (nicht so) gut gehütetes Wintergeheimnis: der sogenannte Icewalk durch den Maligne Canyon. Maligne River, der den Maligne Lake mit dem Athabasca River verbindet, fließt auf einer Strecke von mehreren Kilometern durch ein dichtes Netz von teilweise engen und tiefen Schluchten, die den **Maligne Canyon** ausmachen. Der sechzehn Kilometer lange Canyon liegt in einer der ausgedehntesten Karstlandschaften der Erde, und das Wasser braucht aufgrund der zahlreichen Höhlen und Windungen bis zu einer Woche, um diese Strecke zurückzulegen.

Ein **Icewalk** im Maligne Canyon kann nur mit einem Führer unternommen werden und dauert etwa drei Stunden. Man kann bis zu 25 Meter hohe gefrorene Wasserfälle bestaunen und wird eingehend über die geologischen Formationen und Hintergründe informiert. Ein besonderes Highlight ist eine Wanderung durch den Canyon in den Abendstunden, ausgerüstet mit Lampen, die die bizarre Eislandschaft erleuchten.

Weitere Wintersportaktivitäten sind unter anderem Ski und Snowboard fahren. **Marmot Basin** ist ein sehr bekanntes Skigebiet und hat außerdem die Talstation mit der höchsten Lage in den kanadischen Rockies, was normalerweise Schnee bis in den April hinein garantiert. Ebenfalls beliebt sind **Snowshoe-Touren**. Dabei bahnt man sich mit Schneeschuhen den Weg durch die unberührte Natur des Jasper National Park und bekommt dabei nicht selten Elche, Karibus, Wölfe und Kojoten zu sehen.

Mit den Schneeschuhen unterwegs

Canyon Icewalks in Alberta – Wanderung im Maligne Canyon in Jasper

Icewalk im Maligne Canyon – ein Erlebnis der besonderen Art

Information: Jasper Visitor Information Centre, 500 Connaught Drive, Jasper, AB, www.jasper.travel; saisonal geöffnet (Mitte Mai bis Ende September); Visitor Guide auch als Download auf der Internetseite.
Jasper Adventure Centre Ltd., 414 Connaught Drive, Jasper, AB, www.jasperadventurecentre.com; Touren für Sommer und Winter; bei den Icewalk-Touren wird geeignetes Schuhwerk zur Verfügung gestellt! Icewalks für Kinder $ 27,50 (Mindestalter 6 Jahre), Erwachsene $ 55, Snowshoe-Touren $ 35 für Kinder, $ 60 Erwachsene.
Essen und Trinken: Earls, 600 Patricia Street, Jasper, AB, www.earls.ca; tgl. geöffnet, sehr schönes Ambiente, Pasta, Burger, Salate.
Unterkunft: Athabasca Hotel, 510 Patricia Street, Jasper, AB, www.athabascahotel.com; schlichte, etwas altmodische Zimmer ab $ 69, für ein eigenes Badezimmer muss man ab $ 109 zahlen.

57 Kayaking – auf Albertas Flüssen und Seen die Natur genießen

Mit dem Kanu oder Kajak über gemächlich dahinplätschernde Flüsse oder tiefblaue Seen zu paddeln ist nicht nur für die ganze Familie geeignet, sondern auch ein tolles Naturerlebnis und bei den Kanadiern sehr beliebt. Die kanadischen Ursprünge dieser naturverbundenen Sportart liegen viele tausend Jahre zurück in den Traditionen der First-Nations-Ureinwohner. Die sog. **Sea-Kayaks** (meerestüchtige handgeschnitzte Kajaks) wurden bereits seit Jahrtausenden von den Mitgliedern der Salish Nation in British Columbia hergestellt und benutzt. Im Landesinneren und der Prärie Albertas dienten die Kajaks als Fortbewegungsmittel für First Nations, Jäger und die ersten Forscher und Pioniere.

Unterwegs auf einem See mit Kajak oder Kanu, hört man nur noch die sanften Wellen, die gegen das Boot schlagen, wenn man das Paddel durch das klare Wasser gleiten lässt. In der absoluten Stille ist es fast unmöglich, nicht von der atemberaubenden Natur fasziniert zu sein und sich vorstellen zu können, wie sich die ersten Siedler fühlten, als sie die Schönheit der Natur erblickten.

Ein guter Ausgangspunkt für Touren ist unter anderem Edmonton. Halbtages- und Tagestouren auf dem **North Saskatchewan River**, Athabasca oder Yukon River bieten einiges an Abwechslung. Wer ohnehin in Edmonton Urlaub macht, kann eine gemütliche Tour entlang der Edmonton Skyline wählen, wäh-

Auf dem Red Deer River kann es schon mal wild werden

rend mehr auf Abenteuer eingestellte Reisende zum Beispiel eine Tour von Edmonton nach Drayton Valley (drei Tage) oder sogar weiter bis Rocky Mountain House (weitere drei Tage) auf dem **North Saskatchewan River** in Angriff nehmen können. Der North Saskatchewan ist für Anfänger geeignet, während der Athabasca River auf jeden Fall ein bisschen Erfahrung voraussetzt. Einige der Stromschnellen auf dem Athabasca werden als „mittel" eingestuft und sollten auch bei einer geführten Tour ohne Hilfe des Guides bewältigt werden können.

Wer mehrere Tage unterwegs ist, sollte sich auf **rustikales Camping** einstellen, mit am Lagerfeuer gekochten Mahlzeiten. Die richtige Ausrüstung ist bei dieser Art von Urlaub entscheidend. Vom Veranstalter werden meist wasserabweisende oder wasserdichte Behälter und Rucksäcke bereitgestellt; die richtige Kleidung (schnell trocknend, mehrere Lagen und auch warme Schuhe und Strümpfe) muss selbst mitgebracht werden. Eines der wichtigsten Accessoires auf einem Kajak- oder Kanutrip: Insektenschutzmittel!

Eine Alternative zur Kajakfahrt auf einem der Flüsse mit gelegentlichen Stromschnellen sind die meist sehr ruhigen (aber eiskalten!) Seen. Im William A. Switzer Provincial Park bei Hinton (s. S. 96) kann man zum Beispiel zwischen einer Tour auf dem (relativ ruhigen) Jarvis Creek oder einem der Seen wie Blue Lake, Cache Lake oder Gregg Lake wählen. Kanus und Kajaks können vor Ort gemietet werden, ideal für Reisende, die einfach nur einen halben Tag etwas anderes probieren möchten.

Wer es lieber ruhig mag, ist auf dem Lesser Slave Lake gut aufgehoben

Information: Edmonton Canoe, Spruce Grove, AB, www.edmontoncanoe.com; große Auswahl an verschiedenen geführten und selbstgeführten Kanu- und Kajaktouren, teilweise auch für kleinere Kinder geeignet. Touren ab $ 90 für Tagesausflüge.
Blue Lake Centre, Hinton, AB, www.bluelakealberta.ca; Kanu- und Kajakvermietungen für $ 30/45 pro Tag.

58 West Edmonton Mall, AB – Einkaufsparadies der besonderen Art

Einkaufsmöglichkeiten gibt es in Edmonton genug, eine ganz besondere ist aber die West Edmonton Mall. Das Einkaufszentrum der Superlative ist das **größte in Nordamerika**, und man könnte dort sicher eine ganze Woche verbringen. Die Mall umfasst eine Fläche von fast 600.000 Quadratmetern und beherbergt über 800 Ladengeschäfte, zwei Hotels und etliche Attraktionen.

Die Mall, kurz WEM genannt, hält einige Besonderheiten bereit. So ist der hauseigene Vergnügungspark Galaxyland mit 24 Fahrgeschäften der größte **Indoor-Vergnügungspark** weltweit und der World Waterpark wartet mit dem weltweit größten Indoor-Wellenbad auf. Es gibt außerdem eine hauseigene Bowlingbahn und – man mag es kaum glauben – einen hauseigenen Zoo, das Marine Life Aquarium. Neben dem Aquarium, das über eine halbe Million Liter Salzwasser fasst und Heimat für Haie, Meeresschildkröten und tropische Fische ist, verfügt der Mini-Tiergarten auch noch über Seelöwen, Pinguine und Reptilien.

Wem das tropische Klima im Zoo zu heiß ist, der kann sich beim Schlittschuhlaufen in der Eis-Arena abkühlen. Die Eisfläche ist groß genug für Spiele der Hockey-Profi-Liga und neben regelmäßigen Zeiten für das öffentliche Eislaufen werden hier auch zahlreiche Sonderveranstaltungen angeboten. Zwei Minigolfplätze runden das Angebot für die ganze Familie ab und sorgen dafür, dass keine Langeweile aufkommt.

Wer sich im Vergnügungspark, mit Einkaufen oder mit einer der vielen weiteren Attraktionen verausgabt hat, kann unter fast 100 verschiedenen Restaurants, Imbissbuden oder Fast-Food-Restaurants wählen.

World Waterpark, West Edmonton Mall

West Edmonton Mall, AB – Einkaufsparadies der besonderen Art

Sea Life Caverns, West Edmonton Mall

Der Investor und Entwickler der WEM ist Jacob Ghermezian, der mit seiner Familie in den 1940er-Jahren vom Iran in die USA auswanderte. Nach einigen Umwegen gelangte die Familie schließlich 1964 nach Kanada und wurde in den 70er-Jahren in Edmonton sesshaft. Dort entwickelte der versierte Geschäftsmann die Idee für die West Edmonton Mall, die dem Konzept eines persischen Bazar nachempfunden wurde. Seine Vision war eine Anlaufstelle für Kunden zum Einkaufen, Entspannen, Freizeit genießen – *shop, play and stay.*

Der erste Teil der WEM wurde 1981 eröffnet; der zweite und wesentlich größere Teil 1983, als unter anderem der Vergnügungspark und die Eis-Arena erbaut wurden. Auch heute ist das Einkaufszentrum noch im Wachstum – Attraktionen werden renoviert oder neu geplant, um dem Status als weltgrößte Einkaufsattraktion gerecht zu bleiben.

Wer nur einen Tag Zeit hat, sollte sich vor Besuch des Einkaufszentrums auf der Internetseite das „Store Directory & Maps" genau ansehen. Die Mall ist so riesig, das man an einem Tag nur einen Bruchteil ansehen und sich außerdem leicht verlaufen kann.

Informationen: West Edmonton Mall, 1755, 8882 170 Street, Edmonton, www.wem.ca; Vergnügungspark und einzelne Attraktionen in der Mall haben unterschiedliche Öffnungszeiten, Infos auf der Website.

59 Hockey – Sommer, Winter, Jung und Alt – die „kanadischste aller Sportarten"

Die Kanadier haben ein spezielles Verhältnis zum Hockey. **Wayne Gretzky** ist einer der kanadischen Nationalhelden und einer der erfolgreichsten Hockeyspieler aller Zeiten. Auch als „the great one" bekannt, gilt er als Vorbild für Generationen von Nachwuchsspielern.

Von Kindesbeinen an nehmen viele Sprösslinge und deren Eltern in Kauf, am Wochenende um 6 Uhr früh zum Training zu erscheinen, Hunderte von Kilometern zu Turnieren und Spielen zu fahren und für die verschiedenen Hockeyvereine als Freiwillige mitzuhelfen. Leider kann nicht jeder kleine Hockeyspieler der nächste Wayne Gretzky werden, doch die Kanadier sind auch sonst vom organisierten Sport überzeugt. Disziplin, Teamwork und Gemeinschaftsgefühl werden großgeschrieben – das sind Lektionen, die man fürs Leben lernt.

Billig ist der Hockeyspaß nicht. Für die nötige Grundausrüstung muss man mit etwa $ 500 rechnen und die Vereinsgebühren schlagen – je nach Team und Liga – nochmals mit $ 900 bis $ 1500 zu Buche. Doch die Kanadier halten ihrem Lieblingssport die Stange – jeder Kanadier besitzt mindestens ein Paar Schlittschuhe und wenn die Eis-Arena von Juni bis August für eine kurze Sommerpause schließt, wird eben Straßenhockey gespielt. Im Winter ist es keine Seltenheit, dass Gärten geflutet und in liebevoller Arbeit zu Eisbahnen „gezüchtet" werden – natürlich um Hockey zu spielen.

Die Profi-Liga der Hockeyvereine, NHL (**National Hockey League**), umfasst nicht nur Kanada, sondern ganz Nordamerika. Eingeteilt in Ost und West wird zuerst der Meister für die beiden Regionen ermittelt, dann wird um den Stanley Cup gekämpft. Hockey ist eine Wissenschaft für sich – komplizierter als Football – aber sobald man die Eis-Arena betritt, wird man von der Begeisterung erfasst, egal ob man die Regeln versteht oder nicht. Eines ist sicher – der Puck ist die kleine

Hockey Rustikal in Logan Lake, BC

Hockey – Sommer, Winter, Jung und Alt – die „kanadischste aller Sportarten"

Calgary Saddledome, Heimat der Calgary Flames

schwarze Scheibe, die schwindelerregend schnell übers Feld geschlagen wird, und er muss ins gegnerische Tor. Schlägereien stehen auf der Tagesordnung und gehören allem Anschein nach dazu, da sie nur selten von den Schiedsrichtern unterbrochen werden...

Tickets für ein Spiel der NHL gibt es ab ca. $ 100 während der normalen Saison; während der sogenannten Play-Offs (Ausscheidungsspiele für die Meisterschaft) sind nach oben keine Grenzen gesetzt. Tickets für die Vancouver Canucks zum Beispiel, die es 2011 bis ins Endspiel des Stanley Cups geschafft hatten, wurden teilweise für mehrere tausend Dollar gehandelt. Ironischerweise gewinnt fast immer ein US-amerikanisches Team den Stanley Cup – wahrscheinlich, weil dort die meisten Spieler Kanadier sind.

> **Nosebleed Section**
>
> Wer zu einem Spiel der Vancouver Canucks oder Calgary Flames geht, kann schon mal in der Nosebleed Section landen. Das bedeutet nicht etwa, dass man dort in eine Schlägerei gerät und Nasenbluten bekommt – die Sitze in der Nosebleed Section sind in der letzten Reihe, also ganz oben; so hoch, dass man nach Aussagen der Fans schon mal Nasenbluten von der dünnen Luft bekommen kann...

Information: Vancouver Canucks, Spiele in der Rogers Arena, Downtown Vancouver; http://canucks.nhl.com/ **Calgary Flames**, Spiele im Saddledome in Calgary; http://flames.nhl.com

Auf den Internetseiten gibt es aktuelle Informationen, Online-Shop und Möglichkeiten, Tickets zu kaufen.

60 Caving in Canmore – Höhlen in Alberta erforschen

Im Dunkeln ist gut Munkeln: Das gilt zumindest für Höhlenwanderungen in Canmore, Alberta. Nur wenige Kilometer östlich von Banff, am Anfang des **Kananaskis Country** (s. S. 138), liegt die Kleinstadt Canmore. Mit über 17.000 Einwohnern, von denen fast ein Drittel die Stadt ihren Zweitwohnsitz nennt, ist die Gemeinde in den kanadischen Rockies eine Touristendestination mit Charme. Nicht so überlaufen wie Banff, sondern mehr relaxt und auf den „Rocky Mountain Lifestyle" eingestellt, präsentiert sich Canmore als junge, moderne Gemeinde mit allen Annehmlichkeiten einer größeren Stadt.

Canmore hatte seine Anfänge, wie viele Gemeinden im Westen Kanadas, im Kohleabbau und der Eisenbahn. Die Stadt wurde bereits 1884 an die **Canadian Pacific Railway** angeschlossen, und nachdem 1887 mit dem Abbau von Kohle begonnen wurde, boomte die Stadt, bis die Kohlevorkommen erschöpft waren. In den 1980er-Jahren stabilisierte sich die Wirtschaft durch die Erschließung des benachbarten Kananaskis Country und Canmore ist heute weit mehr als nur ein Zwischenstopp auf dem Weg nach Calgary.

Eine der Aktivitäten aus dem vielfältigen Angebot der Stadt ist das sog. Caving (Höhlenwanderungen). Unter Grotto Mountain liegt zum Beispiel die **Rat's Nest Cave**, die im Rahmen einer geführten Tour erkundet werden kann. Die Höhle wurde 1987 zur Provincial Historic Site erklärt. Etwa vier Kilometer des Labyrinths unter Tage sind erforscht und können zusammen mit einem erfahrenen Führer begangen werden.

Die Höhle ist das ganze Jahr über 5 °C warm/kalt und völlig naturbelassen – das bedeutet, dass es kein künstliches Licht gibt, keine ausgewiesenen Wege oder Handläufe. In der Höhle ist man auf das Licht am Sicherheitshelm angewiesen und sollte unbedingt festes Schuhwerk anhaben. Touren dauern etwa vier Stunden, wobei man sich etwa zweieinhalb Stunden in der Höhle befindet. Der Eingang zum Abenteuer unter Tage befindet sich etwa eine halbe Stunde zu Fuß ab Canmore und auf dem Weg dorthin erfährt man viele interessante Fakten über die Geologie und Geschichte der Gegend.

Touren finden ab zwei Teilnehmern statt und das Mindestalter für Kinder ist 10 Jahre. Nur geeignet für echte Abenteurer!

Rocky Mountain Lifestyle in Canmore

Caving in Canmore – Höhlen in Alberta erforschen

Rat's Nest Cave in Canmore

INFO

Information: Tourism Canmore Kananaskis, 907A 7th Ave, www.tourismcanmore.com; ganzjährig geöffnet, sehr schöne übersichtliche Internetseite mit vielen Informationen.
Canmore Cave Tours, www.canmorecavetours.com; Touren ab $ 115 für Erwachsene, $ 105 für Kinder; Angebot auf der Internetseite einsehbar.
Unterkunft: Best Western PLUS Pocaterra Inn, 1725 Mountain Ave., www.pocaterrainn.com; gilt als eines der besten Hotels in Canmore, Zimmer ab $ 179.
Essen und Trinken: Cornerstone Theatre & Restaurant, 125 Kananaskis Way, www.atthecorner.ca; 4-Gänge-Menü und zweistündige Unterhaltungsshow, Musik und Geschichten rund um Kanada; $ 69 für Kinder (bis 16 Jahre frei), $ 75 Erwachsene; saisonal von Mai bis Oktober.

61 Kananaskis Country, AB – Wanderparadies in den Rockies

Kananaskis Country, von den Einheimischen liebevoll *K-Country* genannt, ist der **Abenteuerspielplatz** Calgarys. Man verlässt Calgary auf dem Highway 1 Richtung Westen, wo nach knapp 60 km, kurz vor Canmore, der Highway 40 nach Süden abzweigt. Dies ist die Hauptschlagader von Kananaskis Country, einem Outdoor-Paradies, das sowohl für Familien als auch für unerschrockene Abenteurer reizvoll ist.

Cowboy Trail

Parallel zum Highway 40 verläuft der Cowboy Trail (Highway 22). Auf dieser Route, die ganzjährig befahrbar ist – der Highway 40 ist nur in den Sommermonaten geöffnet – gibt es vieles zu erkunden, unter anderem die historische **Bar U Ranch National Historic Site**. Hier kann man die Geschichte und Bedeutung des „Ranching" für Kanada nachvollziehen und sich zahlreiche erhaltenen Gebäude anschauen. Die Ranch war einst eine der bedeutendsten des Landes, auf dem Gebiet werden über 30.000 Kühe und 100 Pferde gehalten.
Infos unter www.friendsofthebaru.com, www.pc.gc.ca.

Die Städte Banff und Canmore, beide am Anfang des Kananaskis Country gelegen, gaben den Anstoß für die Entwicklung dieser Gegend als Freizeitgebiet. Die Besiedlung begann Ende des 19. Jahrhunderts, als Kohlevorkommen entdeckt wurden und die **Eisenbahnstrecke** gebaut wurde. 1977 wurde das knapp 4.300 Quadratkilometer große Gebiet südlich des Trans-Canada-Highway erstmals erschlossen, um die Infrastruktur für die wirtschaftlich angeschlagenen Orte Banff und Canmore zu verbessern. Kananaskis Country wurde schnell ein beliebtes Wochenend-Gebiet für die Bevölkerung der umliegenden Städte, vor allem für die Großstädter Calgarys.

Es gibt viel zu erkunden im Kananaskis Country, man sollte aber unbedingt die entsprechende Ausrüstung dabei haben und für Begegnungen mit wilden Tieren vorbereitet sein, wenn man vorhat, in die Wildnis vorzudringen. Wer nicht ganz so abenteuerlich ist, kann auch nur die Gegend genießen, einige Zeit in einem der fünf Provincial Parks verbringen oder an geführten Wanderungen teilnehmen.

Eine Möglichkeit, eine **geführte Wanderung** (entweder Ganz- oder Halbtageswanderung) zu unternehmen, ist mit

Highway 40 im Kananaskis Country – eine Fahrt wert!

Kananaskis Country, AB – Wanderparadies in den Rockies

Kananaskis Village

den erfahrenen Führern von **Inside Out Experience Adventures**. Die im nördlichen Kananaskis Country gelegene Firma bietet Wanderungen von unterschiedlichen Schwierigkeitsgraden und für alle Altersstufen (ab 5 Jahren) an.

Der größte Provincial Park im K-Country ist der **Peter Lougheed Provincial Park**. Mit einer Fläche von fast 500 Quadratkilometern bietet der Park sowohl Möglichkeiten für mehrtägige Wanderungen in der Wildnis, als auch komfortables Camping im Wohnmobil. Schwimmen, Segeln, Surfen und Mountainbiking stehen hier auf dem Programm, und eine detaillierte Karte des Parks kann man im saisonal geöffneten Besucherzentrum mitnehmen. Wer sich in die Wildnis begeben will, braucht ein sogenanntes Backcountry-Permit und muss sich in die Verhaltensregeln für Wanderungen in der Wildnis einweisen lassen.

Ein Urlaub im Kananaskis Country kann so abwechslungsreich sein wie die Provinz der Kontraste, Alberta, selbst – von luxuriösen Unterkünften im Hotel am Golfplatz bis zur Übernachtung im Zelt unter dem Sternenhimmel der kanadischen Wildnis!

Information: Es gibt kein zentrales Besucherzentrum für K-Country, alle Informationen zu Freizeitaktivitäten, Übernachtungsmöglichkeiten, Essen und Trinken sind aber auf folgenden **Internetseiten** gelistet:
www.albertaparks.ca/kananaskis-country
www.albertaparks.ca/peter-lougheed
www.albertaskananaskis.com
Inside Out Experience, 23 White Avenue, Bragg Creek, www.insideoutexperience.com, geführte Wanderungen ab $ 69 pro Person, Onlinebuchungen möglich.

62 Dempster Highway, YK – der einsamste Highway der Welt

Knapp 40 km vor Dawson City im Yukon beginnt der Dempster Highway. Die ersten wenigen Kilometer sind asphaltiert – doch die komfortable Fahrt auf geteerter Straße weicht schnell einer teilweise recht holprigen Schotterpiste. Die gesamte Länge des Dempster beträgt **775 km** (bis Inuvik, NWT – s. auch S. 62 und S. 68, wobei der Großteil der Strecke mit 465 km durch den Norden des Yukon führt.

Die abwechslungsreiche Fahrt und Landschaft bieten einzigartige Ausblicke sowie eine Flora und Fauna, die sonst nirgends zu finden sind. Wer den Dempster fährt sollte jedoch gut vorbereitet sein – die richtige Kleidung, ein Ersatzreifen, Essen und Trinken sind unerlässlich. Auf der Strecke gibt es drei sogenannte *Maintenance Camps*, die zwar keine offiziellen Raststätten sind, jedoch Unterstützung für Reisende in Notfällen bieten. Die Camps befinden sich bei Kilometer 65, 195,5 (Ogilvie River) und 378 (Eagle Plains). Kurz vor dem letzten Camp befindet sich auch das einzige Hotel des Highway, das Eagle Plains Hotel.

Ein Highlight des einsamsten Highway: Der **North Fork Pass**, mit 1.400 m der höchste Punkt des Dempster, markiert auch gleichzeitig den Anfang der **Permafrost Tundra**. Ab diesem Punkt (North Fork Pass liegt bei Kilometer 80) ist der spärlich bewachsene und meist baumlose Boden immer gefroren – und zwar seit Tausenden von Jahren. Je weiter man nach Norden kommt, desto weniger Gletscher sieht man. Die überaus trockene und selbst im Winter nicht besonders

Arktische Tundra begleitet den Reisenden nördlich des Polarkreises

schneereiche Gegend hatte und hat schlicht und einfach nicht ausreichend Wasser und Schnee, um Gletscher zu bilden!

Ein weiteres Highlight ist der sog. **Elephant Rock**. Bei Kilometer 221,1 gibt ein kleiner Parkplatz an der Straßenseite Gelegenheit anzuhalten und (mit Fernglas!) die kuriose Gesteinsformation zu studieren. Mammuts waren vor vielen Jahren im Yukon heimisch und selbst wenn deren Knochen nun tief im Permafrost gefroren sind, so kann man (zugegebenermaßen mit etwas Fantasie) einen der prähistorischen Giganten in der Gesteinsformation ausmachen.

Der Dempster Highway hält auch einige tragische und kuriose Geschichten bereit und zwar „The Lost Patrol" und die Geschichte vom „Mad Trapper". Lost Patrol ist die Geschichte von vier Mitgliedern der North-West Mounted Police, die auf tragische Weise auf einer ihrer Patrouillen ums Leben kamen. Inspector Frances Fitzgerald war mit drei Kollegen nach Dawson City unterwegs und schaffte es nur bis Chapman Lake (Kilometer 116). Aufgrund der rauen Witterung und zu wenig Proviant fielen die vier Polizisten schließlich den Elementen zum Opfer – und wurden nach dreimonatiger Suche im März 1911 gefunden. Seit dieser Zeit verließ sich die Polizei im Yukon auf erfahrene Führer der First Nations, die fortan stets als Begleitung von Polizeipatrouillen dabei waren.

Die Geschichte des **Mad Trapper** ist bis heute ein Rätsel. Im Winter 1932 wurde ein Trapper, dessen Name angeblich Albert Johnson war, bei einer Routinekontrolle von der Polizei gestoppt – bei Kilometer 378, dem heutigen Eagle Plains Camp. Aus bis heute

Unterwegs auf dem Dempster Highway

unbekannten Gründen floh der Trapper und wurde über einen Monat lang von der RCMP durch die gefrorene Tundra gejagt, bei Temperaturen von -45 °C. Nach einem Schusswechsel verstarb Johnson schließlich – nachdem er selbst einen Polizisten erschossen und einen weiteren verletzt hatte. Der Fall wurde nie gelöst...

Informationen: Detaillierte Infos über den Dempster Highway - Kilometer für Kilometer: www.env.gov.yk.ca/publications-maps/documents/dempster_travelogue.pdf

Unterkunft: Eagle Plains Hotel, Bag Service 1735, Whitehorse, YT, Tel.: 867-993-2453; keine Internetadresse vorhanden, das Hotel ist ganzjährig geöffnet und verfügt auch über ein Restaurant und eine Tankstelle.

Outdoor, Sport & Aktivitäten

63 Yukon Quest – Hundeschlittenrennen in der Arktis

Die Idee für das **1.600 km lange Rennen** durch Eis und Schnee wurde 1983 in Fairbanks, Alaska geboren. Einige sog. Mushers (Hundeschlittenführer) saßen zusammen und überlegten bei einem Bier (oder auch drei), welche Route wohl für ein Hundeschlittenrennen geeignet sei. Das Rennen sollte einem historisch bedeutsamen Weg folgen, international sein und es sollte natürlich auch eine Herausforderung sein.

Die vier Musher hatten wahrscheinlich zu dem Zeitpunkt keine Ahnung, dass sie an diesem Abend selbst Geschichte schrieben – aus der Idee wurde der berühmte Yukon Quest geboren, der erstmals im folgenden Jahr – 1984 – stattfand. Benannt nach dem Yukon River, dem historischen „Highway of the North", der zusammen mit Routen auf dem Landweg von den Goldgräbern des Klondike Gold Rush frequentiert wurde, führt das Rennen von Whitehorse, der Hauptstadt des Yukon, bis nach **Fairbanks** in Alaska.

Insgesamt neun Etappen oder sog. Checkpoints gibt es auf der Strecke, die von Whitehorse zuerst in den Norden nach Dawson City führt und kurz darauf die Grenze zu den USA überquert. Vier Gipfel müssen überwunden werden, bevor es schließlich die letzten 70 Kilometer auf relativ gemäßigtem Terrain nach Fairbanks geht. Wenn man überhaupt von gemäßigt sprechen kann – bei bis zu -50 °C und bis zu 80 km/h Wind – im Februar, mitten im kanadischen Winter; kurze Tage, lange Nächte und unwegsames Gelände.

Trotz – oder gerade wegen – der Herausforderung erfreut sich das Rennen großer Beliebtheit unter Teilnehmern und Zuschauern. Bis zu 50 Teams, die jeweils aus ei-

Die wahren Helden des Yukon Quest sind die Hunde

Yukon Quest – Hundeschlittenrennen in der Arktis

Zieleinfahrt Yukon Quest

nem Hundeschlittenführer und 14 Hunden bestehen, gehen jedes Jahr an den Start und bewältigen die Strecke in zehn bis sechzehn Tagen. Das Preisgeld von etwa $ 150.000 wird unter den 15 ersten Teams aufgeteilt.

Obwohl der Musher die wichtigste (und auch einzige) Person des Teams ist, sind die Hunde die eigentlichen Stars. Sie werden als Spitzenathleten angesehen und auch entsprechend behandelt. Der Musher ist dafür verantwortlich, dass die Hunde bestens versorgt sind und das Rennen gut überstehen. Die Schlittenhunde des Yukon Quest haben eine lange Tradition und stammen von den Schlittenhunden ab, die bereits zu Zeiten des Klondike Gold Rush die besten Freunde der Menschen im Norden waren.

Um am Yukon Quest teilnehmen zu können, muss man eine gewisse Erfahrung mit Hundeschlitten-Rennen haben, sonst wäre es zu gefährlich. Teilnehmer müssen mindestens 18 Jahre alt sein und sowohl ein 300 km langes als auch ein 500 km langes Rennen erfolgreich beendet haben. Den Yukon Quest als Zuschauer oder freiwilliger Helfer zu erleben, ist trotz der frostigen Temperaturen beliebter als man denkt – jedes Jahr im August bewerben sich bereits zahlreiche Menschen für die sog. Volunteer-Positionen und auch an Zuschauern fehlt es vor allem in Whitehorse und Fairbanks nicht!

Information: Yukon Quest, Whitehorse, YK und Fairbanks, AK, www.yukonquest.com; es gibt außerdem eine Facebook-Seite, die das ganze Jahr über aktuelle Infos bereitstellt und neue Bilder/Videos zeigt – www.facebook.com/YukonQuest.

64 Golf im Yukon – auf gepflegtem Rasen, auf der Weide oder mitten in der Stadt

Golf ist – selbstverständlich nach Hockey – eine der beliebtesten Sportarten in Kanada. Anders als in Deutschland gilt Golf hier aber nicht als Elitesport, und es gibt nur wenige Golfplätze, die eine Mitgliedschaft dem Spiel voraussetzen. Die meisten Plätze sind öffentlich und für relativ wenig Geld kann man sich für einige Stunden auf dem Grün vergnügen. Es gilt „come as you are" und nicht selten sieht man andere Golfspieler mit Sandalen und einer Dose Bier in der Hand auf dem Platz.

Scramble

Ein sehr beliebtes Format für geselliges Golfspielen ist das sog. Scramble. Es wird in einer Gruppe von drei oder vier Personen gespielt; bei jedem Spielzug wird der beste Ball gespielt - so kommt jeder dran und das Spiel geht zügig voran -, dennoch muss man für eine Runde Golf mit 9 Löchern mit etwa drei Stunden rechnen!

Sogar im Yukon kann man Golf spielen und das sogar auf ein paar ganz außergewöhnlichen Plätzen. Wer es lieber etwas gediegener hat, der wird sich auf dem einzigen Vollservice 18-Loch-Platz des Yukon wohlfühlen – dem **Mountain View Golf Club** mit Driving Range, Putting Green und sehr gepflegtem Rasen. Abgerundet wird die Runde Golf mit einem Drink in der Lounge des Clubhauses. Wer etwas Hilfe beim Spiel braucht, kann auch Stunden beim Golfprofi des Clubs nehmen. Ebenfalls in Whitehorse gelegen

In der waldigen Umgebung von Whitehorse muss man auf den Golfball besonders gut aufpassen

Golf im Yukon – auf gepflegtem Rasen, auf der Weide oder mitten in der Stadt

und bei den Einheimischen sehr beliebt ist der Meadow Lakes Golf and Country Club, ein 9-Loch-Platz. Etwas weniger umfangreich als der Mountain View Golf Club bietet er dennoch ein Putting Green, Golfwagen zum Mieten und auch Golfschläger zur Miete.

Wer es etwas rustikaler mag, kann sich nach Herzenslust auf dem Annie Lake Golf Course austoben. Im Süden der Stadt, direkt am Klondike Highway gelegen, gilt der Platz als ein sog. Pasture Golf Course. Für nur $ 2 kann man hier 18 Löcher spielen, auf einem Platz, der teilweise eher offenem Weideland gleicht, aber dennoch gut in Schuss gehalten wird. Niemand weiß mehr so genau, wer den Platz eigentlich angelegt hat, aber einige Einheimische glauben zu wissen, dass es die Amerikaner während des Baus des Alaska Highway waren.

Das Besondere an diesem Golfplatz ist das Grün – es besteht nämlich aus Sand. Der Ball ist zwar leicht zu verlieren, doch auf diesem Platz zu spielen ist nach Aussagen von Einheimischen

Wer nicht golfen mag, kann in Downtown Whitehorse einkaufen gehen

und Besuchern eine besondere Erfahrung. Wer möchte kann im Sommer auch bis spät am Abend unter der Mitternachtssonne spielen, sollte aber Insektenschutzmittel nicht vergessen.

Etwa 360 km nordöstlich von Whitehorse liegt ebenfalls ein außergewöhnlicher Golfplatz. In der kleinen Stadt **Faro**, die am Robert Campbell Highway liegt, gibt es einen 9-Loch-Platz, der mitten in der Stadt liegt und dessen Grünflächen sogar von Straßen unterbrochen werden!

Information: Mountain View Golf Course, 250 Skookum Drive, Whitehorse, www.mountainviewgolf.ca; $ 52 für 18 Löcher, $ 25 für Schläger und $ 30 für einen Golfwagen.
Meadow Lakes Golf and Country Club, 5 Lupin Place, Whitehorse, Tel.: 867-668-4653; $ 25 für 9 Löcher.
Annie Lake Golf Course, South Klondike Highway, Whitehorse, $ 2 für 18 Löcher, eigene Ausrüstung muss mitgebracht werden und der Platz muss so verlassen werden, wie man ihn vorgefunden hat.
Town of Faro, YT, www.faroyukon.ca; Internetseite der Stadt Faro, hat auf der Startseite eine herunterladbare Stadtkarte, die den Golfplatz zeigt; im Seitenmenü unter Visitors gibt es außerdem eine Reihe von Informationen für einen (sehr lohnenden!) Besuch dort.

Outdoor, Sport & Aktivitäten

65 Jagen in den Northwest Territories – auf der Suche nach Wolf, Elch und Grizzlybär

Die Northwest Territories sind mit einer Fläche von fast 1,4 Millionen Quadratkilometern ein Paradies für Jäger. In jeder Ecke des Territoriums, an der Küste und im Inneren des Landes, bieten sich Gelegenheiten zur Jagd, und zwar das ganze Jahr über.

Die **Mackenzie Mountains** sind eine sehr beliebte Destination für Jäger. Dort wandern Grizzlies durch die Wälder, eine große Karibu-Population hat hier ihre Heimat und auch Widder und Wölfe sind dort zu finden. Die Artenvielfalt macht die Auswahl schwer, doch die meisten Jäger wissen genau, nach welcher Trophäe sie auf der Jagd sind.

Die Jagd auf Wölfe, vor allem im Winter, ist oft ein Highlight für erfahrene Jäger. Natürlich muss man dann gut auf die Witterung vorbereitet sein und seine Waffen für die Kälte tauglich machen. Erfahrene Führer bieten Checklisten für die verschiedenen Jahreszeiten und stellen sicher, dass der notwendige Papierkrieg erledigt ist. Touristen sind verpflichtet, mit einem sog. Outfitter zu jagen. Alleine in den Mackenzie Mountains gibt es acht lizensierte Outfitter, die jeweils ein Jagdgebiet von etwa 38.000 Quadratkilometern haben. Rekordgrößen und Gewichte sind bei diesen Jagdausflügen nicht selten.

Von den ca. 3.500 Grizzly-Bären in den Northwest Territories findet man die meisten in den Mackenzie Mountains. Die bis zu 700 kg schweren Tiere sind so-

Ein junger Elch – auch eine begehrte Trophäe

wohl als wilde Raubtiere als auch als beeindruckende Beute bekannt – ihr Revier ist bis zu 6.700 Quadratkilometer groß!

Eine weitere beliebte Region zur Jagd ist die North Slave Region, die sich nördlich des Great Slave Lake erstreckt. Die Outfitter dieser Gegend haben sich hauptsächlich auf Karibus, Wölfe und die gewaltigen **Moschusochsen** spezialisiert. Abstammend vom Mammut, sind Moschusochsen äußerst widerstandsfähige Artgenossen. Ihr Fell ist dick genug, um in der eisigen Tundra zu überleben, und ihre Hörner wachsen bis zu 80 cm lang. Ihr ausgezeichneter Geruchssinn bietet den 400 kg schweren Tieren keinen Schutz vor den menschlichen Jägern und macht sie zu einer leichten Beute.

Mit dem Wasserflugzeug geht es in die entlegenen Gebiete

Information: Tourism Northwest Territories, www.spectacularnwt.com; im oberen Menü kann man unter „order guides" die Option Download wählen und dort den aktuellen Reiseführer „Hunting" herunterladen.
Hinweis: Vor einem Jagdausflug sollte man immer sicherstellen, dass alle erforderlichen Lizenzen etc. beantragt bzw. erteilt sind. Für einen Jagdausflug ist grundsätzlich eine Reiserücktrittsversicherung empfehlenswert!

Adventure Northwest Ltd., www.adventurenw.com; Jagdausflüge für Wolf, Grizzly und Eisbären; genaue Beschreibung der verschiedenen Pakete auf der Internetseite, Preisbeispiel Grizzly: ab $ 13.500 pro Person (inkl. Unterkunft/Verpflegung etc. im Jagd Camp).
Enodah Wilderness Travel/Trout Rock Lodge, www.enodah.com; nur wenige Flugminuten außerhalb von Yellowknife am Great Slave Lake gelegen; Angelpakete, Entenjagd; Tagespakete ab $ 595 pro Person.

66 Ice Roads – die abenteuerlichen Straßen des Nordens

Obwohl TV-Serien wie „Ice Road Truckers" die Straßen aus Eis in den Northwest Territories erst in den letzten Jahren über die Grenzen Kanadas hinaus bekannt gemacht haben, verlassen sich die Menschen im Norden schon seit Jahrtausenden auf die winterlichen Straßen. Bis heute gibt es viele Gemeinden, die nur über die Ice Roads und damit nur im Winter erreicht werden können und im Sommer allein auf Flugverbindungen angewiesen sind.

Die Ice Roads werden von der Tierwelt des Nordens zum Erreichen der Wintergründe benutzt und sind außerdem Teil der traditionellen Handelsrouten der First Nations. In jüngerer Geschichte wurden die Ice Roads auf dem gefrorenen Mackenzie und Yukon River von den Goldsuchern des Klondike Gold Rush und auch von der North West Mounted Police benutzt.

Viele der abgelegenen Gemeinden, Ölfelder und Minen verlassen sich auf die Ice Roads, um **Versorgungsgüter** für das ganze Jahr zu erhalten. Innerhalb der zwei Monate, in denen die Ice Roads befahrbar sind, werden zum Beispiel für die Diamantenminen nördlich von Yellowknife (wie z. B. die Diavik Mine, s. S. 184) bis zu 11.000 LKW-Ladungen an verschiedenen Baumaterialien und anderen Gütern transportiert.

Wer sich auf die Ice Roads traut, muss aus einem besonderen Holz geschnitzt sein. Bis zu 40 Tonnen schwere Ladungen, die auf teilweise instabilen Eis-Straßen transportiert werden müssen, darunter lauern die schwarzen Wasser des Mackenzie Ri-

Frostig: Schloss aus Eis beim Snowking Festival

Festival im Eis

Ebenfalls umgeben von Eis, doch nicht so gefährlich wie die Ice Roads, ist das **Snowking Festival** in Yellowknife. Es findet jedes Jahr im März statt und zieht die abgehärteten Bewohner der *little big city* in Scharen an. Einen Monat lang wird hier (nach ebenso langer Vorbereitungszeit) der „Spirit of the North" gefeiert.
Jung und Alt tummeln sich im Schloss aus Eis und genießen Kunst und Kultur von örtlichen Künstlern und Musikern. Touristen sind natürlich stets willkommen um zusammen mit den Einheimischen zu feiern!
Weitere Informationen unter www.snowking.ca.

ver... Es gibt viele Geschichten von Männern und Frauen, denen das Abenteuer am Ende doch zu waghalsig war. Nach nur wenigen Minuten konnten sie das ständige Knarzen und Knirschen des Eises nicht mehr ertragen und warfen das Handtuch. Selbst der Anreiz, innerhalb von drei Monaten ein ganzes Jahresgehalt zu verdienen, ist nicht immer groß genug – der Job der **Ice Road Trucker** gilt als einer der gefährlichsten und nervenaufreibendsten auf der Welt.

Nur im Winter befahrbar: die Ice Road über den Great Slave Lake – im Sommer gibt es kein Durchkommen

Wer als Besucher den faszinierenden Winter in den Northwest Territories erlebt, sollte sich einen Besuch der Ice Roads jedoch nicht entgehen lassen. Es gibt eine Reihe von Anbietern, die Ausflüge auf die Ice Road anbieten, von wenigen Stunden bis zu mehreren Tagen – wie zum Beispiel von Inuvik nach Tuktoyaktuk am Arktischen Ozean. Die 185 km lange Strecke wird hauptsächlich auf dem gefrorenen Mackenzie River zurückgelegt, und das nicht im 40 Tonnen schweren LKW.

Eines ist sicher – ob es nur ein kurzer Ausflug ab Yellowknife ist oder der zweitägige Trip von Inuvik nach Tuktoyaktuk und zurück – auf der Ice Road zu stehen oder gar zu fahren ist ein unvergessliches Erlebnis.

Information: Tourism Northwest Territories, Yellowknife, NT, www.spectacularnwt.de/ice-roads; Informationen über die Ice Roads und an wen man sich wenden kann, wenn man die Ice Roads selbst befahren möchte (Straßenkonditionen müssen immer beim Department of Transportation abgefragt werden, Link dazu auf der Internetseite).

North Star Adventures, Yellowknife, NT, www.northstaradventures.ca; bietet verschiedene Ice Road Touren außerhalb von Yellowknife.
Weitere Anbieter für Touren über die Ice Roads unter www.spectacularnwt.com/whattodo/outdooradventure/iceroads.

67 Aurora – den Zauber der Nordlichter in Yellowknife erleben

Die Aurora, auch als Nordlicht bekannt, sieht zwar magisch aus, hat aber eine eher trockene wissenschaftliche Erklärung. Elektrisch geladene Partikel der Sonne, die in die Erdatmosphäre eintreten, prallen aufeinander und erzeugen so die tanzenden Lichter. Die Aurora ist hauptsächlich über den magnetischen Polen der Erde zu beobachten, im Westen Kanadas ist es joch nicht selten, die Lichter bis in die Mitte British Columbias (um Prince George) zu sehen.

Tipp

Der Tourismusverband der Northwest Territories hat ein Twitterkonto eigens für die Aurora. Unter www.twitter.com/NWTAurora wird man in der Saison (September bis April) stets mit Tweets über die besten Zeiten, um die Aurora zu sehen, versorgt. Viele der Tweets enthalten weiterführende Links mit vielen beeindruckenden Bildern. Aber Vorsicht – die Reiselust wird damit 100%ig geweckt!

Die Nordlichter präsentieren sich meist hellgrün oder sogar pink, es werden jedoch regelmäßig andere Farben wie blau, gelb und sogar rot gesichtet. Auch die Form der faszinierenden Lichter ist nicht immer gleich – von wolkenähnlich bis bogenförmig sind viele Formen vertreten, wenn die Aurora den Nachthimmel manchmal geradezu gespenstisch erleuchtet.

Obwohl ein Zusammenhang mit der Aktivität der Sonne und den sog. Sonnenwinden bereits Ende des 19. Jahrhunderts vermutet wurde, werden die Nordlichter erst seit Mitte der 1950er-Jahre genauer erforscht. Wissenschaftler haben herausgefunden, dass – ganz wie die Solaraktivität – auch die Aktivität der Aurora zyklisch ist. Der Zyklus wiederholt sich in etwa alle elf Jahre, wobei die Aktivität der Nordlichter 2013 besonders sein soll.

Die **Aurora Borealis** (Nordlichter) hatte und hat eine große Bedeutung in der Kultur der First Nations. Die Inuit in Alaska glauben zum Beispiel, dass die tanzen-

Aurora Village bei Yellowknife   *Ein seltenes Bild der Aurora im Licht des Vollmonds*

Aurora – den Zauber der Nordlichter in Yellowknife erleben

Faszinierendes Erlebnis: die tanzenden grünen Lichter am arktischen Nachthimmel

den Lichter die Geister der von ihnen gejagten Tiere darstellen, während viele Ureinwohner der nördlichen Territorien Kanadas glauben, die Aurora repräsentiere die Seelen ihrer Vorfahren.

Selbst wenn man sich als Besucher mit der wissenschaftlichen Erklärung zufriedengibt – die Aurora zu sehen ist ein magisches Erlebnis. In den kanadischen Northwest Territories hat man besonders oft die Gelegenheit, die Nordlichter zu sehen – und zwar in der Zeit von Oktober bis März. Die Tage müssen kurz und die Nächte lang sein und (sehr zum Unmut vieler Touristen) tanzen die Lichter bei besonders kalten Temperaturen am liebsten.

Yellowknife und Umgebung hat den Ruf als einer der besten Orte weltweit, um die Aurora zu genießen. Der führende Anbieter, der sich voll und ganz auf die Bedürfnisse der nicht ganz so abgehärteten Touristen eingestellt hat, ist das Aurora Village. Nur wenige Minuten außerhalb von Yellowknife bietet das Village tägliche Touren mit **beheizten Sitzen** und mit warmer „Mietkleidung". Zusätzlich werden noch Hundeschlittenfahrten und Ausflüge mit Schneeschuhen angeboten.

Wer sich ganz auf die Nordlichter einlässt, wird nicht enttäuscht und ganz sicher verzaubert sein.

Information: Aurora Village, Yellowknife, NT, www.auroravillage.com; Reservierungen erforderlich; Aurora Touren ab $ 120, incl. Transport ab/bis Yellowknife

68 Fossilien – auf der Jagd nach prähistorischen Steinen in Norman Wells, NWT

Totale Einsamkeit

Wie einsam ist es in den Northwest Territories wirklich? Alasdair Veitch, zuständig für den Tourismus in der Sahtu Region der NWT und wohnhaft in Norman Wells, gibt einen kleinen Einblick: „Im Sommer 2012 wurde der Canol Trail nur von einem einzigen Wanderer bezwungen. Er wanderte vom Meilenstein 222 bis 80 in drei Wochen und war zutiefst von der Einsamkeit und Landschaft beeindruckt und berichtete, dass diese Erfahrung seine bisherigen Expeditionen nach Neuseeland, Australien und Norwegen bei Weitem übertraf."

Knapp 500 km Luftlinie nordwestlich von Fort Simpson liegt die kleine Gemeinde Norman Wells. Luftlinie? Ja, denn nach Norman Wells führt keine Straße. Zwar gibt es je nach Witterung im Winter eine Ice Road, die auf dem gefrorenen Mackenzie River nach Norman Wells führt, eine (mehr oder weniger) zuverlässige Verbindung gibt es jedoch nur ab Fort Simpson, Edmonton oder Yellowknife mit dem Flugzeug.

Wem die abgeschiedene Lage noch nicht abenteuerlich genug ist, der wird in Norman Wells nicht enttäuscht. Der **Canol Heritage Trail** schlängelt sich ab Norman Wells durch das Mackenzie Valley, über die Mackenzie Mountains bis zum MacMillan Pass in den Yukon hinein. Der während des Zweiten Weltkriegs erschlossene, 372 km lange Weg hat mittlerweile den Status einer National Historic Site.

Norman Wells – hierher führt keine Straße

Die **Ölfelder von Norman Wells** hatten zu jener Zeit enorme Bedeutung für das amerikanische Militär, und angesichts der japanischen Bedrohung bestanden die Amerikaner auf einem sicheren Weg, das Öl nach Whitehorse zu bringen – im Winter 1943/44 wurde in einem Kraftakt eine Pipeline über die Mackenzie Mountains verlegt, genau auf der Strecke, die nun als Canol Heritage Trail bekannt ist. Nach nur einem Jahr wurde das $ 300 Millionen teure Projekt wieder aufgegeben – und dient nun sowohl als Mahnmal als auch als abenteuerlicher Wanderweg, der allerdings nur mit einem erfahrenen Führer bewältigt werden sollte.

Eine der bekanntesten Attraktionen der abgeschiedenen Gemeinde datiert aber wesentlich weiter zurück als der Zweite Weltkrieg – der **Fossil Canyon**, auf dem Weg zum Mount Hamar östlich der Stadt, wo man mit etwas Glück Fossilien finden kann, die seit Millionen von Jahren im Kalkgestein der Franklin Mountains auf

Die atemberaubende Landschaft des Canol Trail

ihre Entdeckung warten. Die einzige Straße, die aus Norman Wells herausführt, zweigt nach etwa sechs Kilometern nach rechts zum Hodgeson Lake / Jackfish Lake Campground ab, an dem man nach weiteren sechs Kilometern ankommt. Mit oder ohne Führer kann man sich von dort aus auf den Weg durch den Fossil Canyon machen. Wer keine Fossilien findet, wird trotzdem nicht enttäuscht – die **Jackfish Lake Road** bietet spektakuläre Aussichten.

Information: www.normanwells.com; im Menü unter „Lifestyle" gibt es einen Punkt „Tourism at Norman Wells", der allgemeine Informationen über Attraktionen liefert.
Norman Wells Historical Society, www.normanwellsmuseum.com; Gesellschaft zur Erhaltung und Förderung der örtlichen Geschichte und Kultur; ganzjährig geöffnet, sehr interessante Internetseite mit vielen Hintergrundinfos.
Unterkunft: **MacKenzie Valley Hotel**, Norman Wells, NT, www.mackenzievalleyhotel.com; Zimmer ab $ 180, etwas rustikal und altbacken, aber sauber und sehr freundliche Belegschaft; Restaurant im Hotel.

Outdoor, Sport & Aktivitäten

69 Historic Hat Creek Ranch, BC – Leben auf der Ranch im Jahre 1860

Elf Kilometer nördlich von Cache Creek – auf dem Weg in das Cariboo – liegt die historische Hat Creek Ranch, die in der Zeit von 1860 bis 1916 ein Anlaufpunkt für Reisende in den Norden war. Die historischen Gebäude sind allesamt außergewöhnlich gut erhalten und das sog. Roadhouse aus dem Jahr 1860 steht im Mittelpunkt des familienfreundlichen Erlebnisses.

Führer in zeitgemäßer Kleidung des späten 19. Jahrhunderts geben geschichtliche Fakten und Geschichten preis und sind zur Stelle, wenn man Fragen zu den antiquierten landwirtschaftlichen Maschinen hat, die in mehreren Schuppen und im Obstgarten ausgestellt sind. Eine Fahrt mit der historischen Postkutsche ist ein Muss und im Eintrittspreis enthalten. Weitere Aktivitäten auf der Ranch sind zum Beispiel Bogenschießen und nach Gold schürfen – natürlich mit Hilfestellung von

Postkutsche auf der Hat Creek Ranch

Historic Hat Creek Ranch, BC – Leben auf der Ranch im Jahre 1860

„echten" Goldgräbern im historischen Kostüm.

Die Gegend um Cache Creek ist außerdem traditionelles Gebiet der Shuswap First Nations und deren Präsenz und Beteiligung an der Ranch wird auch im Native Village, das zur Ranch gehört, gewürdigt. Die Shuswap Indianer zeigen hier ihre traditionellen Behausungen, Kunst und Kultur. Dort kann man ein Kekuli besichtigen, eine typische Winterbehausung der Shuswap Nation, die halb über und halb unter der Erde gebaut wird. Wer voll und ganz in die Kultur der Shuswap eintauchen möchte, kann auf der Hat Creek Ranch auch in einem **Kekuli** übernachten – zusammen mit ca. 20 anderen Menschen, ganz traditionsgerecht.

Durch die Lage im Regenschatten der Coast Mountain ist das Wetter in der Gegend um Cache Creek vor allem im Sommer extrem trocken und heiß. Wer die Ranch besucht, sollte unbedingt geeignete Kleidung und eine Kopfbedeckung haben und vor allem festes Schuhwerk – im wüstenartigen Klima sind

Gold Country

Zum Gold Country, das sich im Herzen des südlichen BC befindet, gehören die Gemeinden Ashcroft, Cache Creek, Clinton, Lillooet, Logan Lake, Lytton, Merritt und Savona. Über die Internetseite von Gold Country kann man nicht nur Übernachtungsmöglichkeiten und Restaurants herausfinden, sondern auch Hinweise und Koordinaten (über einen weiterführenden Link) zur erfolgreichen Schatzsuche mit dem GPS. www.exploregoldcountry.com.

Die historische Hat Creek Ranch

auch Klapperschlangen zu Hause. Die Hat Creek Ranch liegt außerdem mitten im sog. Gold Country – hier wird die Schatzsuche nach wie vor großgeschrieben. Es geht jedoch nicht um Gold, sondern um Geocaching. Geocaching, eine moderne Schatzsuche mit Hilfe eines GPS, ist in ganz British Columbia sehr beliebt und wird vor allem im Gold Country enthusiastisch von Jung und Alt betrieben. Die Internetseite www.goldtrail.com verrät, wo die Schätze der Gegend versteckt sind. Hat man den Schatz (Behälter) gefunden, trägt man sich ins Gästebuch ein und kann die im Behälter gefundene Kostbarkeit (die oft aus normalen Alltagsgegenständen besteht) an sich nehmen und einen neuen Schatz hinterlassen.

Information: Historic Hat Creek Ranch, Highway 97/99, Cache Creek, www.hatcreekranch.ca; tgl. geöffnet von Mai bis September, Kinder bis 6 Jahre frei, bis 12 Jahre $ 8, Erwachsene $ 12, Familien $ 25; Restaurant auf dem Gelände, für Frühstück und Mittagessen geöffnet; Campingplatz für Wohnmobile und Zelte, ab $ 15 pro Nacht.
Unterkunft: Sandman Inn Cache Creek, 987 Hwy 1S, Cache Creek, www.sandmanhotels.com; 35 schlichte und saubere Zimmer, ab $ 99 pro Nacht; Restaurant im Hotel.

Menschen, Kultur & Geschichte

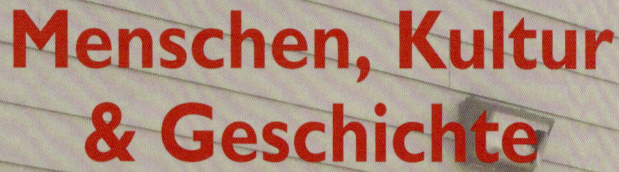

Wandmalerei am Gebäude der Nicola Valley Archives

70 Quilchena Cattle Company – die Tradition der Cowboys in BC erleben

Als die vier Guichon-Brüder Mitte des 19. Jahrhunderts von Frankreich nach British Columbia kamen hatten sie sicher keine Ahnung, dass einer von ihnen der Gründer einer der größten Rinderzuchtbetriebe Kanadas werden sollte. Angetrieben vom Goldrausch im Cariboo machten sie sich zuerst auf den Weg nach Norden, doch nach erfolgloser Goldsuche kehrte Joseph, der jüngste Bruder, zurück in den Süden und ließ sich im sonnigen Nicola Valley nieder.

1882 gründete er die **Guichon Ranch** und fing als erster Rancher in BC an, Angus-Hereford-Rinder zu züchten. Innovative Techniken in der Viehzucht und im landwirtschaftlichen Anbau sicherten das Überleben der Familie durch die Weltwirtschaftskrise und beide Weltkriege. Das Quilchena Hotel, das ebenfalls zur Ranch gehört, wurde 1908 eröffnet.

Als der heutige Eigentümer der Ranch, Guy Rose, in den 1950er-Jahren die Ranch mit seiner deutschen Frau Hilde übernahm, wurde die riesige, fast 40.000 Hektar große Guichon Ranch zwischen ihm und seinem Bruder aufgeteilt. Guy und Hilde übernahmen die südliche Hälfte und betreiben seitdem die Quilchena Cattle Company mit Weideland von knapp 20.000 Hektar.

Das historische Quilchena Hotel

Die über 4.000 Tiere starke Herde wird von etwa zehn Cowboys und über 80 Pferden im Zaum gehalten. Von Mai bis September werden die Rinder auf höhere Lagen getrieben, wo sie den Sommer verbringen, bis sie im Herbst schließlich bei Viehauktionen versteigert werden.

Während der letzten 50 Jahre haben Guy und Hilde nicht nur selbst den Lifestyle der Cowboys gelebt, sondern auch etlichen Einwanderern und Besuchern die Möglichkeit dazu gegeben. Vor allem in den 1970er-Jahren war der Zustrom von neugierigen Europäern, die sich nach **Lagerfeuerromantik** sehnten, groß. Das Leben der Cowboys war jedoch für viele ein Kulturschock und nach einigen Wochen im sogenannten **Cow Camp** traten viele die

Quilchena General Store – immer einen Besuch wert

Heimreise wieder an. Das Cow Camp ist der sommerliche Weidegrund der Rinder, und die Cowboys leben dort ohne jeglichen Komfort in der Wildnis – für viele Europäer nur schwer vorstellbar. Zwar wurde in den letzten Jahren teilweise Strom und fließendes Wasser in den einfachen Behausungen verlegt, das Leben in der Einsamkeit ist jedoch trotzdem nicht jedermanns Sache.

Wer nicht abenteuerlich genug fürs Cow Camp ist, kann sich das Leben auf der Ranch auch vom Komfort des Quilchena Hotels aus ansehen.

Information: Quilchena Cattle Company/Quilchena Hotel, Merritt-Kamloops Highway 5A, Quilchena, www.quilchena.com; 15 Zimmer ab $ 79, nicht alle mit eigenem Bad; sauber und gemütlich; Restaurant und uriger Saloon im historischen Hotel; die Ranch hat außerdem einen Golfplatz und Campingplatz mit Stellplätzen für Wohnmobile sowie einen absolut sehenswerten General Store in der Nähe des Hotels.

71 Fort Langley – hier steht die Wiege von British Columbia

Am Rande des Großraums Vancouver liegt das kleine Städtchen Fort Langley, Teil der größeren Gemeinde Langley. Verwechselt man die beiden nehmen es die Einheimischen zwar nicht krumm, klären aber sehr wohl darüber auf, dass Langley mit einer Einwohnerzahl von fast 100.000 Menschen schon eine ausgewachsene Stadt ist und sich hauptsächlich südlich des Highway 1 (Trans Canada Highway) erstreckt. Dagegen bezeichnet sich Fort Langley mit knapp 3.000 Einwohner noch immer als Dorf (Village of Fort Langley) und liegt nördlich des Highway 1 am Ufer des Fraser River.

Die Einheimischen legen zu Recht Wert auf den Unterschied, ist doch Fort Langley der Geburtsort der Provinz British Columbia. Als die **Hudson Bay Company** in den 20er-Jahren des 19. Jahrhunderts dort einen Handelsposten errichtete, um den Fellhandel mit den First Nations voranzutreiben, ahnte noch niemand die Bedeutung, die dieser Ort einmal erreichen sollte. Der Handel florierte innerhalb kürzester Zeit, und als 1858 das Gerücht von Goldfunden im Fraser River bekannt wurde, erlebte die Gegend einen erheblichen Zustrom an Amerikanern. Aus Besorgnis, die Amerikaner könnten die Gegend zum US-Gebiet erklären, wurde am 19. November 1858 British Columbia zur britischen Kolonie erklärt.

Die Zeremonie fand im sog. Big House in Fort Langley statt. James Douglas, der den Handel für die Hudson Bay Company auf Vancouver Island überwacht hatte, wurde zum ersten Gouverneur der Kolonie erklärt. Obwohl die feierliche Gründung in Fort Langley stattfand, um den Ort des „Ursprungs" zu würdigen, verlor das Fort am Fraser River kurz darauf an Bedeutung. Das Ver-

Die Stadt Langley hat auch ihre versteckten Oasen

Die Gegend um Fort Langley ist Ranch Country

waltungszentrum der neuen Kolonie wurde nach New Westminster verlegt und Fort Langley wurde schließlich 1886 aufgegeben.

Jahre vergingen, bis der Ort des mittlerweile verfallenen Forts 1923 zum Denkmal erklärt wurde. Es dauerte noch weitere 32 Jahre, bis Fort Langley 1955 zu einem **National Historic Park** deklariert wurde und mit dem Wiederaufbau des Handelspostens begonnen wurde, der zum 100-jährigen Jubiläum der Kolonie wieder in altem Glanz erstrahlen sollte.

Heute ist Fort Langley eine liebevoll erhaltene und gepflegte Attraktion, die von Parks Canada verwaltet und betrieben wird. Alle Angestellten tragen Kleidung aus der Zeit um 1860 und zeigen, wie es sich in der damaligen Zeit leben ließ. Neun originalgetreu errichtete Gebäude innerhalb des eingezäunten Forts geben einen guten Einblick in das Leben auf einem Handelsposten, und tägliche Vorführungen verstärken die spannende Erfahrung für Besucher.

INFO

Information: Fort Langley National Historic Site of Canada, www.pc.gc.ca/langley; ganzjährig tgl. von 10-17 Uhr geöffnet, Familienkarte $ 19,60, Einzelkarten $ 7,80 / $ 3,90.
Tourism Langley, www.tourism-langley.ca; Visitor Centre ist ganzjährig geöffnet, im Sommer tgl.; Auskunft über Aktivitäten in Langley und Fort Langley.
Unterkunft: Best Western Langley, 5978 Glover Road, Langley, BC, www.bestwesternlangley.com; Zimmer ab $ 130, Frühstück inklusive, günstige Lage.

72 Pow Wow – First-Nations-Tänze in British Columbia

Nach jahrhundertelanger Unterdrückung finden sich die Mietglieder der First Nations heute wieder zu zahlreichen Pow Wows zusammen. Ein Pow Wow ist eine generationenübergreifende Zusammenkunft von Mitgliedern der kanadischen Ureinwohner, um zusammen zu singen, zu trommeln und zu tanzen. Alte Freundschaften werden gepflegt und neue geknüpft und die spirituelle Verbindung untereinander spielt eine große Rolle dabei. Manche Pow Wows werden auch als Tanzwettbewerbe veranstaltet, doch der Ursprung hat eine lange Tradition.

Legenden und Überlieferungen besagen, dass die First Nations seit dem Anfang aller Zeiten mit der Natur in Einklang lebten. Jeder Stamm war vom Schöpfer mit einzigartigen Fähigkeiten und Kräften versehen worden, die mit den Naturgewalten übereinstimmten. In Zeiten von Not, Krankheit und Krieg wendeten sich die Ureinwohner an die Natur und fanden dort die Antwort auf ihre Fragen. Die gemeinsame Sprache der First Nations und der Natur war der Tanz, und heilige Tänze für jedes „Anliegen" wurden zur Tradition.

Die Tänze entwickelten sich aus der Nachahmung von Tieren, den sog. „Spirit Animals", die als spirituelle Begleiter galten und gelten. Heilige Tänze wurden niemals in der Öffentlichkeit aufgeführt, sondern fanden nur in der Vertrautheit der eige-

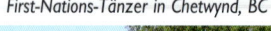

First-Nations-Tänzer in Chetwynd, BC

nen Stammesmitglieder statt. Mit der Zeit entwickelten sich aus den heiligen Tänzen auch die Pow-Wow-Tänze, die zu gesellschaftlichen Anlässen aufgeführt wurden. Wenn auch nicht heilig, so vermittelt das Pow Wow dennoch die traditionellen Werte und Kultur der First Nations, und es gibt natürlich auch besondere Verhaltensregeln für Teilnehmer und Zuschauer.

Die Regeln können von Stamm zu Stamm verschieden sein, eine Regel ist jedoch für alle gleich – was der Zeremonienmeister sagt, gilt. Die Tänze selbst finden immer innerhalb einer sog. Arena statt (oft nur ein abgegrenzter Kreis), die keinesfalls betreten werden darf. Wer fotografieren will, sollte davor immer um Erlaubnis fragen und wiederum keinesfalls die Tanzarena betreten, um Bilder zu knipsen. Die traditionelle Kleidung oder den Kopfschmuck sollte man auch nur berühren, nachdem man um Erlaubnis gefragt hat – die Kleidung ist kein „Kostüm" und sollte auch nicht als solches bezeichnet werden.

Wandmalerei in Merritt, BC

Pow Wows sind mehr als nur reine Tänze, sondern gelten auch als **Feier und Gebet** – man sollte also stets Respekt zeigen. Während der Pow Wows sind meist keine alkoholischen Getränke erlaubt und alle Teilnehmer und Zuschauer werden dazu angehalten, sich auch der Umwelt gegenüber respektvoll zu verhalten. Oft wird traditionelles Essen wie Bannocks (s. S. 196) verkauft und indianischer Schmuck angeboten. Es gilt als höflich, etwas zu kaufen und den Stamm so zu unterstützen.

Mit dem Segen der First Nations

Der Segen und die Zustimmung der First Nations spielt eine große Rolle im täglichen kanadischen Leben. Ob bei Eröffnungsfeiern (wie zum Beispiel den olympischen Winterspielen 2010 in Vancouver) auf nationaler Ebene oder bei lokalen Veranstaltungen wie der Einweihung eines Parks – es ist so gut wie immer ein Vertreter der First Nations (meist ein Häuptling) anwesend, um ein Gebet und seinen Segen auszusprechen.

Information: Es gibt keine zentrale Internetseite, die sämtliche Pow Wows auflistet, aber die Seite von Tourism BC ist ein guter Anfangspunkt (www.hellobc.com). Gibt man auf der Startseite den Begriff „pow wow" ein, erhält man eine Fülle von Vorschlägen und weiterführenden Informationen. Ein bekanntes Pow Wow ist das **Kamloopa Pow Wow**, das jährlich in Kamloops stattfindet (www.tkemlups.ca, www.tourismkamloops.com). Ebenfalls bekannt ist das Pow Wow in Lytton im Fraser Canyon, das jedes Jahr im September im Rahmen des River Festival stattfindet (www.riverfestival.ca).

73 Baillie House – die Geschichte des Geisterhauses in Merritt, BC

Im sonnigen Nicola Valley, etwa 300 km nordöstlich von Vancouver, liegt das 1908 erbaute Baillie House im Herzen des Städtchens Merritt. Von der Nicola Valley Heritage Society tatkräftig betreut, besteht das Anwesen aus dem Wohnhaus, Stall und zwei Nebengebäuden – in einem der Nebengebäude befindet sich das Touristen-Informationszentrum.

Der liebevoll betreute Garten lädt zum **Picknick** ein, und die freundlichen Mitarbeiter sind jederzeit bereit, eine Tour durch das Anwesen mit der Geschichte eines unglücklichen Bräutigams, der noch heute durch das Haus spukt, zu ergänzen.

Der kanadische Geschäftsmann Cosam Bigney kam 1908 nach Merritt, um sich hier mit seiner zukünftigen Frau niederzulassen. Während seine Auserwählte auf der Überfahrt von England nach Kanada war, ließ er das heutige Baillie House erbauen. Seine Braut kam jedoch niemals in Merritt an – sie verliebte sich noch während der Überfahrt in einen anderen Mann und Cosam Bigney bezog das Haus mit seinem Geschäftspartner, Emiley Weatherby. Die beiden lebten im Baillie House bis zu ihrem Tode in den 1930er-Jahren und betrieben eine erfolgreiche Limonaden-Fabrik, als Verkaufsstelle diente eines der Nebengebäude. 1938 wurde das Anwesen von Melville Baillie, nach dem das Haus schließlich benannt wurde, erworben; er zog mitsamt seiner Familie ein und betrieb fortan die örtliche Schmiede. Ei-

Das historische Baillie House

nige Generationen von Baillies wuchsen in Merritt auf und das Haus blieb im Familienbesitz bis der letzte Angehörige in den 1980er-Jahren verstarb. Nach mehreren Eigentümerwechseln und sogar Abrissplänen trat schließlich in den 1990er-Jahren die Nicola Valley Heritage Society auf und betreibt mittlerweile seit über zehn Jahren das Anwesen als Touristen Infozentrum.

Das Infozentrum ist direkt neben dem Baillie Haus gelegen und ganzjährig geöffnet

Niemand weiß so genau, wann die ersten Meldungen eingingen, dass es im Baillie House spukt. Manche berichteten von einer weiß gekleideten Frau, die im Treppenhaus gesehen wurde, andere hörten Schritte im oberen Korridor. Eines ist jedoch für die Bewohner von Merritt sicher – das Baillie House hat in den letzten hundert Jahren genug Herzschmerz, Tragödie und auch Freude gesehen, um den einen oder anderen Geist zu rechtfertigen.

Nach etlichen Berichten über den Spuk im Baillie House wurden im Frühjahr 2008 die Spezialisten von „BC Spirits" engagiert um mit ihrer Hightech-Ausrüstung den Geistern auf den Grund zu gehen. Die **Ghostbusters** wurden auch tatsächlich fündig und produzierten nach einigen Nächten im Baillie Anwesen sogar Tonaufnahmen von zwei verschiedenen Geistern.

Wenn es auch nach wie vor keinen endgültigen Beweis bezüglich der Identität der Geister gibt, so steht jedoch nach Auswertung der Tonaufnahmen eines fest – es handelt sich um freundliche Gespenster, sehr zur Freude der Bewohner von Merritt.

INFO

Information: Baillie House – Merritt Visitor Information Booth, 2250 Voght Street, ganzjährig geöffnet, www.tourismmerritt.com, www.bailliehouse.com.
Unterkunft: Best Western Nicola Inn, 4025 Walters Street, www.bestwestern.com; 56 Zimmer, sehr gepflegt und sauber, Restaurant vor Ort; im östlichen Teil der Stadt, etwas abseits der Innenstadt.
Essen und Trinken: Home Restaurant, 3561 Voght Street, www.homerestaurants.ca; tgl. geöffnet für Frühstück, Mittag- und Abendessen, leckere Hausmannskost (große Auswahl an Burgern und Sandwiches), toller Service.

74 Armstrong Fall Fair, BC – Landwirtschaftsausstellung, Rodeo und Volksfest – heißgeliebte Tradition

110 km östlich von Kamloops, im Herzen des **Spallumcheen Valley**, liegt die kleine Stadt Armstrong. Eine typische landwirtschaftliche Gemeinde, deren Charme in der Herzlichkeit der Einwohner und den gehegten und gepflegten Tradition liegt. Das örtliche Museum gibt Auskunft zur langen Geschichte von Ackerbau und die Viehzucht. Jedes Jahr um den kanadischen Labour Day (erster Montag im September) strömen Tausende von Besuchern in die Kleinstadt mit 4.300 Einwohnern, um die **Armstrong Fair** zu erleben.

Die Armstrong Fair, deren offizieller Name *Armstrong Interior Provincial Exhibition* ist, ist die zweitgrößte landwirtschaftliche Ausstellung in British Columbia. Handwerker- und Gewerbeausstellung, Rodeo, Volksfest, Livemusik und eben eine erstklassige landwirtschaftliche Ausstellung, die Tiere und Produkte aller Art zur Schau stellt, stehen auf dem Programm.

Fünf Tage lang kann man sich von 7.30 Uhr bis spät abends mit der ganzen Familie auf dem Gelände der Fair vergnügen. Während die Kinder wahrscheinlich lieber das Volksfest unsicher machen (in Kanada ist es üblich, am Eingang – oder im Vorverkauf – ein sog. Bracelet für Volksfeste zu kaufen. Man bezahlt einen Preis – auf der Armstrong Fair sind es $ 45 – und damit können die lieben Kleinen den ganzen

Allee in Armstrong

Armstrong Fall Fair, BC – Landwirtschaftsausstellung, Rodeo und Volksfest

Tag nach Herzenslust mit allem fahren, was sich bewegt), interessieren sich die Eltern vielleicht eher für die zahlreichen Ausstellungen.

Wer möchte es schon verpassen, wenn der schönste Gockel gekrönt, der schnellste Holzfäller ermittelt oder der beste Chefkoch der Gegend gekrönt wird? Nicht zu vergessen die beeindruckenden Pferde, Rinder und Schweine, die teilweise auch versteigert werden. Weitere Highlights sind Planwagenrennen und das Rodeo. Professionelle Rodeo-Cowboys konkurrieren in verschiedenen Disziplinen mit Tieren, die auch während der berühmten Calgary Stampede benutzt werden.

Armstrong ist Western und Ranch Country

Fair at the PNE

Jedes Jahr im August findet auf dem Gelände der *Pacific National Exhibition* in Vancouver ebenfalls ein sog. Fair (Volksfest) statt. Teil der Fair ist eine landwirtschaftliche Ausstellung, die beeindruckende Exemplare der Viehzucht und Landwirtschaft zur Schau stellt. So kann man hier besondere Rassen von Ochsen bestaunen, die mit einem Schultermaß von über zwei Metern nicht nur die Kinder beeindrucken, oder Pumpkin Pie (Kürbiskuchen) probieren, der aus einem hundert Kilo schweren Kürbis gebacken wurde. Diesen isst man aber besser nicht kurz bevor man mit der Achterbahn fährt... Informationen: www.pne.ca/thefair/.

INFO

Information: Armstrong IPE, www.armstrongipe.com; umfangreiche Internetseite mit Übersichtsplan der Fair sowie Veranstaltungskalender.
Armstrong Visitor Centre, 3550 Bridge Street, www.aschamber.com; ganzjährig geöffnet, in der Hauptsaison von Ende Mai bis Anfang September tgl.
Essen und Trinken: Brown Derby Cafe, 3425 Pleasant Valley Road, Tel.: 250-546-8221; das beste Frühstück der Stadt, herzhafte Kost und bei den Einheimischen beliebt.
Unterkunft: The Armstrong Inn, 3400 Smith Dr, www.armstronginn.com; einziges Motel in Armstrong, einfache Zimmer ab $ 109, Restaurant im Haus.
Armstrong Kin RV Park, 3311 Park Dr, Tel.: 250-546-4041; Stellplätze für Wohnmobile ab $ 25, mit Wasser- und Stromanschluss; Reservierung während der Armstrong Fair empfohlen.

Menschen, Kultur & Geschichte

75 The Famous 5 – wie fünf Frauen in Alberta Pioniere für die Gleichstellung der Frauen wurden

Emily Murphy. Nellie McClung. Henrietta Muir Edwards. Louise McKinney. Irene Parlby: fünf Namen, die nicht nur in Alberta bekannt sind. 1927 wurden diese Namen in der ganzen Welt bekannt, als sich die Frauen – angeführt von Emily Murphy – zusammenschlossen, um für die **politische Gleichstellung** der Frauen in Kanada zu kämpfen.

Parlamentsgebäude in Edmonton, Alberta

Es ging damals um noch mehr als das Wahlrecht und andere wichtige „Privilegien", die sich die Frauen bereits erkämpft hatten. Doch sie wurden im Britischen Commonwealth – zu dem Kanada gehörte – nach wie vor nicht als „Person" angesehen und konnten nicht für den Senat kandidieren. Die couragierten „Famous 5" änderten nicht nur die Gesetzgebung in Kanada – 1929 wurden Frauen im gesamten Commonwealth als „Person" anerkannt.

Emily Murphy (1868–1933): Schriftstellerin und Kämpferin für das Wahlrecht der Frauen. Murphy wurde 1916 zur ersten weiblichen Friedensrichterin des britischen Weltreiches berufen, nachdem sie Jahre zuvor bereits Pionierarbeit in Alberta geleistet hatte. Dank ihr wurde der Married Women's Protective Act von 1911 ins Leben gerufen, der Ehefrauen das Recht gab, das Eigentum ihrer Ehemänner als gleichberechtigte Eigentümerin zu beanspruchen. Dieses Gesetz stellt die Versorgung von Frauen im Scheidungsfall sicher.

Louise McKinney (1868–1931) – Aktivistin und Kämpferin für das Wahlrecht der Frauen; McKinney wurde 1917 ins Parlament der Provinz Alberta gewählt und ist somit die erste in ein öffentliches Amt gewählte Frau im gesamten britischen Weltreich. Einer ihrer weiteren Verdienste ist der Dower Act in Alberta, der sicherstellte dass Frauen informiert werden mussten wenn ihr Haus verkauft werden sollte. Heute unvorstellbar, war dies noch Anfang des 20. Jahrhunderts gang und gebe!

Nellie McClung (1873–1951): „Kanada ist dafür bestimmt, eine der großen Nationen dieser Welt zu sein und kanadische Frauen müssen bereit sein, eine vollwertige Rolle darin zu spielen". Diese Worte sind wahrscheinlich die symbolischsten für die Famous 5. McClung war Journalistin, Aktivistin und Kämpferin für das Wahl-

The Famous 5 – fünf Frauen für die Gleichstellung der Frauen

Das Government House in Edmonton – hier werden die Staatsgäste des Lieutenant Governors empfangen. Aufgrund der Pionierarbeit der Famous 5 wurden Besucher dort 1985 erstmals von einem weiblichen Lieutenant Governor, Helen Hunley, empfangen.

recht. Dank ihr wurde Manitoba 1915 die erste Provinz, die Frauen das Wahlrecht zusprach. Im ganzen Land bekannt, diente sie von 1921 bis 1926 im Parlament Albertas und wurde 1938 ausgewählt, Kanada im Völkerbund in Genf zu vertreten.

Henrietta Muir Edwards (1849–1931): die älteste der Famous 5 war sowohl Künstlerin als auch Rechtsexpertin für Frauen und Kinder. 1893 war sie entscheidend an der Schaffung des National Council of Women of Canada beteiligt, das bis heute für die Lebensqualität von Frauen und Kindern in Kanada arbeitet. Bereits Jahre zuvor – 1875 – brachte sie das erste Frauenmagazin Kanadas auf den Markt, das „Women's Work in Canada".

Irene Parlby (1868–1965): von einem Adelsgeschlecht in England stammend, kam Parlby nach Kanada und wurde die Frau eines Farmers in Alberta. Charmant und entschlossen unterstütze sie die Interessen von Ehefrauen der Farmer in Alberta und wurde nach ihrer Wahl ins Parlament von Alberta schließlich die erste weibliche Ministerin der Provinz.

Information: Famous 5 Foundation, www.famous5.ca – Hintergründe und detaillierte Informationen.

INFO

76 Village of Stirling, AB – im Süden Albertas geht es zu wie zur Pionierzeit

Die kleine, nur etwa 1.000 Einwohner zählende Gemeinde Stirling liegt im Südosten der Prärieprovinz Alberta, ca. 30 km südlich von Lethbridge. Klein, aber bedeutend – Stirling ist eine von nur drei Gemeinden in ganz Kanada, die den Status einer National Historic Site für sich beanspruchen dürfen.

Wie viele Ansiedlungen im Westen gehen auch die Anfänge Stirlings auf den Bau der Eisenbahn zurück. Die Transcontinental Pacific Railway erreichte Lethbridge im Jahre 1890 und wurde weiter in den Süden vorangetrieben – in die damals unwirtliche, windige Prärie Albertas. Wenige Einwanderer und Einheimische waren bereit, sich dort niederzulassen, und erst eine Initiative der Mormonenkirche brachte im Jahre 1899 einige Siedler in die Gegend um Stirling.

Der **Mormone John Taylor** aus Utah hatte in das damals spottbillige Land investiert und war sich des Potenzials sicher. Seine genaue Kenntnis von Bewässerungssystemen ließ ihn erahnen, dass das Land im südlichen Alberta durch Bewässerung in fruchtbares Anbaugebiet und Weideland umgewandelt werden könnte. Nach der offiziellen Gründung der Alberta Irrigation Company wurden Einwanderer und Einheimische aufgerufen, das Land südlich von Lethbridge zu besiedeln und zu bewirtschaften. Die Resonanz war gleich null, und erst nach einem Aufruf der Mormonenkirche kamen etwa 30 willige „Missionare" nach Kanada, um dem Ruf der

So lebten die Pioniere in Alberta

Village of Stirling, AB – im Süden Albertas geht es zu wie zur Pionierzeit

Michelsen Farmstead in Stirling

Kirche zu folgen. Innerhalb von wenigen Monaten wurden Kanäle gegraben, Häuser gebaut, Brunnen angelegt und mit der Viehzucht und dem Ackerbau begonnen. Als Stirling schließlich im September 1901 zum Dorf erklärt wurde, war die Einwohnerzahl bereits auf 400 Menschen angewachsen und Stirling eine autarke kleine Gemeinde.

Heute kann man im Ort nach wie vor die Luft der Pionierzeit schnuppern. Viele der ursprünglichen Häuser sind noch erhalten und können im Rahmen von Walking Tours erkundet werden. Sehr interessant ist außerdem der **Michelsen Farmstead**, eine Farm der Einwandererfamilie Michelsen aus dem Jahr 1912, die in mühevoller Arbeit wieder in den Zustand der 1930er-Jahre zurückversetzt wurde. Die Farm zeigt ein typisches Grundstück der Gründerzeit, das den Einwanderern damals zur Verfügung gestellt wurde. Ziel der Landvergabe war es, den Farmern genug Grund an die Hand zu geben, mit dem sie sich durch landwirtschaftlichen Anbau und Viehzucht selbst versorgen sollten.

Information: **Village of Stirling**, www.stirling.ca; im Menü unter „Annual Events" gibt es Karten der Walking Tour zum Download, sowie Informationen über das jährlich stattfindende Settler Days Festival.
Michelsen Farmstead, 533 2nd Avenue, im Juli und August geöffnet Di-Sa von 10-12 und 13-17 Uhr; Familienkarte $ 10, Einzelkarten $ 4 / $ 5.
Unterkunft: **Country Barn Bed&Breakfast**, 318 5th Avenue, Tel.: 403-756-3366; übernachten im renovierten Schuppen aus dem Jahr 1917, charmant und einzigartig.

77 Leduc No. 1, AB – der Beginn des Ölbooms in Alberta

Im Süden Edmontons, entlang dem Highway 60, steht der Bohrturm Leduc No. 1. Schon vor Jahrhunderten wurde vermutet, dass in Alberta erhebliche Ölreserven schlummerten, nutzten doch bereits die First Nations das Schwarze Gold als Brennstoff und um ihre Kanus abzudichten. Anfang des 20. Jahrhunderts wurden erstmals ernsthafte Bohrungen im Turner Valley südlich von Calgary unternommen, die sich jedoch als nicht profitabel erwiesen.

Kanadisches Öl

Kanada ist der sechstgrößte Ölproduzent weltweit und produziert weit über drei Millionen Barrel Öl pro Tag. Die sog. Oilsands in Alberta (s. S. 54, Fort McMurray) alleine sind für fast die Hälfte der gesamten Ölproduktion Kanadas verantwortlich.

Wie sich später herausstellte, wurde einfach nicht tief genug gegraben. In den 30er-Jahren wurden schließlich die Anstrengungen verstärkt, und 1936 wurde in einer Tiefe von über 2.000 Metern im Turner Valley erstmals eine nennenswerte Menge an Öl entdeckt. Erdölgesellschaften sprossen wie Pilze aus dem Boden und investierten in den folgenden Jahren über $ 150 Millionen zur Erschließung weiterer Ölfelder – jedoch ohne Erfolg.

Eine der Ölfirmen war **Imperial Oil**, und deren Geologe Ted Link war davon überzeugt, dass in der Gegend um Leduc signifikante Ölreserven vorhanden waren. Die Firma stand dem skeptisch gegenüber, waren doch in der Gegend bereits erhebliche – und erfolglose – Anstrengungen unternommen worden. Link hielt jedoch an seiner Überzeugung fest und der Vorstand von Imperial Oil gab ihm eine letzte Chance. Nach 133 erfolglosen Bohrversuchen wurde die Bohrausrüstung auf das Grundstück des Farmers Mike Turta gebracht und im November 1946 begann der letzte Bohrversuch.

Nervenaufreibende Monate ohne Erfolg begannen, und auch bei einer Bohrtiefe von etwa 1.200 Metern brachten Tests keine vielversprechenden Ergebnisse ans Tageslicht. Das Team hielt durch

Leduc Nr. 1 Discovery Well Historical Site

Leduc No. 1, AB – der Beginn des Ölbooms in Alberta

Die Ölindustrie in Alberta boomt nach wie vor

und war fest entschlossen – und wurde Anfang Februar 1947 bei einer Tiefe von 1.500 Metern belohnt. Am 13. Februar 1947 war es dann so weit: Bei klirrender Kälte und unter den wachsamen Augen von 500 Zuschauern erwachte der Bohrturm regelrecht zum Leben. Eine Mischung aus Rohöl und Gas schoss ans Tageslicht und wurde nach dem Entzünden durch einen Mitarbeiter zu einer 15 Meter hohen Flamme.

Mehrere Bohrtürme folgten in der Leduc-Gegend und stellten sich teilweise als noch größer als Leduc No. 1 heraus, der bis 1974 in Betrieb blieb und insgesamt 317.000 Barrel Öl produzierte. Die Entdeckung des Leduc-Ölfeldes läutete eine neue Ära der Ölproduktion in Alberta ein. Innerhalb von zehn Jahren stieg die Produktion von 21.000 auf 400.000 Barrel pro Tag und Kanada wurde vom Import- zum Exportland.

Der **Ölboom** hatte weitreichende Folgen – die Bevölkerung Edmontons verdoppelte sich innerhalb von zehn Jahren und die ganze Provinz verzeichnete einen starken Zustrom von Einwanderern und Kanadiern, die in den Ölfeldern reich werden wollten. Calgary und Edmonton kämpften zunächst um den Status als "Oil Capital of Canada". Im Laufe der Zeit stellte sich heraus, dass die meisten Arbeiter und Produzenten der Industrie in Edmonton ansässig waren, während die Investoren in Calgary blieben. Calgary macht mittlerweile Houston, TX, als "Energy Capital of the World" Konkurrenz.

Information: Leduc No. 1 Energy Discovery Centre, Hwy 60, Devon www.leducnumber1.com; ganzjährig tgl. geöffnet, Familienkarte $ 21, Einzelkarten $ 6 / $ 10.

78 Historic Fort MacLeod, AB – die gemeinsame Geschichte der First Nations und RCMP

Im Süden Albertas, wo der Cowboy Trail auf den Crowsnest Highway trifft – etwa 50 km westlich von Lethbridge – liegt das historische Fort MacLeod. Das ursprüngliche Fort der North West Mounted Police lag einst eigentlich außerhalb der Stadt und wurde für das Museum, das sich in der Kleinstadt Fort MacLeod befindet, wieder auf- und teilweise nachgebaut.

In den 1970er-Jahren war der Westen noch wild und amerikanische Whiskeyschmuggler gerieten immer wieder mit den First Nations der Blackfoot- und Assiniboine-Stämme aneinander. Als bei einem Massaker ein ganzes Dorf von Assiniboine-Männern, -Frauen und -Kindern ausgelöscht wurde (s. S. 92), war es Zeit zu handeln. Das Parlament verabschiedete ein Gesetz, das die Gründung der **North West Mounted Police** ermöglichte. Somit war nicht nur erstmals eine Polizeipräsenz in den damaligen North West Territories geschaffen, es wurde auch eine klare Botschaft an die Amerikaner gesandt, die bereits ein Auge auf das Gebiet geworfen hatten.

> **Mounties**
>
> Kanadische Polizisten werden auch als „Mounties" bezeichnet, und das hat mit den Bergen (mountains) gar nichts zu tun. Die Bezeichnung kommt vom Wort „mounted" (wie in Royal Canadian Mounted Police), wobei mounted „auf dem Pferd sitzend" bedeutet.

1874 wurden Männer aus allen Teilen der Welt rekrutiert, um der NWMP beizutreten. Australier, Amerikaner und Briten wurden als Polizisten eingeschworen, und die Suche nach einer geeigneten Stelle für einen Stützpunkt begann. Der Süden des heutigen Alberta schien ideal, da sich dort die illegalen Machenschaften der

Fort MacLeod – auch ein Bummel durch die Stadt lohnt sich

Historic Fort MacLeod, AB – die gemeinsame Geschichte der First Nations und RCMP

Musical Ride der NWMP – immer ein Spektakel

Whiskeyschmuggler konzentrierten und auch eine große Anzahl an Ureinwohnern lebte. Die erste Patrouille unter Colonel James MacLeod erreichte die Gegend des heutigen Fort MacLeod im Oktober 1874 und errichtete in Windeseile ein Fort auf einer kleinen Insel im Old Man River Valley. Die scheinbar günstige Lage stellte sich jedoch bereits im darauffolgenden Frühjahr als nicht gerade ideal heraus, als die Schneeschmelze das Fort praktisch unzugänglich machte.

Das Fort wurde schließlich ans südliche Ufer des Old Man River verlegt und in den letzten Jahren des 19. Jahrhunderts der Kampf gegen Schmuggler fortgesetzt – das Problem war innerhalb weniger Jahren behoben und die North West Mounted Police – die später als RCMP in ganz Kanada bekannt wurde – hatte sich als durchsetzungsfähige Macht etabliert.

Heute bietet das Fort Museum in Fort MacLeod einen Einblick in die **Geschichte der NWMP** sowie der reichen Kultur der Blackfoot Indians des südlichen Alberta. Neun historische Gebäude mit über 8.000 Artefakten zeugen von den Anfängen der Polizei im Westen und deren Geschichte bis in die Mitte des 20. Jahrhunderts. Eine der Aktivitäten des Museums gilt übrigens auch als „Canadian Signature Experience" (www.canada.travel/sec) – ein authentisch kanadisches Erlebnis (s. S. 208): das sog. „Groom a Horse Program" für Kinder ab fünf Jahren. Hier lernen Teilnehmer unter Anleitung eines „Polizisten" in Uniform der NWMP, wie man ein Pferd zum Reiten vorbereitet und sattelt – natürlich sind die Kinder dabei stilecht selbst in der Uniform der NWMP eingekleidet!

Information: The Fort Museum, 219 Jerry Potts Blvd., Fort Macleod, www.nwmpmuseum.com; saisonal geöffnet von Mai bis Oktober, tgl. von 9-17 Uhr, Familienkarte $ 27, Einzelkarten $ 12 / $ 6.

79 Drumheller und Dinosaur Provincial Park – in Alberta sind die Dinosaurier los

Versteckt im **Red Deer River Valley**, umgeben von den kanadischen Badlands mit ihren charakteristischen Hoodoos (s. S. 98), liegt der Dinosaur Provincial Park, knapp 50 km nordöstlich von Brooks, Alberta. Die ersten Fossilien von Dinosauriern, die hier vor über 65 Millionen Jahren lebten, wurden 1884 von Joseph B. Tyrrell in der Gegend des heutigen Parks gefunden. 1955 wurde der Park ins Leben gerufen und schließlich 1959 der Öffentlichkeit zugänglich gemacht. Zum UNESCO-Weltkulturerbe wurde der Provincial Park 1980 erklärt, hauptsächlich aufgrund der mittlerweile über 300 kompletten Dinosaurier-Skelette, die bei Ausgrabungen geborgen werden konnten, aber auch wegen der einzigartigen Badlands-Landschaft und der außergewöhnlichen Flora und Fauna.

1987 wurde ein Außenposten des **Royal Tyrrell Museum of Palaeontology**, dessen Hauptsitz in Drumheller liegt, eröffnet. Ausgrabungen dauern bis zum heutigen Tag an und an Wochenenden in der Sommersaison können sich auch Touristen unter Anleitung von Paläontologen auf Fossilsuche machen. Die geführten Touren sind heiß begehrt, kann man keinen Platz ergattern, gibt es auch noch eine Reihe von selbstgeführten Touren zu Ausgrabungen, die jederzeit zugänglich sind.

Den Dinosauriern auf der Spur im Dinosaur Provincial Park

Bitte beachten: Der Dinosaur Provincial Park liegt nicht in Drumheller. Vom Park bis zum Museum sind es mind. 2 Autostunden.

Drumheller, ein beschauliches kleines Städtchen mit etwas über 8.000 Einwohnern, liegt rund 175 km vom Dinosaur Provincial Park entfernt. Ursprünglich eine Ansiedlung, die für den Abbau von Kohle bekannt war, stellen mittlerweile der Tourismus und Landwirtschaft die bedeutendsten Wirtschaftszweige dar. Durch die Eröffnung des Royal Tyrrell Museum of Palaeontology 1985 wurde die Bedeutung der Gegend als einer der weltweit größten Fundorte für Dinosaurierfossilien untermauert; Tausende von Besuchern kommen nun jährlich nach Drumheller, um an der Geschichte der Dinosaurier teilzunehmen, die vor 70 Millionen Jahren in der Prärie Albertas begann.

Der sog. **Dinosaur Trail**, ein 48 km langer Rundweg, beginnt am Visitor Centre in Drumheller und führt nach etwa drei Kilometern in den Midland Park, in dem

Drumheller und Dinosaur Provincial Park – in Alberta sind die Dinosaurier los

Royal Tyrrell Museum in Drumheller

sich das Royal Tyrrell Museum of Palaeontology befindet. Das Museum war ursprünglich nur als Forschungsstätte gedacht, öffnete jedoch aufgrund des großen öffentlichen Interesses sofort nach Fertigstellung 1985 seine Türen der Öffentlichkeit. Die erwarteten Besucherzahlen von 150.000 wurden im ersten Jahr bei Weitem übertroffen – über 500.000 Einheimische und Touristen wollten die Dinosaurier bestaunen.

Mittlerweile beherbergt das Museum über 130.000 Präparate, wobei jedes Jahr etwa 2.000 „neue" hinzukommen. Zahlreiche Programme vor und hinter den Kulissen für jede Altersgruppe machen es schwierig, ein bestimmtes Highlight zu nennen – unter den Kinder ist jedoch sicherlich das Fossil-Casting-Programm, bei dem mittels Gips der Abdruck eines Fossils hergestellt wird, der absolute Renner.

Passionsspiele in den Canadian Badlands

Ein ganz besonderes Erlebnis sind die Passionsspiele, die alljährlich vor der großartigen Kulisse der Badlands in Drumheller abgehalten werden. Jedes Jahr im Juli finden die Aufführungen in einem natürlichen Amphitheater statt. Infos unter http://canadianpassionplay.com/, http://canadabadlands.com/.

INFO

Information: Dinosaur Provincial Park, Informationen Visitor Centre am Eingang des Parks, Tel.: 403-794-4357, www.albertaparks.ca/dinosaur.aspx; Öffnungszeiten während der Hauptsaison Fr-Sa 8.30-19 Uhr, So-Do 8.30-17 Uhr, Eintritt (während der Hauptsaison) Kinder bis 7 Jahre frei, 7-17 Jahre $ 2, Senioren/Erwachsene $ 2,50/$ 3, Familien $ 8.

Royal Tyrrell Museum of Palaeontology, Drumheller, Tel.: 403-823-7707, www.tyrrellmuseum.com; ganzjährig geöffnet, Mitte Mai bis Ende August tgl.; Kinder bis 6 Jahre frei, 7-17 Jahre $ 6, Senioren/Erwachsene $ 8/$ 11, Familien $ 30.

Drumheller Visitor Information Centre, 60 - 1 Avenue W, Tel.: 403-823-8100, www.traveldrumheller.com; ganzjährig tgl. geöffnet.

80 Jack London und Robert Service – die Poeten des Gold Rush

Der amerikanische Schriftsteller Jack London, der durch Werke wie „Der Ruf der Wildnis" bekannt wurde, gilt als einer der bekanntesten Autoren des Klondike Gold Rush. Tatsächlich verbrachte er als junger Mann 1897 nur ein Jahr in Dawson City und kehrte danach – wie viele andere – enttäuscht in sein heimatliches Oakland zurück. Auch ihm waren die Reichtümer des Gold Rush verwehrt geblieben, doch der Norden hatte einen bleibenden Eindruck hinterlassen.

Gezeichnet von der harten Arbeit in den Goldminen und vom grimmigen Winter des Nordens kehrte er 1898 nach Oakland zurück und war entschlossen, seine Erlebnisse schriftstellerisch zu verarbeiten. Nach mehreren erfolgreichen Kurzgeschichten verkaufte er schließlich den Roman „Der Ruf der Wildnis" im Jahre 1903 und etablierte sich damit als Schriftsteller. Der Yukon hatte nicht nur bei ihm bleibende Spuren hinterlassen – auch er hatte im Yukon durch seine Romanerfolge (ein weiterer Roman über den Yukon ist der Bestseller „Wolfsblut") seine Spuren hinterlassen.

Diese Spuren werden bis heute im **Jack London Museum** erhalten und von der Klondike Visitor Association gepflegt. Das Museum besteht aus einer Blockhütte, wie sie von Jack London bewohnt wurde, und enthält Memorabilien von seiner Zeit im Yukon. Zwar ist die Hütte nicht die originale Blockhütte Londons, die in den 1960er-Jahren entdeckt und abgetragen wurde; doch das Holz der eigentlichen Hütte wurde 1969 benutzt, um die Nachbildung zu erstellen. Die Ausstellungsstücke des Museums stellen die Verbindung zwischen den Menschen des Yukon – die

Jack-London-Hütte mit Vorratshaus auf Stelzen

Jack London und Robert Service – die Poeten des Gold Rush

Die Hütte von Robert Service in Dawson City

London damals kennengelernt hatte – und seinen Romanen her. Für die Einheimischen in Dawson City besteht kein Zweifel – das Leben in Norden hinterlässt bleibende Eindrücke, und im Falle Jack Londons waren es diese Eindrücke, die ihm zum Erfolg verhalfen.

Robert Service, auch der „Barde des Yukon" genannt, war anders als Jack London bereits ein bekannter Schriftsteller, als er 1908 in Dawson City ankam. Seine Gedichte waren oft umstritten, doch ein durchschlagender Erfolg. „Songs of a Sourdough" wurde aufgrund der großen Nachfrage bereits siebenmal nachgedruckt, bevor es überhaupt veröffentlicht wurde. Bis zu seiner Ankunft in Dawson City arbeitete er noch nebenbei als Bankangestellter, erlebte dort aber seinen endgültigen Durchbruch als Autor und widmete sich fortan ganz dem Schreiben.

Service verließ Dawson City 1912 und weigerte sich, jemals zurückzukehren: „Eine Fluggesellschaft bot mir an, mich nach Dawson City zu fliegen, doch ich lehnte ab. Es hätte mich zu traurig gestimmt, Staub und Rost zu sehen, wo zuvor eine lebendige Stadt war; wo einst Tausende waren und jetzt nur noch Hunderte; verfallende Häuser und leere Lagerhallen", wie er in seiner Autobiografie schrieb. Heute wird sein damaliger Wohnsitz von Parks Canada verwaltet und als Museum betrieben.

Information: Jack London Museum, 8th Ave & Firth Street, Dawson City, www.dawsoncity.ca; Mitte Mai bis Mitte September tgl. geöffnet, 13–17 Uhr.

Robert Service Cabin, 8th Ave & Hanson Street, Dawson City, Mitte Mai bis Mitte September tgl. geöffnet; Teil der Historical Complex National Historic Site, Eintritt $ 6,30.

81 MacBride Museum in Whitehorse – die Geschichte des Yukon

Whitehorse, die Hauptstadt des Yukon Territories, gilt als Stadt in der Wildnis. An den Ufern des Yukon River liegt ein ausgezeichnetes Museum, das die wilde Geschichte der Stadt zum Leben erweckt. Das MacBride Museum of Yukon History wurde nach **Bill MacBride** benannt, der zwischen 1914 und 1961 eine der herausragenden Persönlichkeiten in Whitehorse war. Bis ins kleinste Detail dokumentierte er die Geschichte des Yukon und der Eisenbahn und war federführend in der Gründung der Yukon Historical Society im Jahre 1950, die heute das MacBride Museum leitet. Das Museum wurde 1967 eröffnet und bezeichnet sich selbst als dynamisches Museum. Es fördert nicht nur das Verständnis für die Geschichte des Yukon, sondern versucht auch die Werte und Traditionen der Einheimischen an seine Besucher zu

> **Tipp**
>
> Wie viele Museen und Attraktionen im Westen Kanadas hat auch das MacBride Museum eine eigene Seite auf Facebook. Unter MacBride Museum of Yukon History findet man dort stets aktuelle Ankündigungen für Sonderveranstaltungen und Vorträge sowie viele Bilder aus dem Whitehorse von heute und von damals.

Schon die Anreise ist ein Erlebnis:
die Landschaft am Alaska Highway in der Nähe von Whitehorse in herbstlicher Farbenpracht

vermitteln. Neun permanente Ausstellungen und zahlreiche Sonderausstellungen geben einen tiefen Einblick und animieren auch zum Mitmachen – Besucher können selbst ihr Geschick beim Goldschürfen probieren, und auch viele andere Teile des Museums haben einen sog. *Hands-on*-Bereich (hier darf man selbst Hand anlegen).

MacBride Museum in Whitehorse

Der Haupteingang des Museums führt direkt zur Ausstellung über das Leben der **First Nations** im Yukon. Jahrtausendealte Traditionen, Werkzeuge und Kunstwerke der Ureinwohner sind hier ausgestellt und erläutert. Die prominente Platzierung dieser Artefakte würdigt die reiche Geschichte der First Nations, die das Land bereits seit vielen Generationen bewohnte, bevor weiße Siedler überhaupt den Fuß in die Gegend setzten. Der **Flora und Fauna** des Yukon ist eine weitere Ausstellung gewidmet, ein zwei Meter hoher Grizzlybär begrüßt die Besucher. Die Tatsache, dass es im Yukon etwa 340.000 Karibus, Elche, Widder und Grizzlies gibt und nur 34.000 Menschen, macht die Bedeutung dieses Bereichs deutlich.

Die **Geschichte des Gold Rush** nimmt ebenfalls einen großen Teil des Museums ein und lässt erahnen, unter welchen Bedingungen die Menschen damals lebten und arbeiteten. Natürlich darf dabei auch die Nachbildung eines Saloons von 1898 nicht fehlen, wo der gefundene Reichtum wieder verjubelt werden konnte.

Mehrere Nebengebäude erzählen weitere Geschichten des Yukon. Die Blockhütte von Sam McGee zum Beispiel beleuchtet die wahre Geschichte des Arbeiters, der die Hauptfigur in der „Cremation of Sam McGee" ist, eine der bekanntesten Balladen von Robert Service. Darin wird die Geschichte von Sam McGee jedoch mit äußerst viel Fantasie erzählt. Zwar hatte McGee dem Barden des Yukon erlaubt, seinen Namen zu benutzen, die wahre Geschichte des Straßenbauers kann man jedoch nur im MacBride Museum erfahren.

Ein Telegrafenamt von 1900, ein Stützpunkt der North West Mounted Police, eine Eisenbahn aus der Zeit des Gold Rush und eine Schmiede runden das Angebot des Museums ab.

Information: MacBride Museum of Yukon History, 1124 First Avenue, Whitehorse, www.macbridemuseum.com; ganzjährig geöffnet, Kinder bis 18 Jahre $ 5, Erwachsene $ 10, Familien $ 25.
Zu **Unterkunft** und **Essen & Trinken** s. S. 207 (Nr. 93)

82 National Aboriginal Day in NWT – Feiern unter der Midnight Sun

Der National Aboriginal Day, der in ganz Kanada als besonderer Feiertag der First Nations gilt, findet jedes Jahr am Tag der Sommersonnenwende statt, am 21. Juni. Gefeiert wird im ganzen Land (s. S. 85), aber die Feiern in den Northwest Territories, wie zum Beispiel in Yellowknife, sind etwas Besonderes, da sie unter der Mitternachtssonne stattfinden.

> **Gemeinsame Bildung**
>
> Viele Indian Bands (Stämme) haben ihre eigenen Schulen auf dem Reservat; außer bei extrem abgelegenen Reservaten ist es jedoch durchaus üblich, dass First-Nations-Kinder mit dem Schulbus in die nächste Gemeinde/Stadt gefahren werden und dort die Schule besuchen. Dort werden alle Kinder in der Sprache und Kultur der Ureinwohner unterrichtet und so ein gegenseitiges Verständnis gefördert.

Der Ruf nach einer **nationalen Würdigung** der Ureinwohner wurde bereits in den 1980er-Jahren laut, als die National Indian Brotherhood (mittlerweile Assembly of First Nations genannt) die Schaffung eines Feiertages anregte, an dem sich Kanada mit allen Ureinwohnern solidarisch zeigen sollte. 1995 wurden die Rufe lauter und verschiedene andere Gruppen der First Nations schlossen sich an, sodass am 13. Juni 1996 der 21. Juni zum National Aboriginal Day erklärt wurde. Nur wenige Tage nach der offiziellen Erklärung wurde der neue Feiertag bereits zum ersten Mal begangen und eine ganze Nation stimmte mit ein.

Der 21. Juni wurde wegen der kulturell bedeutsamen Sonnenwende gewählt, da viele Stämme der First Nations an diesem Tag schon seit Generationen ihre Traditionen feiern. Die Regierung legte Wert darauf, diesen traditionell wichtigen Tag zu berücksichtigen; alle Bürger wurden aufgerufen, ihre Unterstützung zu zeigen und zusammen mit den First Nations deren Bedeutung und Beitrag an der Vergangenheit und Zukunft Kanadas zu feiern.

Laut Statistik gibt es in Kanada **698.025 Mitglieder** der First Nations sowie 50.458 Inuit (die First Nations des Nor-

Während des National Aboriginal Day werden in ganz Kanada Feste zu Ehren der Kultur der First Nations gefeiert

National Aboriginal Day in NWT – Feiern unter der Midnight Sun

Lange Jahre mussten die First Nations für ihre Freiheit und Anerkennung ihrer Rechte in Kanada kämpfen

dens) und 389.785 Métis (gemischte Abstammung von First Nations und europäischen Einwanderern). Die Zahlen stammen aus der Volkszählung von 2006 und waren damals sagenhafte 45 % höher als 1996! Nach der Schaffung des National Aboriginal Day und der Anerkennung der Bedeutung der First Nations bekannten sich viele, die zuvor skeptisch waren, zu ihrer Abstammung. Insgesamt sind etwa 4 % der kanadischen Bevölkerung als „Ureinwohner" anerkannt und bringen ihre unwahrscheinlich reiche, jahrtausendealte Kultur und Tradition in die heutige kanadische Gesellschaft mit ein.

In Yellowknife wird der National Aboriginal Day jedes Jahr mit einem Umzug begangen, an dem traditionelle Trommler und Tänzer teilnehmen. Auf den **Dene First Nations Cultural Grounds** direkt am Yellowknife River gehen die Feiern dann bis in die Nacht weiter mit Pow-Wow-Tänzen unter der Mitternachtssonne, traditionellen Speisen und einem entspannten und fröhlichen Beisammensein. Besucher sind jederzeit willkommen, und die Einheimischen zeigen gerne, wie sie zum Beispiel Kleidung aus Fellen herstellen oder Fische für den Winter haltbar machen.

Information: Tourism Yellowknife, www.visityellowknife.com; **City Of Yellowknife**, www.yellowknife.ca, Internetseite der Stadt Yellowknife, stets aktuelle Veranstaltungshinweise und Ankündigungen und auch eine virtuelle Tour durch die Stadt unter dem Menü „Visitor".

Unterkunft: Northern Lites Motel, 5115 50th Street, Yellowknife, www.yellowknifehotel.com; 26 schlichte, aber zweckmäßige Zimmer, zentrale Lage in der Innenstadt, nur wenige Gehminuten vom Touristen-Infozentrum entfernt.

83 Diamanten – Yellowknife ist die Diamanten-Hauptstadt Nordamerikas

Die „Barren Lands" zwischen Yellowknife und dem Polarkreis halten eine ganz besondere Überraschung bereit. Hier liegen mehrere Diamantenminen, unter anderem die Diavik Mine, die sich auf einer Insel im Lac de Gras befindet.

Anfang der 1980er-Jahre begannen zwei moderne Pioniere, Chuck Fipke und sein Partner Dr. Stu Blusson, damit, die Barren Lands nach Spuren von Diamanten abzusuchen. In der Nähe des Lac de Gras wurden sie 1985 schließlich fündig und entdeckten damit das größte Diamantenvorkommen in Nordamerika. Der signifikante Fund löste einen regelrechten Diamantenrausch aus und Ansprüche wurden in Windeseile abgesteckt. Es dauerte noch einige Jahre bis alle sog. Claims geklärt waren (insgesamt wurden über zwei Millionen Hektar aufgeteilt!) und die Minenschächte startbereit waren – 1998 brachte endlich die Ekati Diamond Mine™ die ersten nordamerikanischen Diamanten ans Tageslicht.

Einer der größten Produzenten ist mittlerweile die Diavik Mine, die jährlich fast 10 Millionen Karat „verarbeitet". Etwa 300 km nordöstlich von Yellowknife gelegen ist die Mine fast genauso schwer zu erreichen wie damals manche Goldminen während des Gold Rush.

Die Mine verlässt sich dabei zum größten Teil auf die Ice Roads, die nur für etwa 10 Wochen im Jahr befahrbar sind (s. S. 148). In dieser kurzen Zeit werden der Jahresbedarf an Baumaterial und Artikel für den täglichen Gebrauch über die gefrorenen Straßen gebracht. Alleine im Jahr 2010 wurden über 1.300 LKW-La-

Viele Minen sind nur per Flugzeug erreichbar, im Winter werden Skier an die Räder geschnallt

dungen über die Ice Roads nach Diavik transportiert. Die fast 900 Arbeiter der Diavik Mine werden per Flugzeug ein- und ausgeflogen. Klingt abenteuerlich? Ist es auch!

Sowohl beim Abbau von Öl als auch beim Abbau von Diamanten kann es zu Schäden für die Umwelt kommen. Während der Ölsand in Alberta immer negative Schlagzeilen zu machen scheint, gibt es bei den Diamantenminen scheinbar keine Beschwerden. Große Minen wie die Diavik Mine sind sogar nach ISO 14001 zertifiziert und sind sowohl um den Karibu-Bestand als auch um die Wasserqualität und den Fischbestand bemüht. Die Wasseraufbereitungsanlage der Diavik Mine hat eine Tageskapazität von bis zu 45.000 Kubikmetern Wasser.

Diavik-Diamantenmine nördlich von Yellowknife

Information: Department of Industry, Tourism & Investment, Government of the Northwest Territories, www.certifiedarcticdiamond.com; informative Internetseite über die Hintergründe und Geschichte der Diamantenindustrie.
Diavik Diamond Mines Inc., Yellowknife, NT, www.diavik.ca; Internetseite der größten Diamantenmine in den Northwest Territories, interessante Fakten und Details über den Abbau von Diamanten.
Einkaufen: Diamanten der Northwest Territories kann man u.a. hier kaufen:
Eldonn Jewellery, #7 - 4910 - 50 Avenue (YK Centre), Tel.: 867-873-2020
Originals by T-BO, #4, 483, Range Lake Road, Tel.: 867-873-5672

Essen, Trinken & Übernachten

Coconut Prawns bei Klondike Rib & Salmon in Whitehorse

84 Echo Valley Ranch & Spa, BC – reiten mit den Cowboys, entspannen im Luxus

Sobald man im gut versteckten Echo Valley auf der gleichnamigen Ranch ankommt, stellt sich ein Gefühl von Gelassenheit ein. Die friedliche Stille auf der Ranch, nur unterbrochen vom gelegentlichen Wiehern der Pferde oder vom Ruf der Ranch-eigenen Truthähne, macht es unmöglich, sich nicht mit der atemberaubenden Natur verbunden zu fühlen.

Der britische Ingenieur Norm Dove und seine thailändische Frau Nan haben auf über 60 Hektar eine Oase für sich selbst und ihre Gäste erschaffen. Das Haupthaus der Ranch wurde 1992 erbaut und war zunächst nur als Sommerresidenz für Familie und Freunde gedacht. Begeisterte Gäste teilten ihre Erfahrungen im Echo Valley mit Freunden und Bekannten, und als sich die Anfragen häuften beschlossen Norm und Nan, ihr **Stückchen vom Paradies** zu teilen. Ein Gästehaus, mehrere Blockhütten und ein Spa mit Fitnessraum und Hallenbad wurden gebaut; 2003 kam schließlich noch das sog. Baan Thai mit Konferenzsaal, thailändischem Spa und thailändischer Suite hinzu.

Dove Lodge auf der Echo Valley Ranch

Die Ranch beherbergt insgesamt 32 Pferde, die von mehreren Cowboys versorgt werden. Reitstunden, Ausritte auf engen Pfaden durch die bergigen Wälder der Cariboo Mountains und sog. Pasture Rides (Reiten auf offenem Weideland) stehen auf dem täglichen Programm.

Wer sich einige Stunden auf dem Pferderücken verausgabt hat, sollte sich auf keinen Fall eine authentische Thai-Massage entgehen lassen – eine Wohltat für Körper und Seele, die von erfahrenen Therapeuten verabreicht wird.

Eine weitere beliebte Aktivität ist eine Tour zum **Fraser Canyon**, durch den sich der Fraser River schlängelt. Dabei dürfen Goldschürfen und (je nach Jahreszeit) Angeln nach Lachsen nicht fehlen, und so mancher Gast kommt am Abend um einige Goldnuggets reicher zurück zur Ranch. In der offenen Küche werden vom Chefkoch täglich frische Gerichte zubereitet, die meist Gemüse aus eigenem Anbau enthalten. Selbstverständlich stammt auch das Rindfleisch von den eigenen Tieren. Alle Mahlzeiten, zu denen stilecht mit einer Kuhglocke gerufen wird, werden gemeinschaftlich mit der Belegschaft der Ranch eingenommen.

Abenteuer in den Marble Mountains

Hier wird am Lagerfeuer entspannt

Ein paar Tage auf der Echo Valley Ranch zu verbringen ist ein einzigartiges Erlebnis – das Leben der Cowboys schnuppern (ohne selbst Hand anlegen zu müssen), Lagerfeuerromantik und Luxus pur; gekoppelt mit der atemberaubenden und unberührten Natur der Gegend ist dies für viele ein absolutes Highlight einer Kanadareise.

Information: Echo Valley Ranch & Spa, Clinton, www.echovalleyranch.de; ausführliche Internetseite mit detaillierten Informationen – Link zu deutscher Version auf der Seite; die Ranch ist ein mehrfach ausgezeichnetes Fünf-Sterne-Etablissement und bietet grundsätzlich nur Vollpension an; ab $ 270 pro Person/Tag in der Nebensaison, Komplettpakete mit Ausritten und Spa-Behandlungen ab $ 430 pro Person/Tag.

The Wickaninnish Inn auf Vancouver Island – eine Welt für sich

An der rauen Westküste von Vancouver Island liegt der **Pacific Rim National Park**, der Teile von Long Beach, dem West Coast Trail und den Broken Group Islands umfasst. Sowohl der Regenwald als auch die Küstengewässer von Vancouver Island sind hier unter Schutz gestellt. Die treibende Kraft für die Schaffung dieses Nationalparks im Jahre 1971 war Dr. Howard McDiarmid, der 1955 nach Tofino gezogen war und dort als Chefarzt das Krankenhaus leitete.

Im Gebiet des heutigen Park gab es bereits damals ein Hotel mit dem Namen Wickaninnish Inn, das jedoch nach Eröffnung des Park geschlossen und in ein Informationszentrum umgewandelt wurde. Howard McDiarmid hatte seit der Schließung des Hotels die Vision, einen Resort mit dem gleichen Namen zu kreieren, das sich architektonisch in die wilde Landschaft der Westküste einpassen und gleichzeitig modernen Komfort bieten sollte.

Zusammen mit Investoren aus Tofino wurde das Vorhaben in Angriff genommen, und 1996 wurde Howards Vision zur Realität – das neue Wickaninnish Inn eröffnete. Das Konzept, die Architektur und die Integration von **künstlerischen Elementen lokaler Kunsthandwerker** machten das Hotel zu einem vollen Erfolg. Das Inn wurde im Laufe der Jahre um verschiedene Gebäude erweitert und hat mittlerweile mit dem Ancient Cedar Spa, wo sich Gäste nach Strich und Faden verwöhnen lassen können, und dem „On-the-Beach"-Gebäude mit atemberaubenden Ausblicken auf Chesterman Beach durch fast sieben Meter hohe Fenster zwei weitere Highlights hinzugewonnen.

The Wickaninnish Inn

The Wickaninnish Inn auf Vancouver Island – eine Welt für sich

Spektakuläre Stürme im Winter

Baustoffe wie **Zedern- und Fichtenholz**, Stein und Treibholz aus dem Pazifik bieten eine perfekte Einbettung des Hotels in die faszinierende Landschaft. Kunstwerke von Künstlern wie Henry Nolla und Maxwell Newhouse geben dem Inn einen unverkennbaren Westküstenakzent. Jedes einzelne Gästezimmer ist mit einem von Newhouse geschaffenen Stuhl aus Treibholz ausgestattet.

Das Wickaninnish Inn legt aber nicht nur Wert auf eine optische Anpassung an die wilde Landschaft um Tofino, sondern strebt auch einen sehr hohen Standard im Umweltschutz an. Alle Zutaten in der Küche kommen – wann immer möglich – aus einem Umkreis von 100 Meilen und neben einer umweltfreundlichen Bauweise bei allen Renovierungen und Erweiterungen wird selbstverständlich auch kompostiert.

Die Urlaubserfahrung im Inn von Tofino ist eine ganz besondere – dazu gehört , die atemberaubende Schönheit des Pazifiks zu genießen, Spaziergänge durch den Regenwald zu unternehmen, am privaten Strand zu entspannen, sich im Ancient Cedar Spa verwöhnen zu lassen und im Pointe Restaurant zu schlemmen. Eine Besonderheit des Inns, das als Canadian Signature Experience (s. S. 208) gilt: das sog. **Storm Watcher's Package**, das von November bis Februar angeboten wird und beste Blicke auf die oft heftigen Stürme verspricht.

Unterkunft: The Wickaninnish Inn, 500 Osprey Lane, Tofino, www.wickinn.com; luxuriöse Zimmer ab $ 320 pro Person, Informationen über die Storm-Watcher-Pakete auf der Internetseite im oberen Menü unter „Explore the Destination".

Essen, Trinken & Übernachten

86 King Pacific Lodge, BC – Luxus, Abenteuer und Öko-Tourismus

Ein Resort der absoluten Spitzenklasse, vereint mit naturfreundlichem Ökotourismus? Das findet man im Great Bear Rainforest an der Westküste British Columbias (s. S. 78). Etwa 90 km südlich von Prince Rupert und nur mit dem **Wasserflugzeug** erreichbar befindet sich die King Pacific Lodge und verspricht ihren Besuchern außergewöhnliche Erlebnisse in der Wildnis des Regenwaldes.

Von Vancouver aus geht es per Charterflug nach Bella Bella und von dort mit dem Wasserflugzeug weiter bis zum Resort, für das man einen drei-, vier- oder siebentägigen Aufenthalt buchen kann. Die einmalige Lage inmitten unberührter (und geschützter!) Natur zu genießen, ist ein Erlebnis an sich und das Resort selbst mit den rustikal-gemütlich eingerichteten Zimmern und zuvorkommendem Service lässt ebenfalls keinen Wunsch offen.

Umweltschutz steht für die japanischen Eigentümer und das örtliche Management des Resorts an erster Stelle. Strom für das Paradies mit 17 Zimmern wird von einem solargetriebenen Generator erzeugt und Recycling/Kompostieren ist selbstverständlich. Der Respekt für das Land und die seit Jahrtausenden ansässigen Gitga'at First Nations waren und sind der Antrieb für den Schutz des **Great Bear Rainforest**. Das Gebiet wurde 2006 zum Schutzgebiet erklärt und ist mit fast 70.000 Quadratkilometern einer der größten intakten gemäßigten Regenwälder der Erde.

Aktivitäten mit **erfahrenen Führern**, die meist den Gitga'at First Nations angehören, sind unter anderem Fahrten mit dem Kajak oder größeren Booten, um

Gemütliche Zimmer mit atemberaubendem Ausblick

King Pacific Lodge, BC – Luxus, Abenteuer und Öko-Tourismus

King Pacific Lodge – Paradies im Great Bear Rainforest

Wale zu beobachten, Wanderungen durch den Regenwald auf der Suche nach dem Spirit Bear oder Angelausflüge auf der Jagd nach riesigen Lachsen. Wer eine Pause von den Erkundungen der unberührten Natur braucht, kann auf der Sonnenterrasse den Blick über Whale Channel und Barnard Harbor genießen oder mit den bereitgestellten Teleskopen die faszinierende Fauna wie Weißkopfseeadler, Wölfe, Bären und Seelöwen beobachten. Der Luxus in der Wildnis ist freilich nicht billig – einen Aufenthalt dort ist jedoch unvergesslich.

Information: King Pacific Lodge, Rosewood Resort, 255 West 1st Street, Ste. 214, North Vancouver, Tel. 604-987-5452, www.kingpacificlodge.com. Aufenthalt ab $ 4.900 pro Person (für 3 Nächte); im Preis enthalten sind Transfer ab/bis Vancouver, Vollpension und Getränke, tägliche geführte Wanderungen im Great Bear Rainforest sowie Whale-Watching- und Kajak-Touren. Saisonal von Juni bis September geöffnet.

87 Winzer im Okanagan-Tal, BC – kanadischer Wein muss es sein!

Im sonnigen Okanagan-Tal im südlichen British Columbia sind die Verhältnisse für den Weinanbau ideal. Die Gegend gilt als Halbwüste (das Gebiet um Osoyoos sogar als Wüste), die Sommer sind lang und die Sonnenstunden zahlreich. Wenn dann doch die kanadische Kälte durchkommt, wird Eiswein gemacht – ein vorzüglicher, süßer Dessertwein. Fast 25 % des Weines, der in Kanada erzeugt wird, kommen aus British Columbia, und zwar hauptsächlich aus diesem Tal (das größte Weinanbaugebiet Kanadas liegt in Ontario, wo die großen Seen das Klima bestimmen).

Wer seinen Urlaub im südlichen British Columbia verbringt, sollte sich eine Tour der Weinberge nicht entgehen lassen. Halb-, ganz- oder sogar zweitägige Ausflüge werden angeboten und beinhalten natürlich den Transport – British Columbia hat besonders strenge Vorschriften, wenn es um Alkohol hinter dem Steuer geht, also sollte man eine Tour der Weinberge keinesfalls mit dem eigenen Fahrzeug angehen.

Mehr als 60 Winzer laden zum Besuch und vor allem zum Probieren ein – die Weinstraße im Okanagan erstreckt sich ab **Kelowna** entlang des Okanagan-Sees in den Süden bis Osoyoos. Je nach gebuchter Tour besucht man zwischen drei und neun Winzer und genießt außerdem noch die Sehenswürdigkeiten der sogenannten kanadischen Riviera (s. S. 88).

Einer der größten Anbieter für die Wein-Touren sind die erfahrenen Spezialisten von Okanagan Wine Country Tours. Sie bieten Touren wie den vierstündigen „Sampler", bei dem drei der bekanntesten Winzer in der Gegend um Kelowna besucht werden. Hier stehen dann Touren der Weinberge und natürlich das Probieren der ausgewählten Weine auf dem Programm.

Ein Favorit unter den Touristen (und Führern!) ist die „Naramata Bench Tour", eine ganztägige Tour, die das Juwel des Okanagan Tals von seiner besten Seite

Naramata Bench – das Juwel des Okanagan-Tals   *Traubenernte per Hand*

Winzer im Okanagan-Tal, BC – kanadischer Wein muss es sein!

Weinanbau bei Penticton, am Südzipfel des Okanagan Lake

zeigt. Das kleine Dorf **Naramata** liegt am östlichen Ufer des Okanagan-Sees, und die Weinberge in den rollenden Hügeln gelten als die landschaftlich reizvollsten in Nordamerika. Bis zu sechs Weinberge werden auf dieser Tour besucht und nicht nur Weinliebhaber kommen dabei auf ihre Kosten.

Frostige Temperaturen in der Wüste

Osoyoos ist British Columbias einzige Wüste, und obwohl man tagsüber Temperaturen um die 45 °C erwartet, wird es nachts sehr frisch. Durch die extrem niedrige Luftfeuchtigkeit kühlt es nach Sonnenuntergang auch im Sommer schon mal auf nur 3 oder 4 °C ab. Der Winter wartet teilweise mit frostigen Temperaturen auf, durchschnittlich etwa -14 °C – doch im Vergleich zu bis zu -35 °C nur 200 km weiter nördlich ist das regelrecht mild!

Information: Okanagan Wine Country Tours, Kelowna, Tel.: 250-868-9463, www.okwinetours.com; halbtägige Touren ab $ 85 pro Person, Ganztagestouren ab $ 135; Touren mit Übernachtung und VIP Touren (Transport per Wasserflugzeug) werden ebenfalls angeboten.
Allgemeine Informationen über Wein aus dem Okanagan-Tal und die Winzer der Gegend unter www.okanaganwines.ca.

88 Farmers' Market im Westen Kanadas – Bannock, Mais und Büffelfleisch

Weg von der Massenproduktion, hin zu frischen, örtlichen Produkten – gesund und nachhaltig soll es sein; die zahlreichen Farmers' Markets in allen Teilen des westlichen Kanadas sind Zeugen des anhaltenden Trends und erfreuen sich stetig wachsender Beliebtheit. In Kanada war und ist es teilweise durchaus üblich, für den Einkauf in die „große Stadt" zu fahren, wo die großen Supermärkte wie *Costco* ansässig sind. Dort ist von Brot bis Gemüse alles in Großpackungen erhältlich und wird dann eben eingefroren, bis es gebraucht wird. Langsam, aber sicher geht der Trend – vor allem in kleineren Gemeinden – jedoch zu „frisch und örtlich".

Ein wichtiger Faktor für den Wechsel des Konsumverhaltens ist die steigende Zahl an Lebensmittelunverträglichkeiten und Allergien. Viele der abgepackten Waren enthalten künstliche Geschmacksstoffe, Farbstoffe und Konservierungsmittel. Wer würde sich nicht lieber gesund ernähren und dabei noch die örtlichen Farmer unterstützen?

In British Columbia gibt es fast 130 Farmers' Markets, und Markttage sind – je nach Größe der Gemeinde – ein- oder mehrmals wöchentlich. Über 100 dieser Märkte haben sich zur **BC Association of Farmers' Markets** zusammengeschlossen und bieten auf ihrer Internetseite weitere Informationen, wo und wann ein Markt stattfindet. Obst und Gemüse aus organischem Anbau, Milch, Eier und auch feinstes Rind- oder Büffelfleisch – die Auswahl ist groß und wird durch weitere Gewerbe abgerundet. Viele Märkte bieten auch Holzmöbel, Eingemachtes und andere Handarbeiten.

Nicola Valley Farmers Market in Merritt, BC

Farmers' Market im Westen Kanadas – Bannock, Mais und Büffelfleisch

Zwei besonders nennenswerte Farmers' Markets sind die in Penticton und im Comox Valley.
Comox Valley (bei Courtenay auf Vancouver Island) ist der einzige Markt in BC der nur Lebensmittel verkauft, und zwar nur solche Produkte, die auf der Insel angebaut oder gezüchtet werden: Fleisch, Obst und Gemüse und Backwaren. Der Markt ist ganzjährig geöffnet, Infos unter www.comoxvalleyfarmersmarket.com.
Der **Penticton Farmers' Market** ist saisonal geöffnet (Mai bis Oktober) und einer der besonders diversen und erfolgreichen. Das Motto lautet "grow it, make it or bake it", dann darf es verkauft werden. Es wird allerdings streng auf die Qualität der angebotenen Produkte geachtet und der Markt ist auf maximal 60 Händler beschränkt. Hier erhält man eine Auswahl des Besten, was das Okanagan-Tal zu bieten hat. Infos unter pentictonfarmersmarket.org.

Bannock-Rezept

Oft erhältlich und immer heiß begehrt sind die sogenannten Bannocks, ein indianisches frittiertes Brot, das ein wenig an ein (nicht süßes) Küchlein erinnert. Wer nicht auf ein Bannock vom Farmers' Market warten möchte, kann das Rezept bereits zu Hause in Deutschland ausprobieren. Gegessen wird das leckere Stück normalerweise noch warm, mit Butter und Marmelade.
4 Tassen (à 250 ml) Mehl
3 Esslöffel Zucker
1 Teelöffel Salz
4 Teelöffel Backpulver
2 Tassen (à 250 ml) lauwarmes Wasser

Traditionelles Bannock – es ist so lecker, wie es aussieht

Zuerst alle trockenen Zutaten mischen, dann langsam das Wasser hinzugeben. Den Teig gut vermischen, bis er fest genug zum Kneten ist und dann ausrollen (ggf. davor teilen), etwa 2 cm dick. Mit dem Rand eines Glases das Bannock ausstechen, mit einer Gabel an mehreren Stellen einstechen. In der Fritteuse oder in einer Pfanne frittieren, bis der Teig knusprig und goldbraun ist. Abtupfen und kurz abkühlen lassen und mit Butter und Marmelade genießen.

Information: Alberta Farmers' Market Association: www.albertamarkets.com
BC Association of Farmers' Markets: www.bcfarmersmarket.org
Infos zu Flohmärkten und Farmers' Markets in den Northwest Territories: http://northwestterritories.farmersandfleamarkets.ca/
Infos zu Farmprodukten aller Art im Yukon – alphabetische Listung, Farmers' Markets sind alle unter „F" zu finden: www.farmproducts.yukonfood.com

89 J. J. Gillis House in Merritt, BC – Bed & Breakfast mit Geschichte und Musik

Im sonnigen Nicola Valley gibt es ein besonders charmantes Bed & Breakfast. Eigentümerin Etelka Gillespie betreibt das historische J. J. Gillis House mit viel Herz und Familienanschluss. Als sie und ihr Mann Tom das Anwesen 2007 kauften wurde das 1918 erbaute Haus zunächst renoviert. Der alte Charme wurde erhalten und das Gebäude gleichzeitig auf einen modernen Stand gebracht. Insgesamt sechs Gästezimmer stehen zur Verfügung, sowie eine Ferienwohnung mit zwei Zimmern für längere Aufenthalte.

Das sog. **Heritage House** wurde für Dr. J. J. Gillis erbaut und von der Familie Gillis bis 1965 bewohnt. Dr. Gillis empfing in seinem imposanten Anwesen auch Patienten, und an der massiven Holztür an seinem ehemaligen Büro ist nach wie vor die originale Klingel angebracht. Der gute Doktor war ein vielseitiger Mann – er war nicht nur der Chefarzt des Nicola Valley Krankenhaus, sondern diente auch als Bürgermeister in Merritt und als Landtagsabgeordneter für den Thompson Nicola District im Parlament von British Columbia.

Eine weitere Leidenschaft des Doktors waren gesellschaftliche Anlässe, und im Gillis House wurden oft Freunde und auch Amtsträger empfangen. Etelka und Tom haben diese Tradition beibehalten, indem sie ihr Heim für Gäste öffnen und regelmäßig **Hauskonzerte** veranstalten. Bei dieser Art von „Musikabend", die in Vancouver besonders beliebt ist, werden Konzerte – im Akustikstil – in Privathäusern

J.J. Gillis House – Bed&Breakfast mit Familienanschluss

Am hauseigenen Pool entspannen

veranstaltet. Während die Musik spielt, wandern bis zu 40 Besucher durch das Haus und essen, trinken und unterhalten sich. Im Sommer wird die Veranstaltung auf den Garten mit großer Terrasse und Pool ausgedehnt; die Hauskonzerte sind sowohl bei Einheimischen und Besuchern sehr beliebt und meist im Nu ausverkauft.

Die Gastgeber bieten ihren Gästen neben einer komfortablen Unterkunft ein leckeres Frühstück und Familienanschluss – man fühlt sich auch gleich zu Hause und kann nach dem Erkunden des Nicola Valley tagsüber die Abende am Pool genießen.

Essen und Trinken: The Hitch 'n Post Restaurant, 443 Hwy 8, Lower Nicola, www.thehitchnpostrestaurant.com; etwas außerhalb von Merritt, ausgezeichnetes Frühstück und leckere Steaks, der Eigentümer und Koch Doug kocht stilgerecht mit Cowboyhut; geöffnet Mo-Sa 8-19.30 Uhr.

Unterkunft: J. J. Gillis House, 2276 Garcia Street, Merritt, Tel.: 250-378-9551, Anfragen am besten per E-Mail gillisin@telus.net; Zimmer ab $ 110 (für 2 Personen inkl. Frühstück), 6 Zimmer mit geteilten Bädern; ganzjährig geöffnet.

90 Fairmont Banff Springs Hotel, AB – das Schloss in den Rockies

Inmitten von Kanadas erstem Nationalpark, dem Banff National Park, liegt das Fairmont Banff Springs Hotel – bzw. es ragt vielmehr majestätisch vor dem Hintergrund der Rocky Mountains zwischen den Bäumen hervor.

Das 1888 erbaute Hotel feiert im Jahre 2013 seinen **125. Geburtstag** und bedeutete einst den Startschuss für den Beginn des Tourismus im Westen Kanadas, vor allem in den kanadischen Rockies. Es wurde ursprünglich als Eisenbahnhotel erbaut, und der damalige Manager der Canadian Pacific Railway, William Van Horne, erkannte die Möglichkeiten zwischen der Eisenbahnstrecke und potentiellen Besuchern der Gegend – „since we can't export the scenery, we'll have to import the tourists" waren seine Worte.

Das Fairmont Banff Springs Hotel liegt etwa eine Autostunde westlich von Calgary und bereits der Weg dorthin bietet atemberaubende Aussichten – geht es durch einen Nationalpark, der ein UNESCO Weltnaturerbe ist. Seit 1992 ist das Hotel außerdem eine National Historic Site of Canada.

Majestätisch in jeder Hinsicht – The Fairmont Banff Springs

Fairmont Banff Springs Hotel, AB – das Schloss in den Rockies

Golf der Spitzenklasse in den Rocky Mountains

768 Zimmer und ein ausgezeichnetes Spa warten auf Gäste, die sich außerdem unter anderem mit Golf, Tennis, Mountainbiking und Rafting unterhalten können. Die Auswahl an Sommer- oder Winteraktivitäten ist groß, und mit dem Banff National Park als Hintergrund zeigt sich auch die Natur zu jeder Jahreszeit von ihrer besten Seite.

Wer sich für die Geschichte des Hotels und des Nationalparks interessiert, kommt ebenfalls auf seine Kosten; das Hotel beschäftigt einen hauseigenen **Historiker**, der seit Jahrzehnten „zum Inventar" gehört und die eine oder andere Geschichte erzählen kann – nicht nur über die historischen Fakten, sondern auch über die vielen VIPs, die das Hotel frequentieren: Alec Baldwin, Michael Douglas und in den goldenen Zeiten Hollywoods auch Marilyn Monroe.

Hochzeiten haben im Fairmont Banff Springs Hotel ebenfalls Tradition. Über 150 Paare geben sich dort jedes Jahr das Jawort – und zwar seit der Eröffnung im Jahre 1888. Im Eröffnungsjahr kostete ein Zimmer übrigens $ 3,50 pro Nacht – die Preise haben sich seitdem freilich „etwas" nach oben korrigiert, die Faszination des Schlosses in den Rocky Mountains ist jedoch geblieben.

Information: The Fairmont Banff Springs, 405 Spray Avenue, Banff, Tel.: 403-762-2211, www.fairmont.com/banff-springs/; großzügige Zimmer, ab $ 449 pro Nacht, mit Frühstück ab $ 479 pro Nacht; ganzjährig geöffnet. Zwölf Restaurants gehören zum Hotel, die die Gäste nach allen Regeln der Kunst verwöhnen.

91 Rocky Mountain Wine & Food Festival, AB – das größte Food Festival in Alberta

„*Die Kanadier haben keine Esskultur, es ist alles nur Fast Food.*" Dieses Klischee hört man oft unter Touristen, es entspricht jedoch keineswegs den Tatsachen. Die kanadische Küche ist multikulturell wie das Land selbst – und obwohl es in Kanada natürlich auch Fast Food gibt, kann man einen Hamburger vom Schnellimbiss nicht mit einem Hamburger in einem Restaurant vergleichen! Von deutschem über mexikanischen bis zu indischem Einfluss ist in Kanada alles vertreten, und ein Urlaub dort wird sicher auch in kulinarischer Hinsicht ein Genuss.

Rocky Mountain Food and Wine Festival – Genuss für Augen und Gaumen

Eine Möglichkeit, die Vielfalt der kanadischen Küche zu erleben, ist das Rocky Mountain Wine und Food Festival. Das gediegene Fairmont Banff Springs Hotel (s. S. 200) ist einer der Veranstaltungsorte des Festivals, das jedes Jahr Tausende von begeisterten Besuchern anzieht. In Banff findet das Festival im Frühjahr statt, während Edmonton und Calgary die Gastgeber im späten Herbst sind.

Feine Happen – kanadische Küche ist nicht nur Fast Food

Rocky Mountain Wine & Food Festival, AB – das größte Food Festival in Alberta

Weine aus über 15 Ländern sowie exquisites Bier aus Mikrobrauereien und Hochprozentiges wie Tequila, Wodka und Whiskey können nach Herzenslust verkostet werden. Das Spektakel möglichst lange genießen kann man aber nur mit vollem Magen, und dafür gibt es auch jede Menge Leckereien. Von Meeresfrüchten über Salate bis hin zu deftigen Ribs vom Grill – die örtlichen Restaurants und Hotels des Veranstaltungsortes zeigen sich von ihren besten Seiten und warten mit abwechslungsreichen Köstlichkeiten auf.

Insgesamt über 200 „Aussteller" laden zum Probieren ein – und die meisten Gäste scheinen abenteuerlustig zu sein. Speisen wie kandierter Speck oder Burger mit Entenfleisch scheinen auf einmal gar nicht mehr so exotisch. Schließlich bekommt man nur kleine Kostproben und Probieren geht über Studieren!

Feine Weine – auch das gibt es aus kanadischem Anbau

Wer seinen Urlaub während der Zeit eines der Festivals in Banff, Calgary oder Edmonton verbringt, sollte es sich keinesfalls entgehen lassen. Jeder, der bis dahin der Meinung war, in Kanada gebe es nur Fast Food und keine Gourmetküche, wird sicherlich eines Besseren belehrt.

Informationen: Rocky Mountain Wine & Food Festival, 1500 14 Street SW, Calgary, www.rockymountainwine.com; Die Daten der Festivals in Banff, Edmonton und Calgary sind auf der Internetseite abrufbar. Tickets sind ausschließlich online erhältlich, Eintrittskarten je nach Veranstaltungsort zwischen $ 24 und $ 40, vor Ort kann man dann (zum sehr günstigen Preis, ab $ 0,50 pro Stück) die sog. sampling coupons erstehen; mit diesen kann man dann nach Herzenslust die angebotenen Speisen und Getränke probieren. Die Festivals sind an allen drei Veranstaltungsorten nur für Erwachsene ab 18 Jahren, Kinder (selbst Babys) sind nicht erlaubt.

92 Diamond Tooth Gertie's, YK – Poker, Show und Can-Can in Dawson City

In der Diamond Tooth Gerties Gambling Hall kann man einen Abend wie im Wild West Saloon verbringen. Glücksspiel ging mit dem Gold Rush Hand in Hand, und zusammen mit Can-Can tanzenden Showgirls ist der unterhaltsame Abend komplett. Das Gebäude wurde jedoch nicht für die bekannte Touristenattraktion errichtet, sondern hat eine Geschichte, die bis zum Klondike Gold Rush Ende des 19. Jahrhunderts zurückgeht.

Auf dem Weg in den Klondike schloss sich im Jahre 1899 eine Gruppe von Reisenden, Abenteurern und Goldsuchern zum **Arctic Brotherhood** zusammen. Mitgliedschaft war nur für erwachsene Männer, die entweder in Alaska oder im nordwestlichen Teil Kanadas lebten, zugänglich, und das Ziel der Vereinigung war es, sich im rauen Norden gegenseitig zu unterstützen – gesellschaftlich, intellektuell und falls nötig auch finanziell.

Es dauerte nicht lange bis fast jede Goldgräberstadt im Norden eine Zweigstelle der Bruderschaft hatte und Dawson City war Nummer vier von insgesamt über dreißig. Die Medien und die Bevölkerung in der Stadt standen der neuen Organisation zuerst skeptisch gegenüber; es wurde jedoch schnell klar, dass der Arctic Brotherhood gut für die Gemeinde und Gemeinschaft war. Die Mitglieder wurden im Krankheitsfall versorgt, und es wurde in Schulen und Infrastruktur investiert.

Dabei durfte natürlich auch ein Gebäude für die Bruderschaft selbst nicht fehlen, und im Oktober 1901 wurde – durch Mitglieder finanziert – mit dem Bau der

Diamond Tooth Gertie wie sie leibt und lebt in ihrem Casino

Gertie und ihre Mädels geben täglich drei Vorstellungen

Arctic Brotherhood Fraternity Hall begonnen. Nach nur drei Wochen war der Bau fertiggestellt worden und im November 1901 wurde mit Glanz und Gloria eingeweiht. Die Nacht war ein voller Erfolg und die Bruderschaft somit voll und ganz in Dawson City akzeptiert.

Die glorreichen Tage des Arctic Brotherhood währten jedoch nicht lange. Der Gold Rush war nach wenigen Jahren beendet und der Erste Weltkrieg tat sein Übriges – bis Anfang der 1920er-Jahre war die Bruderschaft praktisch ausgestorben. Von den 1920er- bis in die 40er-Jahre wurde die Halle zu verschiedenen Zwecken genutzt und drohte schließlich zu verfallen. Anfang der 70er-Jahre übernahm schließlich der Tourismusverband das Gebäude und restaurierte es zur **Diamond Tooth Gertie's Gambling Hall**. Gertie's ist eine in Kanada einzigartige Einrichtung – obwohl es in ganz Kanada viele Casinos gibt, so ist dieses Establissement doch das einzige, wo man im gleichen Raum dem Glücksspiel frönen und Alkohol trinken kann und außerdem noch live unterhalten wird.

Benannt wurde die Gambling Hall nach Diamond Gertie Lovejoy, einer Ikone des Gold Rush. Ihr Wahrzeichen war ein Diamant, der zwischen ihre Vorderzähne eingesetzt worden war. Das glitzernde Lächeln bezauberte die müden Goldgräber, die sich für einen Teil ihrer Ausbeute Gerties Zuneigung erkaufen konnten.

Information: Diamond Tooth Gertie's Gambling Hall, Ecke 4th Avenue und Queen Street, www.dawsoncity.ca; geöffnet Anfang Mai bis Mitte September, Mo-Fr 19-2 Uhr, Sa-So 14-2 Uhr, Eintritt $ 10, weitere Informationen siehe auch S. 66 (Nr. 27 Dawson City).

Essen, Trinken & Übernachten

Klondike Rib & Salmon, YK – Lachs und Bisonfleisch in Whitehorse

Eines des besten und beliebtesten Restaurants in Whitehorse ist das Klondike Rib & Salmon. Auf zwei nebeneinanderliegende Gebäude aus der Zeit des Klondike Gold Rush verteilt bietet das kleine Restaurant eine urige und gemütliche Atmosphäre – wenn auch manchmal ein wenig eng. Die beiden Gebäude sind die ältesten in der Stadt und haben so einige Geschichten zu erzählen.

Das erste Geschäft, das dort kurz nach dem Bau eröffnete, war ebenfalls ein Restaurant und hieß MacMillan's Bakery. 1929 wurden die Häuser an Klondike Airways verkauft und fungierten für einige Jahre als Lagerhallen für Briefe und Pakete, die nach Dawson City transportiert werden sollten. Über 50 Tonnen davon wurden jedes Jahr in den Klondike gebracht, doch der ursprüngliche Plan von Klondike Airways, dies mit dem Flugzeug zu tun, scheiterte an fehlendem Kapital und in den 1930er-Jahren wurden die Gebäude an Jack French verkauft, der dort Särge aus Holz baute.

Genießen im historischen Gebäude

Laune: stets ausgezeichnet!

Neben rustikalem, gemütlichem Ambiente bietet das Restaurant ausgezeichnetes Essen. Alle Gerichte werden frisch zubereitet und auf der Speisekarte (die auf der Internetseite eingesehen werden kann) stehen **Spezialitäten des Nordens**. Fisch nimmt natürlich eine Hauptrolle ein und kommt entweder direkt aus dem Yukon River in Form eines köstlichen Lachses, den man geräuchert, gegrillt oder im Salat genießen kann; oder aber in Form von Heilbutt aus Alaska oder als Saiblinge, die im Ofen gegart werden, aus dem Arktischen Ozean.

Ebenfalls ganz oben auf der Beliebtheitsskala stehen Fleischgerichte mit Wildfleisch aus dem Yukon. Die wilden Büffel des Nordens sind zum Beispiel „Lieferanten" für Bison Ribeye Steaks, die auf der Zunge zergehen. Ebenfalls beliebt ist das Wapiti-Goulasch und eine Besonderheit ist ganz sicher das Elch-Carpaccio mit Trüffel-Öl.

Information: Whitehorse Visitor Information Centre, 2nd Avenue und Lambert Street, www.visitwhitehorse.com; ganzjährig geöffnet, Mitte Mai bis Mitte September tgl. 8-20 Uhr, Mitte September bis Mitte Mai Mo-Fr 8.30-17 Uhr.
Essen und Trinken: Klondike Rib & Salmon, 2116 2nd Ave, www.klondikerib.com; tgl. für Mittag- und Abendessen geöffnet, gehobene Preisklasse, s.o.
Unterkunft: Canadas Best Value Inn, 102 Wood Street, www.riverviewhotel.ca; direkt neben dem MacBride Museum gelegen, sehr zentral; 53 saubere Zimmer.

94 North Nahanni Naturalist Lodge, NWT – in der Einsamkeit des Nahanni National Park

Nahanni National Park und Greater Nahanni Ecosystem

Der Nahanni National Park (s. S. 110) ist nur ein kleiner Teil (etwa 15 %) des Greater Nahanni Ecosystems. 30 Jahre nach der Erschaffung des Nationalparks wurde 2002 bekannt gegeben, dass der Park erweitert werden soll. In Zusammenarbeit mit den Dene First Nations hat Parks Canada mittlerweile drei weitere einmalige Gebiete identifiziert, die unter Naturschutz gestellt werden sollen: die sog. **karst lands** mit natürlichen Kreide- und Schiefervorkommen, die **Ragged Range Mountains** und das **Tlogotsho Plateau**. Die Erweiterung würde die Fläche des Parks verdreifachen und sicherstellen, dass diese einmalige kanadische Wildnis für künftige Generationen erhalten wird.

Die Nahanni Lodge, am Cli Lake im Herzen des Greater Nahanni Ecosystem gelegen, ist nicht nur ein besonderer Ort, sondern auch ein Teil der prestigeträchtigen Canadian SEC (Signature Experiences Collection). Mitglieder der SEC werden vom kanadischen Tourismusverband ausgewählt, weil sie das Land besonders authentisch und mit Wow-Faktor repräsentieren – typisch kanadisch eben.

Die Nahanni Lodge bietet eine authentische, besondere Erfahrung, die die Gäste oft sprachlos zurücklässt. Bestehend aus einem Haupthaus und zwei kleineren Blockhütten können nur 30 Gästen hier gleichzeitig übernachten und das kleine Paradies ganzjährig genießen.

Durch die abgeschiedene Lage kann die Lodge am Cli Lake im Sommer nur per Wasserflugzeug oder Jet Boot erreicht werden und im Winter wahlweise per Flugzeug oder mit dem Schneemobil – zum Cli Lake führt keine Straße. Die Nahanni Lodge wird seit 1997 von Ria und Loyal Letcher geführt, in Kooperation mit den First Nations von Fort Simpson und Nahanni Butte, die der Dene Nation angehören.

Der starke Einfluss der Ureinwohner ist deutlich spürbar – alle (sehr erfahrenen!) Führer sind Mitglieder der Dene Nation und

Mit dem Kanu auf dem glasklaren Cli Lake

North Nahanni Naturalist Lodge, NWT – in der Einsamkeit des Nahanni National Park

Wanderung auf dem Ram Plateau

begleiten Gäste mit ihren Geschichten und Erfahrungen auf unvergessliche Wanderungen und Ausflüge. Demonstrationen von Dene Jagd- und Angeltraditionen, bei denen Besucher auch selbst Hand anlegen können, vertiefen die Urlaubserfahrung, und besonders Mutige können sogar an einem Überlebenstraining in der Wildnis teilnehmen.

Loyal Letcher berichtet vom Highlight seiner Gäste: *„Ich würde sagen, das absolute Highlight für unsere Gäste ist die Tour zu den Virginia Falls, gefolgt vom Heli-Hiking auf dem Ram Plateau. Nach den Wanderungen genießen unsere Gäste den Sonnenuntergang über dem Cli Lake und lassen die Ereignisse des Tages Revue passieren. Da setzt dann immer der Wow-Faktor ein. Ein weiteres Highlight sind ganz sicher die Wanderungen mit Dene-Führern, die direkt vor unserer Lodge beginnen. Unsere Gäste sind fasziniert von der reichen Kultur der First Nations."*

Informationen: North Nahanni Naturalist Lodge, Fort Simpson, www.nahannilodge.com; Transport mit dem Flugzeug ab Fort Simpson ab $ 589, all inclusive Übernachtung/Verpflegung ab $ 450 pro Person und Nacht (außerdem enthalten sind die Nutzung der Boote, Angelausrüstung und des Whirlpools); das Paket „Nahanni National Park Heli-Hiking Package" besteht aus drei Tagen und zwei Nächten komplett mit Transport ab Fort Simpson, Wanderung zum Ram Plateau und Flight Seeing zu den Virginia Falls, all-inclusive-Preis ab $ 5.250 pro Person.

Die schönsten Routen

Eine Tour mit dem Wohnmobil durch den einsamen Norden Kanadas (hier auf dem Alaska Highway nahe der US-Grenze) ist ein Highlight für naturverbundene Reisende

95 Mit dem Wohnmobil von Whitehorse, YK, nach Vancouver, BC, mit Abstecher nach Haida Gwaii

Der Zauber des Nordens, die wilde Schönheit von Haida Gwaii und die pulsierende Metropole Vancouver sind die Highlights dieser rund 3000 km langen Reise, für die man etwa vier Wochen einplanen sollte.

Beginnend in **Whitehorse**, der charmanten Hauptstadt des Yukon (s. S. 64), führt die Reise durch dichte Wälder und „rollende Hügel" nach Süden auf dem **Alaska Highway**. Die letzte Station im Yukon ist **Watson Lake**, das in den 40er-Jahren während des Baus des Alaska Highway entstand und vor allem wegen des **Sign Post Forest** (Schilderwald) bekannt ist. Beim Bau des Highways nagelte ein von Heimweh geplagter Soldat ein Schild seines Heimatortes an einen Pfosten. 72.000 Schilder später wächst der Sign Post Forest noch immer und ist eine faszinierende Sehenswürdigkeit, an der man einige Stunden verbringen kann.

Kurz nach Watson Lake verlässt man den Alaska Highway und begibt sich auf den teilweise etwas abenteuerlichen **Cassiar Highway** in British Columbia. Die Landschaft des nördlichen British Columbia wechselt von dichtem Wald und Hügeln zu kahlen Gipfeln und fruchtbaren Hochebenen. Die fast 1.300 km lange Fahrt zwischen Watson Lake und Prince Rupert ist landschaftlich sehr abwechslungsreich; sie bietet außerdem für etwas abenteuerlich Reisende (enge Schotterstraße!), einen Abstecher nach Telegraph Creek, entlang des **Stikine River Canyon**, der als Grand Canyon Kanadas gilt. Weitere Highlights sind der **Bear Glacier** zwischen Meziadin Junction und Stewart sowie die **Seven Sisters Gipfel** zwischen Kitwanga und **Terrace**.

Auf der 140 km langen Strecke von Terrace nach Prince Rupert hat man die besten Chancen, einen der legendären **Spirit Bears** (s. S. 78) zu sehen. Durch den üppigen Coastal Rainforest gelangt man schließlich nach **Prince Rupert**, dem zweitgrößten Hafen British Columbias und außerdem dem nördlichsten eisfreien Hafen Kanadas. Von Prince Rupert aus erfolgt die Überfahrt nach Haida Gwaii, die in etwa acht Stunden dauert.

Haida Gwaii, auch als Queen Charlotte Islands bekannt, ist eine Inselgruppe mit mehr als 150 Inseln; die Fähre legt an der größten Insel, Graham Island, an. Zwischen der **Gwaii Haanas National Park Reserve** und Orten wie **Queen Charlotte**, Port Clements und Masset bietet Haida Gwaii seinen Besuchern ein unvergessliches Erleb-

Der Cassiar Highway in British Columbia – atemberaubend

Mit dem Wohnmobil von Whitehorse, YK, nach Vancouver, BC

nis an ursprünglicher Natur und Einblicke in die jahrtausendealte Kultur der Haida Nation.

Die restliche Strecke bis Vancouver führt über **Prince George** in die Cariboo-Gegend mit Städten wie **Quesnel** und **Williams Lake**, die bis heute vom legendären Cariboo Gold Rush zeugen. Weitere Highlights auf dem Weg sind **Lillooet** und **Pemberton**, zwei idyllisch gelegene Orte in den Coast Mountains, und schließlich **Whistler**, Austragungsort der olympischen Winterspiele 2010.

In Vancouver angekommen sollte man mindestens drei Tage Aufenthalt einplanen, um die Vielfältigkeit und Schönheit dieser atemberaubenden Stadt genießen zu können.

Der Skeena River bei Smithers, östlich von Terrace gelegen

INFO

Reisezeit: Juni bis September
Kosten: etwa € 4.900 pro Person (basierend auf zwei Erwachsenen)
Sonstiges: Vor allem im Yukon und Norden British Columbias können sowohl das Wetter als auch die Straßen unberechenbar sein. Mit guter Vorbereitung und einem gewissen Abenteuersinn kommt man hier weit!

96 Deh Cho Travel Route – mit dem Wohnmobil entlang der großen Highways durch British Columbia, Alberta und die Northwest Territories

Die Deh Cho Travel Connection ist ein etwa 2.200 km langer Rundweg, der die berühmten Highways im Nordwesten Kanadas verbindet. **Alaska Highway**, **Mackenzie Highway** und **Liard Highway** sind ein Teil der Rundreise, die am südlichsten Punkt in Grande Prairie, AB, beginnt. Die Straße führt entlang der bedeutendsten Wasserwege der First Nations, wie zum Beispiel dem Mackenzie River – oder Deh Cho (großer Fluss) in der Sprache der Dene Nation – nach dem die Route benannt ist.

Grande Prairie ist die größte und wichtigste Stadt der Region um den Peace River und zählt mittlerweile etwas über 50.000 Einwohner. Das Millennium Sundial und Heritage Discovery Centre sind die Highlights eines Besuchs dort, bevor man die nächsten zwei Wochen mehr oder weniger in der Wildnis verbringt.

Vorbei an **Grimshaw**, wo der Mackenzie Highway beginnt, geht es nach **Peace River**, das am gleichnamigen Fluss liegt und vom Forscher Alexander Mackenzie Ende des 18. Jahrhunderts als Handelsposten gegründet wurde.

Tumbler Ridge

Der südlichste Teil der Deh Cho Route (ebenfalls ein Abstecher, der sich lohnt) ist Tumbler Ridge. Dort ist die Heimat der Dinosaur Discovery Gallery, des einzigen Museums seiner Art in British Columbia; seitdem im Jahre 2000 versteinerte Fußabdrücke der prähistorischen Giganten gefunden wurden, dreht sich dort alles um die Dinos. Ein Highlight: die Wolverine Lantern Tour, eine nächtliche geführte Tour, bei der man die Fußabdrücke der Dinos im gespenstischen Licht einer Laterne sehen kann. www.tumblerridgemuseum.com

Heritage Discovery Centre in Grande Prairie

Ein Umweg von etwa 130 km führt nach **Fort Vermilion**, das als älteste Ansiedlung von Pionieren in Alberta gilt. Ein sehr lohnender Abstecher, bei dem man im **Lean-To Museum** Artefakte aus der Zeit des ersten Handelspostens vom Ende des 18. Jahrhundert sehen kann, einschließlich des Gebäudes des Handelspostens selbst!

Weiter auf dem Weg nach Norden überquert man schließlich den 60. Breitengrad und somit die Grenze zu den **Northwest Territories**. Etwa 70 km weiter trifft man auf die **Alexandra Falls** und **Louise Falls**, zwei Wasserfälle mit spektakulären Ausblicken, die man keinesfalls verpassen sollte. Nochmals 50 km weiter gelangt man schließlich nach **Hay River**, das am südlichen Ufer des Great Slave Lake liegt.

Peace River am gleichnamigen Fluss

Ein weiterer lohnender Abstecher ist der 270 km lange Weg nach **Fort Smith**, das am Eingang des **Wood Buffalo National Park** (s. S. 112) liegt. Sehenswürdigkeiten wie das Northern Life Museum und die Landschaften des Wood Buffalo National Park laden hier zum Verweilen ein.

Die Strecke durch den südlichen Teil der Northwest Territories verläuft hauptsächlich durch dichte Wälder und entlang der Mackenzie und Liard River. **Sambaa Deh Falls**, etwa 150 km von **Fort Simpson** entfernt, sind eine weitere Sehenswürdigkeit auf der Strecke, ebenso **Virginia Falls** im **Nahanni National Park**, die per „flightseeing tour" von Fort Simpson aus erreichbar sind.

Der letzte Teil der Strecke führt schließlich entlang des **Liard Highway** bis nach **Fort Nelson** und dann weiter auf dem **Alaska Highway** bis zurück nach Grande Prairie. Highlights dieses Streckenteils sind zum Beispiel die **Liard Hot Springs**, 240 km nördlich von Fort Nelson, und **Kiskatinaw Bridge** in der Nähe von **Dawson Creek**. Die Brücke ist eine der längsten bogenförmigen Brücken in Nordamerika und außerdem die letzte original erhaltene Brücke entlang des Alaska Highway, die noch befahrbar ist.

Reisezeit: Juni bis September
Informationen: www.dehchotravel.ca

Kosten: etwa € 3.900 pro Person
(basierend auf zwei Erwachsenen)

97 Weltkulturerbe in Alberta – eine Reise quer durch Alberta mit dem Wohnmobil

Alberta ist Heimat von fünf der insgesamt fünfzehn von der UNESCO als Weltkulturerbe anerkannten Orte Kanadas. Die fast 3.000 km lange Reiseroute führt vom südwestlichsten Teil Albertas bis in den nordöstlichsten Teil der Provinz der Kontraste.

Die Tour beginnt im **Waterton Lakes National Park** (s. S. 90), der von **Calgary** aus etwa 280 km entfernt ist und in 4-5 Stunden erreicht werden kann. Nur 120 km vom Waterton Park entfernt befindet sich der **Head-Smashed-In Buffalo Jump**. Ein Buffalo Jump ist ein Gebiet, das von den Ureinwohnern Kanadas, in diesem Fall den Blackfoot Indians, zur Büffeljagd genutzt wurde. Die Büffel wurden auf eine Klippe zugetrieben und stürzten schließlich in den Abgrund, wobei sie sich die Beine brachen und erlegt werden konnten.

Von dort aus geht es weiter über Lethbridge bis zum **Dinosaur Provincial Park**, der 1980 zum UNESCO Weltkulturerbe erklärt wurde. Die ersten Fossilien von Dinosauriern, die hier vor über 65 Millionen Jahren die Gegend beherrschten, wurden 1884 von Joseph B. Tyrrell in der Gegend des heutigen Parks gefunden. Mittlerweile wurden über 300 komplette Dinosaurierskelette geborgen, die Ausgrabungen dauern an. 1987 wurde im Park ein Außenposten des **Royal Tyrrell Museum of Palaeontology**, dessen Hauptsitz in Drumheller ist, eröffnet.

Die Temperaturen im Park können während der Sommermonate bis zu 35 °C erreichen. Die Pfade, die

Info Zentrum am Head-Smashed-in-Buffalo-Jump

durch die Badlands führen, bieten so gut wie keinen Schatten – auf entsprechende Kleidung, Sonnenschutz und genügend Wasser ist unbedingt zu achten. Die Parkverwaltung weist außerdem alle Besucher auch darauf hin, dass die Gegend Heimat für Klapperschlangen, Schwarze Witwen (Spinnen) und Skorpione ist. Es ist auf jeden Fall ratsam – auch wegen des unwegsamen und teilweise rutschigen Geländes – festes Schuhwerk zu tragen.

Von den bizarren Landschaften der Badlands geht es weiter in den Westen der Provinz, wo die Canadian Rocky Mountain Parks wie **Banff National Park** und **Jasper National Park** als Weltkulturerbe zusammengefasst sind. Die Parks begeistern mit schroffen Felsformationen, tiefblauen Seen und beeindruckender Flora und Fauna.

Nach einem Zwischenstopp in **Edmonton**, Albertas Festival City, geht es weiter auf dem Mackenzie Highway bis zum **Wood Buffalo National Park** (s. S. 112). Ein Großteil des Parks befindet sich in Alberta, der Zugang erfolgt aber über Fort Smith in den Northwest Territories, weshalb der letzte Abschnitt mit fast 1.400 km auch der längste ist.

Kunstgalerie in Edmonton

Reisezeit: Mai bis Oktober
Kosten: etwa € 4.500 pro Person (basierend auf zwei Erwachsenen)
Variante: Anstelle des letzten Teils der Route von Edmonton in den Wood Buffalo National Park kann auch die Strecke zwischen Calgary und Waterton Lakes National Park auf drei oder vier Tage ausgedehnt werden. Kananaskis Country (s. S. 138) oder der Cowboy Trail mit der historischen Bar U Ranch sind attraktive Alternativen zur langen Strecke bis in den Norden der Provinz.

98 Im Luxuszug von Vancouver nach Calgary – Rocky Mountain Highlights im Rocky Mountaineer

Ein Erlebnis der besonderen Art ist die siebentägige Reise im Rocky Mountaineer von **Vancouver** nach **Calgary**. Der Luxuszug bietet einen Rundum-Blick mit großen Fenstern und verglastem Dach. Frühstück und Mittagessen werden à la carte im Zug serviert und lassen keinen Wunsch offen.

Bereits vor Reisebeginn kommen die Fahrgäste in den Genuss der im Paket enthaltenen Ausflüge. Der **Vancouver Lookout** (s. S. 12) sowie die berühmte **Hängebrücke von Capilano** werden besichtigt und eine Gondelfahrt auf **Grouse Mountain** rundet den ersten Tag der Reise ab, bevor die Zugfahrt am Morgen des zweiten Tages beginnt.

Die erste Etappe der Reise geht von Vancouver nach **Kamloops**, durch den Fraser Canyon, vorbei an den tosenden Wassermassen von **Hell's Gate**. Nach einer Übernachtung in Kamloops ist Banff das Ziel der zweiten Tagesetappe. Durch die schneebedeckten Gipfel der Rocky Mountains, vorbei am **Kicking Horse Canyon** und den spektakulären **Spiral Tunnels**, die Teil der steilsten Eisenbahnstrecke Nordamerikas sind, endet die Etappe schließlich in **Banff**, einem der schönsten Orte in den kanadischen Rocky Mountains.

Die Fahrt mit dem Luxuszug endet in Banff – der restliche Weg bis Calgary wird per Hubschrauber zurückgelegt. Die erste Etappe dieses Abenteuers, am fünften

Castle Mountain bei Banff

Im Luxuszug von Vancouver nach Calgary

Bester Service in der Gold Leaf Class

Tag der Reise, führt zunächst über mehrere Gletscher, Bergpässe und atemberaubende Wasserfälle, bevor das Tagesziel **Lake Louise** erreicht wird. Am Nachmittag steht der Besuch einer Ranch in der Gegend auf dem Programm und für kurze Zeit kann man in das Leben der Cowboys eintauchen.

Nach einer Übernachtung in Lake Louise und einer Besichtigung von Banff geht es schließlich per Hubschrauber weiter ins Kananaskis Country, wo nochmals die beeindruckendsten Gipfel der Rockies überflogen werden, bevor es schließlich nach Calgary weitergeht.

In Calgary steht noch ein Besuch des Calgary Tower an, des 191 Meter hohen Wahrzeichens der Stadt. Der 1967 erbaute Gigant wurde seit seiner Einweihung Ende Juni 1968 mehrfach renoviert und modernisiert, zuletzt 2005 durch den Einbau eines Glasbodens auf der Aussichtsplattform. Auf einer Fläche von rund 18 qm können Besucher nun in 175 Meter Höhe in das Herz der Stadt sehen – auf Glas stehend!

Eine Übernachtung in Calgary ist schließlich der Abschluss der Reise.

INFO

Reisezeit: es werden regelmäßig Touren von Ende April bis Anfang Oktober angeboten

Kosten: je nach Klasse und Reisezeit zwischen $ 2.300 und 4.400 pro Person

Informationen: www.rockymountaineer.com

99 Mit dem Rocky Mountaineer von Vancouver nach Whistler und durch die Rocky Mountains bis Jasper

Eine weitere Alternative einer unvergesslichen Fahrt mit dem Rocky Mountaineer ist die Strecke von **Vancouver** über **Whistler** bis nach **Jasper**. Die fünftägige Pauschalreise (mit vier Übernachtungen) führt entlang einer der schönsten Strecken der Westküste und durch die Cariboo Mountains.

Wie in der auf S. 218 beschriebenen Route reist man auch hier im Luxuszug mit Rundum-Blick durch die großen Fenster und verglastem Dach. Die Fahrt bietet dabei nicht nur landschaftliche, sondern auch kulinarische Genüsse.

Der erste Tag ist für die Ankunft in Vancouver und Erkundungen auf eigene Faust vorgesehen – ein Besuch des **Vancouver Lookout** (s. S. 12) ist jedoch im Preis enthalten. Nach einer Übernachtung in Vancouver geht es mit dem Zug nach **Whistler**. Die relativ kurze Fahrt in den Austragungsort der olympischen Winterspiele 2010 verspricht spektakuläre Aussichten auf **Howe Sound** und die **Coast Mountains**, während sich der Zug durch den **Sea to Sky Corridor** schlängelt.

Nach Ankunft in Whistler verbringt man den Tag damit, das charmante kleine Städtchen zu erkunden. Im **Whistler Museum** kann man zum Beispiel alles über die Geschichte des beliebten Wintersportortes erfahren. Doch Whistler ist nicht nur im Winter attraktiv – die lebendige Kleinstadt bietet etliche Sommeraktivitäten, die das Herz von Outdoor-Enthusiasten höherschlagen lassen. Mountain-

Atemberaubende Aussicht auf den Howe Sound

Panoramafenster der Gold Leaf Class

biking, Golf, River Rafting, Angeln, Reiten, und Touren mit dem Quad sind nur ein Teil des vielfältigen Angebotes.

Nach einer Übernachtung in Whistler geht es weiter in Richtung **Quesnel**. Der Weg in die Goldgräberstadt im Cariboo ist geprägt von atemberaubenden Ausblicken auf den **Fraser Canyon** und der Überquerung einer der höchsten Eisenbahnbrücken weltweit, der **Deep Creek Bridge**.

Der letzte Tag der Bahnfahrt steht schließlich ganz im Zeichen der **Rocky Mountains**. Auf der Strecke von Quesnel nach Jasper kann man unter anderem **Mount Robson** bewundern, mit 3.954 m Höhe der höchste Gipfel der kanadischen Rocky Mountains. Die Fahrt führt außerdem über den **Yellowhead Pass** und endet in **Jasper**, der Heimat des Weltkulturerbes **Jasper National Park**, wo die Reise nach einer weiteren Übernachtung endet.

Reisezeit: es werden regelmäßig Touren von Ende April bis Anfang Oktober angeboten

Kosten: je nach Klasse und Reisezeit zwischen $ 1.400 und 2.900 pro Person

Informationen: www.rockymountaineer.com

100 British Columbia mit dem Auto erkunden – die Coast Mountain Circle Tour

Die knapp 600 km lange Rundreise, die ab **Vancouver** durch die **Coast Mountains** und durch den **Fraser Canyon** wieder zurück nach Vancouver führt, ist als verlängerter Ausflug oder als einwöchige Reise geeignet. Wer Urlaub in Vancouver macht und sich nicht zu weit in die Wildnis begeben will, kommt hier voll auf seine Kosten – inmitten beeindruckender Natur, doch mit allen Annehmlichkeiten der Zivilisation.

Wer den Weg zum Ziel erklärt und hauptsächlich die Fahrt durch die spektakuläre Landschaft genießen will, kann die Strecke komfortabel in drei Tagen bewältigen. Wer gerne die Gegend erkunden möchte und jeden Tag nur sehr kurze Strecken zurücklegen möchte, kann die Reise ohne Weiteres auf eine Woche ausweiten.

Beginnend in Vancouver führt der Weg auf dem **Sea-to-Sky Highway** entlang des **Howe Sound** nach **Squamish**, die als kanadische Hauptstadt der Outdoor-Enthusiasten bekannt ist. Wer sich von den traumhaften Blicken auf die Coast Mountains und dem Howe Sound nicht lösen kann, kann hier bereits den ersten Übernachtungsstopp einlegen.

Weiter geht es nach **Whistler**, dem Austragungsort der olympischen Winterspiele 2010 (s. S. 220). Bei allen Möglichkeiten, die dort geboten werden, sollte man hier mindestens einen Tag, besser zwei einplanen.

Yacht Club in Squamish am Ende des Howe Sound

British Columbia mit dem Auto erkunden – die Coast Mountain Circle Tour

In Lytton treffen sich Thompson und Fraser River

Die nächste Etappe ist **Lillooet**, eine charmante Kleinstadt im Herzen der Coast Mountains. Lillooet ist eine der ältesten Gemeinden in British Columbia, der Entdecker und Forscher Simon Fraser kam bereits im Jahr 1808 in die Gegend. Sehenswürdigkeiten sind unter anderem der Mile 0 Cairn, ein Gedenkstein des Beginns des Gold Rush Trail, und die Bridge of the 23 Camels, die den Fraser River überspannt.

Auf dem Weg nach **Lytton**, der nächsten Etappe, lohnt sich ein Abstecher zur historischen **Hat Creek Ranch**, bevor es weiter nach Süden in den **Fraser Canyon** geht. Auf dem Weg durch den Canyon Richtung Hope sollte man sich einen Besuch von **Hell's Gate** auf keinen Fall entgehen lassen. Hell's Gate ist natürlich nicht das Tor zur Hölle, für die ersten Siedler und den Abenteurer Simon Fraser mag es aber den Anschein gehabt haben – der Fraser River sprudelt hier durch eine nur 35 m breite Schlucht und bietet ein rauschendes Spektakel.

Ein weiterer lohnender Abstecher kurz vor Hope sind die heißen Quellen in **Harrison Hot Springs**, wo man eine letzte entspannende Nacht verbringen kann, bevor man sich wieder ins Großstadtleben Vancouvers stürzt.

Reisezeit: ganzjährig geeignet, in der Winterzeit sollte man darauf achten, dass der Mietwagen Winterreifen montiert hat und über Schneeketten verfügt.

Kosten: Mietwagen ab Vancouver für eine Woche, Übernachtungen im Mittelklassehotel, Verpflegung, Benzin und Eintrittsgelder für 2 Erwachsene ca. € 2.400
Informationen: www.hellobc.com

101 Die Ranchlands und Rivers Tour – auf den Spuren der Cowboys und Pioniere in British Columbia

Bridge of the 23 Camels

In Lillooet findet man die Bridge of the 23 Camels, deren Name ein Tribut an die Zeit des Gold Rush ist. Auf der Cariboo Road mussten viele Güter in den Norden transportiert werden und in den 1860er-Jahren wurden 23 asiatische Kamele eigens dafür importiert. Die Idee stellte sich schnell als nicht besonders genial heraus, da die Kamele ziemlich widerspenstig und nicht besonders kooperativ waren… Die Brücke wurde erst 1980 erbaut, die Bewohner von Lillooet stimmten damals für den Namen – viele sind überzeugt, dass einige der Kamele bis heute durch die Coast Mountains streifen.

Wer das robuste Leben der Cowboys und die Geschichte der ersten Pioniere näher erkunden möchte und dabei noch einen Teil der atemberaubenden Landschaft British Columbias erleben will, für den ist diese fast 1.200 km lange Rundreise ideal.

Ausgangspunkt ist **Vancouver** und man sollte eine Woche einplanen. Auf dem Weg nach Nordosten in den **Fraser Canyon** sind die **Minter Gardens in Chilliwack** sicher einen Besuch wert. Ebenfalls sehenswert: **Hell's Gate** kurz vor **Lytton**, wo man schließlich die erste Nacht verbringen kann.

Am nächsten Tag geht es weiter in die **Coast Mountains** nach **Lillooet**, wo ein Gedenkstein den Beginn des legendären Gold Rush Trail markiert. Im **Lillooet Museum** kann man die Geschichte der Stadt und ihrer Pioniere erkunden. Der Gold Rush Trail übt nach wie vor eine besondere Faszination aus und man folgt diesem schließlich auf dem **Cariboo Highway** bis nach **100 Mile House**, das als Paradies für Outdoor-Enthusiasten bekannt ist.

Ab 100 Mile House geht es weiter Richtung **Kamloops,** und wer die Rundreise um einen oder zwei Tage erweitern will, hat in **Little Fort** die Möglichkeit, einen Abstecher in die einmalige Natur des **Wells Gray Provincial Park** zu machen. Die Landschaft und die Ökosysteme des Parks sind so vielfältig und einzigartig, dass Anstrengungen unter-

Über die Brücke oder mit der Gondel ins Hell's Gate

Die Ranchlands und Rivers Tour

Kentucky Lake – ein Juwel unter den Provincial Parks

wegs sind, um Wells Gray zum UNESCO Naturerbe zu erklären. Die Anzahl an Wasserfällen ist dort so groß, das Wells Gray auch den Spitznamen „Waterfall Park" hat.

Eine weitere Etappe der Rundreise führt von Kamloops nach **Quilchena** und ins **Nicola Valley**. Dieser Abschnitt ist landschaftlich einer der schönsten, und einen Aufenthalt im historischen Quilchena Hotel am **Nicola Lake** sollte man unbedingt genießen. Ein kleiner Umweg auf die andere Seite des Nicola Lake führt zum **Monck Provincial Park** (s. S. 84), der nicht nur ein sehr beliebtes Wochenendziel, sondern auch eine heilige Stätte der Ureinwohner ist. Der nächste Teil der Strecke führt vorbei an gut versteckten Schätzen wie **Kentucky and Alleyne Lake Provincial Park** und **Allison Lake** nach **Princeton**, einer charmanten kleinen Stadt mit großer Geschichte und einem ausgezeichneten Museum.

Über Hope geht es schließlich wieder zurück nach Vancouver, wer noch nicht genug von Natur pur hat, kann noch einen oder zwei Tage im **E. C. Manning Provincial Park** verbringen.

Reisezeit: ganzjährig geeignet, in der Winterzeit sollte man darauf achten, dass der Mietwagen Winterreifen montiert hat und über Schneeketten verfügt.

Kosten: Mietwagen ab Vancouver für eine Woche, Übernachtungen im Mittelklassehotel, Verpflegung, Benzin und Eintrittsgelder für 2 Erwachsene ca. € 2.700
Informationen: www.hellobc.com

Anhang

Kanada im Überblick

Fläche	9.984.670 km² (davon 755.109 km² Binnengewässer)
Bevölkerung	35.002.447 Einw. (Oktober 2012, geschätzt); ca. 3,4 Einw. pro km²
Bevölkerungs-wachstum	ca. 4,7 % (2012)
Hauptstadt	Ottawa 883.391 Einw. (2011); Metropolregion Ottawa-Gatineau 1,24 Mio. Einw. (2011)
Städte	Toronto 5,58 Mio. Einw., Montréal 3,82 Mio. Einw., Vancouver 2,31 Mio. Einw., Calgary 1,21 Mio. Einw., Edmonton 1,16 Mio. Einw., Québec 765.706 Einw. (alle Angaben zu den Metropolregionen, 2011)
Klima	Kanada liegt in den gemäßigten bis arktischen Breiten; im größten Teil des Landes herrscht typisches Kontinentalklima mit trockenen, heißen Sommern und langen, sehr kalten und schneereichen Wintern (s. auch S. 237).
Zeitzonen	Innerhalb Kanadas gibt es sechs verschiedene Zeitzonen. Für die Provinzen im Westen Kanadas gilt:
	British Columbia (Großteil), Yukon, Northwest Territories (teilweise) = Pacific Standard Time (PST = MEZ -9 Std.)
	British Columbia (Teile im Nord- und Südosten), Alberta, Northwest Territories (Großteil) = Mountain Standard Time (MST = MEZ -8 Std.)
	Von Mitte März bis Anfang November gilt die Sommerzeit (Winterzeit +1 Std.)
Staats- und Regierungsform	Konstitutionelle Monarchie im britischen Commonwealth mit Königin Elizabeth II. als Staatsoberhaupt; Bundesstaat, bestehend aus zehn Provinzen und drei Territorien, Sitz des Bundesparlaments in der Hauptstadt Ottawa/Ontario.
Provinzen und Territorien	Von Osten nach Westen:
	Newfoundland/Labrador (NL), Hauptstadt St. John's
	Nova Scotia (NS), Hauptstadt Halifax
	Prince Edward Island (PE o. PEI), Hauptstadt Charlottetown
	New Brunswick (NB), Hauptstadt Fredericton
	Québec (QU o. QUE), Hauptstadt Québec City
	Ontario (ONT), Hauptstadt Toronto
	Manitoba (MB), Hauptstadt Winnipeg
	Nunavut Territory (NU o. NV), Hauptstadt Iqaluit
	Saskatchewan (SK), Hauptstadt Regina
	Alberta (AB), Hauptstadt Edmonton
	Northwest Territories (NWT o. NT), Hauptstadt Yellowknife
	British Columbia (BC), Hauptstadt Victoria
	Yukon Territory (YK o. YT), Hauptstadt Whitehorse
Amtssprachen	Englisch und Französisch
Flagge	in den Farben Rot und Weiß, mit einem roten Ahornblatt auf weißem Grund

Religion	47 % Katholiken, 29 % Protestanten, 10 % Anglikaner, 7 % Konfessionslose, 1 % Orthodoxe, 1 % Juden, 5 % andere Glaubensgemeinschaften
Ethnien	Anglokanadier 40 %, Frankokanadier 27 %, Deutsche 5 %, Italiener 3 %, Ukrainer 2 %, andere Europäer 10 %, Indianer und Inuits 2 %, Sonstige 11 %
Feiertage	Neben Neujahr, Ostern und Weihnachten: Victoria Day (Feier zum Geburtstags des regierenden Monarchen) am Montag vor dem 25. Mai; Canada Day (Nationalfeiertag) am 1. Juli; Labour Day (Tag der Arbeit) am 1. Montag im September; Thanksgiving Day (Erntedankfest) am 2. Montag im Oktober; Remembrance Day (Tage der Veteranen) am 11. November
Währung	Kanadischer Dollar ($ oder C $); 1 $ = 100 Cent
Arbeitslosigkeit	7,1 % (Dezember 2012)
Inflation	0,8 % (Dezember 2012)
Außenhandel	Handelspartner: USA, Japan, Commonwealth, Deutschland, Mexiko, Frankreich
Bodenschätze	Kanada besitzt reiche und sehr ergiebige Roh- und Brennstoffvorkommen wie Uran- und Zinkerze, Nickel, Blei, Gold, Silber und Kupfer sowie Kohle, Erdöl und Erdgas
Landwirtschaft	Die Landwirtschaft ist sehr leistungsfähig und besonders ertragreich in den Prärieprovinzen, wo 80 % der Landfläche landwirtschaftlich genutzt werden; Anbau von Weizen, Mais, Obst, Kartoffeln, Tabak

Zeittafel

Ca. 9.000 bis 12.000 v. Chr. Erste Spuren menschlicher Besiedlung auf kanadischem Boden lassen sich in den drei Bluefish-Caves in der Nähe von Old Crow im Yukon Territory nahe der Grenze zu Alaska nachweisen. Diese frühe Kultur breitet sich entlang der Küsten nach Süden und auch ins Landesinnere aus. Im Lauf der Jahrtausende folgen die Plano-Kulturen den Clovis-Kulturen, die als erste flächendeckende prähistorische Kulturen des amerikanischen Kontinents gelten. Erste technische Innovationen wie Pfeilspitzen kommen zum Einsatz, Kupfer und später Obsidian werden bearbeitet

3.000 v. Chr. Pfeil und Bogen werden aus Asien in den Nordwesten Kanadas eingeführt und verbreiten sich langsam

2.500 v. Chr. Erste Dorfstrukturen an der Westküste und in den Great Plains. In den folgenden Jahrhunderten kristallisieren sich die einzelnen Stämme der First Nations heraus, z. B. die Algonkin in Manitoba, die Tsimshian oder die Küsten-Salish an der Pazifikküste

Ende des 10. Jh. n. Chr. Skandinavische Wikinger sind die ersten Europäer, die in Kanada Fuß fassen

985 Der Isländer Bjarni Herjulfsson kommt auf der Fahrt nach Grönland vom Kurs ab und sichtet bewaldete Hügel, betritt das Land aber nicht

995 Leif Eriksson landet dagegen auf Vinland, dem heutigen Newfoundland

1497 Giovanni Caboto, Italiener in englischen Diensten, geht an der kanadischen Ostküste an Land und glaubt sich in China

1534/1535 stößt der Franzose Jacques Cartier als erster Europäer ins Landesinnere vor und nimmt das Land für die französische Krone in Besitz. Auf einem Berg beim Indianerdorf Hochelaga, dem er den Namen Mont Royal (Montréal) gibt, errichtet er ein Kreuz für Franz I. Es kommt zu ersten Pelzhandelskontakten zwischen Indianern und Europäern

Anfang des 16. Jh. gründen europäische Fischer aus dem Baskenland, Frankreich, Portugal und England dauerhafte Siedlungen, in denen Fisch getrocknet wird, der anschließend nach Europa verschifft wird

608 Gründung der Stadt Québec durch den französischen Forschungsreisenden Samuel de Champlain, der Teile Kanadas kartografiert und 1627 erster Gouverneur von Neufrankreich wird

Anfang des 17. Jh. beginnt die französische Allianz mit dem indianischen Stamm der Huronen gegen die Irokesen, die sich ihrerseits bald mit den Engländern verbünden

1609 Der englische Seefahrer Henry Hudson entdeckt auf der Suche nach der Nordwest-Passage die nach ihm benannte Hudson Bay

1670 Gründung der Hudson's Bay Company durch Karl II. Erster Direktor der Gesellschaft, die sich vor allem mit Pelzhandel beschäftigt, wird Prinz Ruprecht von der Pfalz. Das Unternehmen existiert noch heute und ist das älteste eingetragene Unternehmen Kanadas

17. Jh. England und Frankreich werden zu Widersachern. Immer wieder scheitern Versuche, bis zur Westgrenze des Landes vorzustoßen

1690 Mehr als 10.000 Siedler aus Europa leben in Kanada

1713	Im Utrechter Frieden werden den Engländern Nova Scotia (Akadien), das Hudson Bay-Gebiet und Neufundland zugesprochen. Frankreich erhält New Brunswick, Cape Breton und Prince Edward Island
1756–176	Der Siebenjährige Krieg der europäischen Großmächte wirkt sich bis in die Kolonien aus: Frankreich verliert die Herrschaft über die Provinz Québec
1774	Der „Québec Act" sichert den Frankokanadiern eine religiöse und kulturelle Sonderstellung zu, vor allem manifestiert in dem Recht auf die Anwendung der französischen Sprache. Der Spanier Juan José Perez Hernandez erforscht als Erster per Schiff die Pazifikküste
1776	James Cook kartografiert die Nordwestküste Amerikas
1791	Mit dem „Canada Act" wird Québec in Oberkanada (Ontario) und Unterkanada (Französisch-Québec) aufgeteilt
1793	Alexander Mackenzie erreicht als erster Europäer die Pazifikküste über den Landweg
1812–1814	Grenzstreitigkeiten zwischen England und den USA führen zum Britisch-Amerikanischen Krieg
1841	Ober- und Unterkanada werden erneut vereinigt – ein Versuch, die Frankokanadier zu assimilieren
1846	Im sog. Oregon-Kompromiss einigen sich die USA und Großbritannien auf den 49. Breitengrad als gemeinsame Grenze
1848	Nova Scotia erhält als erste Provinz die politische Autonomie
1860er-Jahre	Diverse Goldfunde sorgen für einen gewaltigen Entwicklungsschub der Provinz. Binnen kurzer Zeit strömen Zehntausende von Prospektoren nach British Columbia. Neue Straßen, Häuser und Zulieferbetriebe für die Goldsucher werden aus dem Boden gestampft
1866	British Columbia und Vancouver Island fusionieren und bilden fortan eine Provinz

In Dawson City (s. S. 66) wird man in die Zeit des Klondike Gold Rush zurückversetzt

1867	Der British North America Act konstituiert das Dominion of Canada. Ontario, Québec, Nova Scotia und New Brunswick werden zu einem Staat unter voller politischer Autonomie vereinigt
1869	Die Hudson's Bay Company überlässt das von ihr kontrollierte Territorium Kanada. Dadurch gewinnt das Land enorm an Fläche
1871	British Columbia tritt der Konföderation bei, zwei Jahre später Prince Edward Island
1885	Die Canadian Pacific Railway wird fertiggestellt. Reisende können das Land jetzt vom Atlantik bis zum Pazifik auf Schienen durchqueren
1896	Nach Goldfunden am Klondike im Yukon Territory erfasst ein Goldrausch Nordamerika
1901	Der Ingenieur Guglielmo Marconi empfängt auf dem Signal Hill bei St. John's auf Newfoundland den ersten transatlantischen Funkspruch
1903	Saskatchewan schließt sich dem Bund an, 1905 folgt Alberta
1914–1918	Kanada nimmt an der Seite der Alliierten am Ersten Weltkrieg teil. Mehr als 60.000 kanadische Soldaten lassen ihr Leben
1931	Durch das Statut von Westminster wird Kanada souveräner Staat im British Commonwealth of Nations
Frühe 1930er-Jahre	Die Weltwirtschaftskrise beschert Kanada als engstem Handelspartner der USA eine Rekordarbeitslosigkeit von 27 %
1939–1945	Auch im Zweiten Weltkrieg kämpft Kanada auf Seiten der Alliierten gegen die Deutschen
1949	Newfoundland tritt nach einer Volksabstimmung als letzte Provinz dem kanadischen Bund bei
1959	Der Sankt-Lorenz-Seeweg, die Verbindung zwischen dem Atlantik und den Großen Seen, wird eröffnet
1960	In der Bill of Rights erhalten die Ureinwohner – Indianer und Inuit – das Bundeswahlrecht
1962	Der Trans-Canada Highway, der erste durchgehende Highway von der West- zur Ostküste, wird eröffnet
1965	Die kanadische Flagge mit dem Ahornblatt („Maple Leaf Flag") wird erstmals gehisst
1967	Weltausstellung Expo in Montréal
1969	Der Official Language Act regelt die gesetzliche Anerkennung von Englisch und Französisch als offizielle gleichberechtigte Amtssprachen
1970	Premierminister Pierre Trudeau von der Liberalen Partei verhängt das Kriegsrecht, nachdem Extremisten der Front de Liberation du Québec Anschläge verübt und den Arbeitsminister der Provinz ermordet haben
1976	Die XXI. Olympischen Sommerspiele werden in Montréal eröffnet
1980	Ein von der Parti Québecois angestrengtes Referendum über den Austritt der Provinz aus dem kanadischen Bund wird von 60 % der Bevölkerung abgelehnt
1982	Die letzten Vollmachten des britischen Parlaments erlöschen
1988	XV. Olympische Winterspiele in Calgary; Ottawa zahlt den indigenen Völkern der Métis und Dene $ 500 Mio. Entschädigung und gesteht ihnen Landrechte in den Northwest Territories zu
1994	Das trilaterale Handelsabkommen NAFTA (North American Free Trade Association) zwischen den USA, Kanada und Mexiko tritt in Kraft. Damit entsteht zu jener Zeit der größte Wirtschaftsblock der Welt

1999	Das neue autonome Inuit-Territorium Nunavut („unser Land") entsteht. Es umfasst die Osthälfte der Northwest Territories und ist extrem dünn besiedelt
2003	Finanzminister Paul Martin von der Liberalen Partei wird Nachfolger seines Parteifreundes Jean Chretien als Premierminister. Außenpolitisch geht er auf Distanz zum großen Nachbarn USA: Er weigert sich, Truppen in den Irak-Krieg zu schicken
2005	Kanada entwickelt sich aufgrund der günstigen Kosten immer stärker als Produktionsstandort für Hollywoodfilme. Vor allem Vancouver und Toronto sind bevorzugte Schauplätze
2006	Die Konservativen unter Stephen Harper gehen als Sieger aus den vorgezogenen Parlamentswahlen hervor
2008	Stephen Harper geht aus den Unterhauswahlen erneut als Sieger hervor
2010	Im Februar werden die XXI. Olympischen Winterspiele in Vancouver eröffnet. Das Gastgeberland wird die sportlich erfolgreichste Nation; Kanada richtet in Huntsville (Ontario) den 36. G-8-Wirtschaftsgipfel aus, gefolgt vom G-20-Treffen der führenden Industrie- und Schwellenländer in Toronto
2011	Bei den Parlamentswahlen am 2. Mai gewinnt erneut die Konservative Partei unter Stephen Harper und verfügt nun über eine knappe Mehrheit
2012	Premierminister Harper ist im Februar auf Staatsbesuch in China, um über Wirtschaftskooperationen vor allem im Energiesektor zu verhandeln. Einer der Hintergründe: Die USA weigern sich, eine kanadische Pipeline mit kanadischem Öl über ihr Territorium zu genehmigen

Der Trans-Canada Highway bildet seit 1962 die einzige durchgehende transkontinentale Straßenverbindung Kanadas

Allgemeine Reiseinformationen

Autofahren und Mietwagen

In den meisten westlichen Provinzen kann man mit dem deutschen Führerschein fahren, einige Autovermietungen bevorzugen jedoch einen **internationalen Führerschein**, den man vor der Reise sicherheitshalber beantragen sollte. Zudem muss man mindestens **21 Jahre alt** sein und für Bezahlung und Kaution eine **Kreditkarte** vorlegen können.

Was den **Straßenzustand** betrifft, ist dies von Region zu Region unterschiedlich. In der Regel sind die Straßen in größeren Städten recht gut in Schuss, während man in weniger dicht besiedelten Gebieten eher mit Schotterpisten rechnen muss. Der Dempster Highway im hohen Norden ist zum Beispiel (bis auf die ersten wenigen Kilometer) eine reine Schotterstraße.

Die Kanadier sind im Allgemeinen – vor allem auf dem Land – recht entspannte Autofahrer. Man darf hier grundsätzlich **rechts überholen**, damit sollte man auch jederzeit rechnen. Vor allem außerhalb der Ballungszentren kann es auch Strecken von bis zu 250 km ohne **Tankstelle** geben. Benzinstand (und Ersatzreifen/Pannenwerkzeug) also vor jeder Etappe prüfen!

Sollte man in eine **Verkehrskontrolle** gelangen, ist es üblich, im Auto zu bleiben und auf Instruktionen zu warten. Führerschein und Versicherungspapiere kann man in jeden Fall zum Vorzeigen bereitlegen.

Viele bekannte **Mietwagenfirmen** (u. a. Alamo, Avis, Budget, Hertz) haben ein flächendeckendes Netz von Abholstationen in Kanada und Alaska. Am besten bucht man den Wagen bereits von Deutschland aus über **Online-Portale** (z. B. www.holidayautos.de oder www.billiger-mietwagen.de), die oft mit regionalen oder lokalen Anbietern zusammenarbeiten. Auch der ADAC hat günstige Angebote, s. Stichwort Reiseveranstalter.

Die Autos werden in den **Kategorien** Economy (Kleinwagen), Compact (untere Mittelklasse), Intermediate (obere Mittelklasse), Full Size (Oberklasse), Luxury (Luxusklasse), Station Waggon (Kombiwagen) und Van (Kleinbus) angeboten. Daneben lohnt es sich, über **Camper** oder gar luxuriöse **Motorhomes** (also quasi „Häuser auf Rädern") nachzudenken. Der Vorteil: Man spart Übernachtungskosten und kann auch entlegene Gebiete anfahren. Allerdings ist der Nachteil bei Motorhomes, dass ihr Benzinverbrauch extrem hoch ist. Kleiner Trost: Benzin ist erheblich billiger als in Europa. Eine gute Website, um sich aktuell über **Benzinpreise** in Nordamerika zu informieren ist www.gasbuddy.com.

☞ **Wichtig!** Es existieren **zwei Mietsysteme**: Niedrige Tagesrate bei begrenzten Kilometern und höhere Tagesrate bei unbegrenzten Kilometern. Die Wagen sind alle haftpflicht- und vollkaskoversichert, mit einer geringen Selbstbeteiligung, die man aber auch noch gegen einen kleinen Aufpreis beseitigen kann.

Während man Mietwagen meist am Flughafen entgegennehmen kann, sieht das bei Wohnmobilen anders aus. Die bekommt man meist erst am Tag nach der Ankunft. Man wird in der Regel von einem Repräsentanten der Firma im Hotel abgeholt und kostenlos zur RV-Station gebracht. Dort erfolgt die Einweisung in die Technik des manchmal 9 m langen Fahrzeugs, oft von deutschsprachigem Personal, was das Ganze erleichtert.

Diplomatische Vertretungen

Kanadische Vertretungen in Deutschland, Österreich und der Schweiz
- **Kanadische Botschaft in Deutschland**, Leipziger Platz 17, 10117 Berlin, Tel. 0049-30-20312-0, www.canadainternational.gc.ca/germany-allemagne
- **Kanadische Botschaft in Österreich**, Laurenzerberg 2 (3. Stock), 1010 Wien, Tel. 0043-1-531-38-3000, vienn@international.gc.ca, www.canadainternational.gc.ca/austria-autriche
- **Kanadische Botschaft in der Schweiz**, Kirchenfeldstr. 88, 3005 Bern, Tel. 0041-31-357-3200, bern@international.gc.ca, www.suisse.gc.ca

Deutsche Vertretungen in Kanada
- **Deutsche Botschaft in Kanada** (German Embassy Ottawa), 1 Waverley Street, Ottawa, Ontario, K2P 0T8, Tel. 613-232-1101, www.ottawa.diplo.de
- **Deutsches Generalkonsulat in Vancouver** (Consulate General of the Federal Republic of Germany), World Trade Centre, Suite 704, 999 Canada Place, Vancouver, BCV6C 3E1, Tel. 604-684-8377, www.vancouver.diplo.de
- **Weitere Generalkonsulate** in Toronto, Montréal und ein **Honorarkonsulat** in Winnipeg.

Unterwegs im Wohnmobil – eine der besten Arten in Kanada zu reisen

Anhang

Österreichische Vertretungen in Kanada
- **Österreichische Botschaft in Kanada** (Embassy of Austria), 445 Wilbrod Street, Ottawa, ON KIN 6M7, Tel. 613-789-1444, ottawa-ob@bmeia.gv.at, www.austro.org
- **Österreichisches Generalhonorarkonsulat in Vancouver**, 1160-595 Howe Street, Vancouver, BCV6C 2T5, Tel. 604-687-3338, austrianconsulate bc@gmail.com
- **Weitere Honorar- und Generalhonorarkonsulate** in Toronto, Montréal, Halifax, Calgary, Regina und Winnipeg.

Vertretungen der Schweiz in Kanada
- **Schweizer Botschaft in Kanada** (Embassy of Switzerland), 5 Marlborough Avenue, Ottawa, ON, KIN 8E6, Tel. 613-235-1837, www.eda.admin.ch
- **Generalkonsulat der Schweiz in Vancouver**, World Trade Center, 790–999 Canada Place, Vancouver, BCV6C 3EI, Tel. 604-684 22 31
- **Weitere Generalkonsulate** in Toronto und Montréal.

Einreise und Reiseunterlagen

Um in Kanada Urlaub zu machen, benötigt man als deutscher Staatsbürger kein Visum, der **Reisepass genügt**. Man sollte außerdem eventuelle Kontaktdaten mitführen (Name des Hotels, Name und Anschrift von Freunden, die man besucht, eventuell Telefonnummern), danach wird an der Grenze bei der Ankunft normalerweise gefragt.

Eine **Auslandskrankenversicherung** ist sehr empfehlenswert. **Medikamente** für eigenen Bedarf bei chronischen Erkrankungen dürfen eingeführt werden. Erkundigen Sie sich eventuell vor Reisebeginn über die englische Bezeichnung regelmäßig benutzter Medikamente, damit im Notfall vor Ort ein Rezept ausgestellt werden kann. Hat man Allergien, sollte man dies ebenfalls auf Englisch artikulieren können.

Für einen Urlaub in Kanada braucht man **keine besonderen Impfungen**. Empfohlen sind jedoch Polio, Tetanus, Diphtherie und Hepatitis B. Die Kanadier selbst werden meist im Kindesalter noch gegen Meningitis geimpft, eine Impfung gegen Tollwut ist hier auch nicht unbedingt eine Ausnahme.

Essen und Trinken

Kulinarisch gesehen hat Kanada **viele Einflüsse** – schließlich sind in hier Menschen aus so ziemlich allen europäischen Nationen eingewandert. Von Fast Food bis 4-Sterne-Restaurant ist alles vorhanden, besonders beliebt sind Steaks, Ribs und Lachs.

Versorgen Sie sich z. B. im Wohnmobil selbst, werden Sie **Preisunterschiede** feststellen: Milchprodukte sind im Allgemeinen teurer als in Deutschland, während (qualitativ sehr hochwertiges) Rindfleisch wesentlich günstiger ist. Bestimmte Obst und Gemüsesorten sind nur saisonal erhältlich. Grundsätzliche gilt: Je weiter man in den Norden kommt, desto teurer sind die Lebensmittel.

Fremdenverkehrsämter

Kanadisches Fremdenverkehrsamt
- **Canadian Tourism Commission, CTC**
  Suite 1400, Four Bentall Centre, 1055 Dunsmuir Street, P.O. Box 49 230, Vancouver, BCV7X 1L2, Tel. 604-638-8300, http://en-corporate.canada.travel/
- **Büro Deutschland: Travel Marketing Romberg TMR GmbH**
  Schwarzbachstr. 32, 40822 Mettmann, Tel. 02104-9524110, canada@travelmarketing.de, www.travelmarketing.de, http://de.canada.travel

Fremdenverkehrsämter der westkanadischen Provinzen
- **Alberta Tourism**, www.travelalberta.com (auch deutschsprachige Seiten)
- **British Columbia**, www.hellobc.com (auch deutschsprachige Seiten)
- **Northwest Territories**, www.spectacularnwt.com
- **Yukon**, www.travelyukon.de

Kleidung

Das Wetter im Westen Kanadas ist so unterschiedlich, dass man innerhalb vom 300 km mehrere Klimazonen durchfahren kann (s. Stichwort Klima). Kleidung und Schuhe sollten deshalb den Wetterverhältnissen angepasst sein. Die beiden wichtigsten Kleidungsstücke sind festes Schuhwerk und eine Kopfbedeckung als Sonnenschutz. Kleiden Sie sich im **„Zwiebelschalenprinzip"**, so dass Sie immer ein oder zwei Lagen aus- oder anziehen können.

Klima

Kanada ist als zweitgrößter Flächenstaat der Erde ein Land mit kontinentalen Ausmaßen. Entsprechend unterschiedlich sind die Wetterverhältnisse. Die **Hauptreisezeit** beschränkt sich auf die beiden Sommermonate Juli und August. Selbst im Juni bleibt es in den Bergregionen der „Rockies" empfindlich kühl. Manche Seen sind noch zugefroren, Schneefelder keine Seltenheit.

Im **Hochsommer** schnellen die Temperaturen in Städten wie Montréal und Toronto auf mehr als 30 °C, während Vancouver ein etwas kühleres, maritimes Klima aufweist. Der Herbst entwickelt sich zunehmend zur zweiten Hauptreisezeit wegen der wunderschönen Laubfärbung des **Indian Summer**. Im Winter wird es fast überall in Kanada sehr kalt. Wenn die **Blizzards**, die heftigen Schneestürme aus dem Norden, über die großen Städte hinwegfegen, sinken die Temperaturen im Januar manchmal auf minus 30 °C. Durch den Windchill-Effekt liegt die gefühlte Temperatur noch darunter. Im hohen Norden wurden bereits Rekordtemperaturen von minus 60 °C gemessen.

Über **Wettervorhersagen und Straßenverhältnisse** informiert die Website des Weather Network: www.theweathernetwork.com.

Moskitos und Wildtiere

Bei warmem Wetter – vor allem in der Wildnis und im hohen Norden – kommen Millionen von Moskitos. Außer langer Kleidung hilft eigentlich nur das **Insektenschutzmittel OFF**, mit dem man sich unbedingt nach der Ankunft in Kanada eindecken sollte. Die kanadischen Moskitos scheinen gegen alles andere immun zu sein. OFF gibt es als Spray, Kerze und für den Gürtel (sieht aus wie ein Lufterfrischer).

Moskitos können der Urlaubsfreude zwar einen Dämpfer versetzen, weitaus gefährlicher kann jedoch das kanadische **Wildtier-Trio** Bär, Puma und Elch werden. Bären sind zahlreich und gehören fast schon zum Straßenbild. Pumas werden nur selten gesichtet, die meisten gibt es auf Vancouver Island. Elche (engl. Moose) sehen zwar nicht bedrohlich aus und sind von Natur aus auch nicht aggressiv, dennoch sollte kein Angriff durch eine Störung provoziert werden. Ein ausgewachsener Bulle wiegt bis zu 700 kg – da heißt es schnell in Deckung gehen!

Nationalparks

Kanada hat **44 National Parks**. Diese Zahl wächst kontinuierlich. Hinzu kommen sieben National Park Reserves, drei National Marine Conservation Areas, ein National Landmark und 167 National Historic Sites. Sie alle werden von der Regierungsbehörde Parks Canada verwaltet, die dem Umweltschutzministerium untersteht:
Parks Canada National Office, 25-7-N Eddy Street, Gatineau, Quebec, Canada, K1A 0M5, Tel. 613-860-1251 (internationale Anfragen) und 1-888-773-8888, www.parkscanada.ca.

Wer einen Park besuchen und/oder in ihm campen will, benötigt ein **Eintrittsticket (Permit)**, das auch als **Jahresticket (National Pass)** gekauft werden kann. Damit kann man in einem Jahr „seinen" Lieblings-Nationalpark besuchen, so oft man will. Wer als Kleingruppe (etwa als Familie) anreist, bekommt Ermäßigungen, dasselbe gilt für Kinder und Senioren. Darüber hinaus gibt es einen **Jahrespass** (**Parks Canada Discovery Pass**), der neben den National Parks auch noch viele National Historic Sites einschließt. Rein rechnerisch lohnt sich der Kauf eines Jahrespasses bereits ab einer Verweildauer von einer Woche in einem oder mehreren National Parks. Die jeweils aktuellen Ticketpreise sind der Website www.parkscanada.ca zu entnehmen.

Der älteste National Park ist Banff, der bereits 1885 gegründet wurde. Der jüngste ist seit 2012 der Nááts'ihch'oh National Park in den Northwest Territories. Daneben gibt es mehrere hundert **Provincial Parks**, die in Größe und Ausstattung den National Parks oft nicht nachstehen, jedoch nicht die hohe Schutzwürdigkeit genießen. National Parks sollen den Naturschutz mit der Erholungsmöglichkeit der Besucher vereinbaren. Einige der Nationalparks sind weltberühmt, dazu zählen vor allem die Schutzgebiete in Westkanada: Banff, Jasper, Glacier, Kootenay, Gulf Islands und Yoho.

Notfälle

Die Notfallrufnummer lautet Tel. **911**.
Man kann auch die **0 (Operator)** wählen und sich direkt mit der Polizei, Feuerwehr oder dem Notarzt verbinden lassen. Notrufe aus Telefonzellen sind kostenlos.

Bei **Autopannen** und Unfällen hilft die Canadian Automobile Association (CAA) unter der Notrufnummer Tel. 800-CAA-HELP.
ADAC-Notrufstation in Kanada/USA, Tel. 1-888-222-1373 (deutschsprachig)

Reiseveranstalter

Für ein individuelles Erleben Kanadas sollte man kompetente Reiseexperten konsultieren. Die folgenden empfehlenswerten Anbieter beraten zu Flügen, Rundreisen und/oder Mietwagen:
- **Fasten your Seatbelts**: http://fasten-your-seatbelts.de
- **SK Tourstik**: www.sktouristik.de
- **America Unlimited**: www.america-unlimited.de
- **ADAC**, vor allem als Autovermieter: www.adac.de/autovermietung

Im Banff National Park

Wechselkurs

Stand Februar 2013, siehe www.oanda.com

1 kanadischer Dollar = 0,74 €	1 €= 1,35 kanadischer Dollar
1 kanadischer Dollar = 0,91 CHF	1 CHF = 1,10 kanadischer Dollar

Typisch kanadisch!

Gewissenhaft, genau und immer pünktlich? Typisch deutsch! Aber was ist denn eigentlich typisch kanadisch?

Die Reihenfolge der folgenden Liste bestimmt hier nicht unbedingt die Wichtigkeit, aber ich denke, dass **Eishockey** ein guter Anfang ist. Dieser Sport war schon lange vor den Zeiten von Superstar Wayne Gretzky beliebt und wird von Jung und Alt gespielt, verfolgt und besprochen. Die Teams werden glühend verehrt und der eigene Nachwuchs schon früh morgens um 6 Uhr in die Eisarena zum Training geschleppt – der Sprössling könnte ja der nächste Gretzky sein. Während des Stanley Cups, dem wichtigsten Eishockey-Turnier der Welt, ändern einige Geschäfte schon mal spontan ihre Öffnungszeiten, damit auch alle das Spiel sehen können.

Ebenfalls ganz oben auf der Liste des Typischen steht **Tim Hortons**, oder Timmies, wie die Kanadier den Donut- und Coffeeshop liebevoll nennen. Es gibt in so ziemlich jedem Winkel Kanadas eine Filiale, die rund um die Uhr Donuts und Timbits (Mini-Donut-Kugeln) sowie den heiß geliebten Double Double – das ist ein Kaffee mit zweimal Zucker und zweimal Milch – bereithält. Jedes Jahr im Frühjahr wird das sogenannte „Roll Up The Rim To Win" veranstaltet, an dem ganze Nation teilnimmt: Etwa vier Wochen lang verstecken sich unter dem Rand der Pappbecher Tausende von Preisen, die man durch Aufrollen entdecken und dann einlösen kann.

Doch Kanada ist nicht nur durch Hockey und Donuts definiert. Die Bewohner des zweitgrößten Landes der Welt sind dafür bekannt, ausgesprochen freundlich und respektvoll zu sein. Hinzu kommen noch Attribute wie Offenheit und Toleranz. Als Besucher (oder Auswanderer) versteht man schnell, warum Kanada oft als **„das bessere Amerika"** gilt. Das heißt jedoch nicht, dass die Kanadier nicht patriotisch wären. Die rot-weiße Ahorn-Flagge weht in jeder Gemeinde und in den Schulen wird die Nationalhymne gesungen. Am 1. Juli, dem Nationalfeiertag Canada Day, wird sich in entspannter Atmosphäre ein Stückchen Kanada-Geburtstagskuchen geteilt und darauf angestoßen, dass man im „im wahren Norden, stark und frei" leben kann, wie es in der Nationalhymne „O Canada" heißt.

Kanada – vor allem der Westen – ist außerdem das **Land der Cowboys**. Jawohl, Cowboys gibt es nicht nur in den USA! Einige der größten Rinderzuchten der Welt sind in British Columbia und

Eishockey ist der Nationalsport Kanadas

Alberta. Größere Ranches sind wie kleine Dörfer angelegt, komplett mit Schulen und Kirchen für die Männer und ihre Familien. Cowboys und Rodeos haben eine lange Tradition und eigene Kultur in Kanada.

Im freien, naturverbundenen Lebensstil der Cowboys spiegelt sich schließlich ein weiteres typisch kanadisches Hobby wider: **Camping**. Von Victoria Day (Ende Mai) bis Labour Day (Anfang September) ist dies die Lieblingsbeschäftigung der Kanadier – schließlich wird im Sommer kein Hockey gespielt. Wohnwagen und Wohnmobile werden geputzt, Zelte und Boote gepackt und in einem der zahlreichen Provinz- und Nationalparks platziert. Dort wird dann nach Herzenslust geangelt, gewandert, relaxt und gefeiert. Schon allein die Tatsache, dass man in Kanada lebt, ist ja schließlich genug Grund zum Feiern!

Camping am Yukon River

Typische **Redewendungen** und Ausdrücke dürfen auf der Liste selbstverständlich nicht fehlen. Allen voran das berühmt-berüchtigte „eh", das den Kanadier weltweit (und vor allem in den USA) als solchen identifiziert. Was dem Franken sein „fei" und dem Berliner sein „wa" ist, ist dem Kanadier das „eh". Es kann einen Satz zur Frage machen oder ihm einfach nur mehr Ausdruck verleihen – und es wird äußerst großzügig eingesetzt. Beispiele: „Nice day, eh?", „Is that right, eh?" oder „I'm from Canada, eh!".

Fast genauso oft in Gebrauch wie das „eh" ist das allseits beliebte „You betcha!", was so viel wie „Na klar!" bedeutet. Es kann als Antwort auf so ziemlich jede Frage dienen oder nur eine Absichtserklärung verstärken. Wenn man in Kanada unterwegs ist, wird man „eh" und „you betcha" sicher oft hören – als Antwort darauf ist ein „Right on!" immer angebracht.

Zu guter Letzt müssen die **„Mounties"** erwähnt werden: Die Männer der Royal Canadian Mounted Police (s. auch S. 174) gelten, vor allem wenn sie bei besonderen Anlässen ihre rote Paradeuniform tragen, als typisch kanadisch.

Das 1x1 des Auswanderns nach Kanada

Kanada gilt als Traumland und ist nicht nur ein beliebtes Urlaubs-, sondern auch ein begehrtes Auswanderungsziel. Menschen aus allen Teilen der Welt kommen jedes Jahr hier an, um sich ein neues Leben aufzubauen. Für Deutsche mit Fernweh gibt es **verschiedene Wege**, um temporär oder permanent kanadische Luft zu schnuppern.

Wer nur zeitweise in Kanada arbeiten will, kann sich für Stellen in Kanada sogar über die deutsche **Agentur für Arbeit** bewerben. Der notwendige Papierkrieg wird dann meist vom kanadischen Arbeitgeber übernommen. Oft werden Handwerker im Bereich Trockenbau, Sanitär oder Heizung gesucht.

Wer das zweitgrößte Land der Welt zu seiner neuen Heimat machen möchte und keine nahen Angehörigen in Kanada hat, die als Sponsor agieren könnten, hat die besten Chancen als Teilnehmer der **Einwanderungsprogramme**, die eine wirtschaftliche Orientierung haben:

Zum einen gibt es das sogenannte **Punktesystem**. Dabei werden in einem Fragebogen Fähigkeiten, Ausbildung, Sprachkenntnisse und verfügbares Kapital abgefragt. Daraus wird eine Punktzahl errechnet, die darüber bestimmt, ob man eine permanente Aufenthaltsgenehmigung und Arbeitserlaubnis beantragen kann. Zuletzt lag die Grenze bei 72 Punkten.

Zum anderen haben Investoren eine Chance, die in Kanada ein **Unternehmen gründen** oder ein bestehendes kaufen möchten. Um sich für diese Art der Einwanderung zu qualifizieren, muss ein bestimmtes Startkapital vorhanden sein. Nach einer Reihe von Anträgen erhält der erfolgreiche Kandidat eine auf zwei Jahre befristete Arbeitserlaubnis. Nach deren Ablauf muss ein Unternehmen gegründet oder gekauft worden sein, sonst ist der Traum vom Leben in Kanada vorbei.

Die dritte und letzte Möglichkeit ist schließlich das **Provincial Nominee Program (PNP),** das meine Familie und ich in Anspruch genommen haben. Fast jede Provinz in Kanada hat ihr eigenes PNP und bevorzugt Einwanderungskandidaten in bestimmten Berufszweigen. Der Antrag wird zusammen mit dem zukünftigen Arbeitgeber gestellt. Die Bearbeitung erfolgt bevorzugt, dabei entfällt durch die be-

---

Hilfreiche und informative Internetseiten

- **Einwanderungsbehörde**, wenige Informationen auch in deutscher Sprache: www.canada.de.
- **Einwanderungsportal British Columbias**: www.welcomebc.ca.
- **Kanadaweite Stellenangebote**. Hier kann detailliert nach offenen Stellen in allen Provinzen und Städten gesucht werden: www.jobbank.gc.ca.
- **Foreign Credentials Referral Office**. Auf dieser Seite kann man herausfinden, ob der angestrebte Beruf in der Provinz der Wahl reguliert ist und ob die deutsche Berufsausbildung anerkannt wird: www.credentials.gc.ca.
- **Krankenversicherung in British Columbia**. Hier gibt es Informationen zu Preisen und Leistungen: www.health.gov.bc.ca/msp.

reits garantierte Arbeitsstelle der Nachweis des Startkapitals (wobei es leichtsinnig wäre zu denken, dass man in Kanada ohne Startkapital Fuß fassen könnte).

Kandidaten, die sich erfolgreich beim PNP beworben haben, erhalten sofort nach Genehmigung eine **Arbeitserlaubnis** und können damit ins neue Leben starten. Die Bearbeitung des eigentlichen Einwanderungsantrages erfolgt dann durch die Nationalbehörde Citizenship and Immigration Canada (CIC).

Es führen sicherlich **viele Wege nach Kanada**, aber nachdem meine Familie und ich seit fast fünf Jahren erfolgreich in Kanada leben und arbeiten, möchte ich gerne den Ablauf unserer eigenen Auswanderung in den Westen Kanadas schildern:

Als wir uns entschlossen hatten, Kanada zu unserer neuer Heimat zu machen, stellten wir zunächst **Nachforschungen** an, welche Provinz für uns in Frage kam. Wir sammelten Informationen über das Land und informierten uns über die Einwanderungsmöglichkeiten in die verschiedenen Provinzen. Zudem stellten wir uns folgenden Fragen: Wie ist die aktuelle Lage am Arbeitsmarkt? In welcher Provinz sind handwerkliche Tätigkeiten reguliert? Sind Prüfungen nötig, um den Installateur-Beruf meines Mannes ausüben zu können? Wir entschieden uns schließlich für das Provincial Nominee Program der Provinz British Columbia, weil Installateure dort heiß begehrt waren. Anschließend machten wir uns auf die Suche nach einer geeigneten Arbeitsstelle für meinen Mann. Die beste Quelle war die Internetseite des kanadischen Arbeitsamtes, die **Bewerbungen** verschickten wir per E-Mail. Was man wissen muss: In Kanada ist es im Allgemeinen nicht üblich, Absagen zu erteilen. Falls Interesse besteht, meldet sich der potentielle Arbeitgeber in der Regel innerhalb von ein bis zwei Wochen.

Es dauerte etwa sechs Wochen, bis meinem Mann – nach mehreren telefonischen Vorstellungsgesprächen – drei Stellenangebote vorlagen. Nachdem wir uns für eine Stelle entschieden hatten, stellten wir zusammen mit dem Arbeitgeber die PNP-Anträge. Zur damaligen Zeit dauerte die Bearbeitung acht Wochen, die wir mit der **Auflösung des Hausstandes** in Deutschland und der Wohnungssuche am neuen Heimatort verbrachten. Nach unserer Ankunft in Kanada fing der Papierkrieg dann erst richtig an: Sozialversicherungsnummern, Krankenversicherungen, das Anmieten eines Postfaches, Kontoeröffnungen ... und den Start ins neue Arbeits- und Schulleben nicht zu vergessen.

Von der neuen Heimat aus stellten wir dann schließlich den eigentlichen **Einwanderungsantrag**. Nach etwa sechs Monaten Bearbeitungszeit erhielten wir die Aufforderung zur Einwanderungsuntersuchung und weitere drei Monate später kam schließlich (zusammen mit der Rechnung für die Permanent Resident-Karten, kurz PR Cards) die Aufforderung, unsere Reisepässe an die Kanadische Botschaft in Berlin zu schicken.

Als die Pässe wenige Tage später wieder zurückkamen, enthielten sie das endgültige **Einwanderungsvisum**. Um den ganzen Prozess abzuschließen, mussten wir uns zum nächsten Grenzübergang begeben und nochmals offiziell in Kanada einreisen. Einmal kurz zu Fuß in die USA und zurück, dann hieß es für uns: „Welcome to Canada!"

Fünf Tipps für Auswanderer nach Kanada

Ohne Englischkenntnisse geht es nicht
Für eine Einwanderung mit dem PNP sind Englischkenntnisse zwar (noch) nicht zwingend erforderlich, aber man tut sich keinen Gefallen, wenn man versucht, so über die Runden zu kommen. Die Kanadier sind offen und freundlich, aber jede Kommunikation hat ihre Grenzen – Kanada ist kein auf deutsche Touristen eingestelltes Land wie Italien oder Spanien. Wer sich nicht verständigen kann, hat hier einen erheblichen – und sehr frustrierenden – Nachteil.

Ohne Geld geht es nicht
Eine Auswanderung ist nicht billig. Um im neu gewählten Heimatland nicht in finanzielle Not zu geraten, sollte man auf Rücklagen zurückgreifen können. Das Auswanderungsbudget für eine vierköpfige Familie könnte so aussehen:

Kosten für die Antragsstellung beim PNP	400 €
Kosten für 2 Work Permits und 2 School Permits	450 €
One-Way-Flüge nach Vancouver für 4 Personen	2.000 €
Hotel für die ersten Nächte	290 €
Mietauto für eine Woche	300 €
Mietkaution (üblicherweise eine halbe Monatsmiete)	250 €
Erste Monatsmiete	500 €
Lebensmittel-Erstausstattung	300 €
Notwendige Möbel (Betten, Sofa, Esstisch, Stühle)	3.000 €
Auto (gebraucht)	2.500 €
Autoversicherung für 3 Monate	250 €
Auslandskrankenversicherung für 3 Monate	200 €
Erstausstattung für 2 Schulkinder	100 €
Installateur-Arbeitskleidung und -Werkzeug	1.000 €
Kaution für Strom, Gas und Telefon (durchaus üblich, wird nach dem ersten Jahr tadelloser Zahlung der monatlichen Rechnung mit Zinsen zurückerstattet)	300 €
Lebensunterhalt für den ersten Monat	1.000 €
Antragsstellung für die PR-Cards	950 €
Kosten für die Einwanderungsuntersuchungen	800 €
Gebühr für die Ausstellung der PR-Cards	900 €
Gesamt	**15.490 €**

Noch nicht berücksichtigt sind hier Kosten für Übersee-Container oder die Umzugsfirma, wenn man vorhat, seinen Hausstand mitzunehmen. Dann fallen die Kosten für notwendige Möbel weg.

Seien Sie realistisch
Realistische Erwartungen schützen vor Enttäuschungen. Kanada ist traumhaft, aber es steht bei Ihrer Ankunft kein Empfangskomitee am Flughafen. Die Kanadier legen viel Wert auf ihre Freizeit und leben im Allgemeinen ein entspanntes, stressfreies Leben – das bedeutet aber nicht, dass nicht hart gearbeitet wird.

Verlassen Sie sich auf sich selbst
Viel Freiheit bedeutet auch viel Eigenverantwortung. In Kanada nimmt einen niemand an der Hand und leitet einen durch den Auswanderungsprozess oder durchs Arbeitsleben. Alle Informationen sind frei verfügbar, man muss sich engagieren und sich selbst um alles kümmern. Dabei helfen gute Englischkenntnisse ungemein.

Seien Sie flexibel
Wenn man in Kanada angekommen ist, dauert es mit Sicherheit nicht lange, bis man die Redewendung „No worries!" hört. Während das akkurate deutsche Gemüt in einer Panikattacke versinkt, bleibt der Kanadier ganz locker. „Gleich zurückrufen" kann schon mal eine Woche dauern und Pläne ändern sich eben ... Ein gutes Credo lautet: „When you live in Canada, do as the Canadians do."

Literaturtipps

Die nachfolgende Liste stellt eine kleine Auswahl an weiterführender Literatur über das Reisen, das Leben und die Geschichte West-Kanadas dar.

Reiseführer (auf Deutsch)
Kerstin **Auer**, Andreas **Srenk**: *Kanada-Westen.* Iwanowski's Reisebuchverlag.

Reiseführer/Karten (auf Englisch)
John **Lee**: *British Columbia & Canadian Rockies.* Lonely Planet.
Backroads Mapbooks: *www.backroadmapbooks.com.* Umfangreiche, detaillierte Karten mit GPS-Angaben und Nebenstraßen.

Sachbücher (auf Deutsch)
Anke C. **Burger**: *Reise nach Kanada: Geschichten fürs Handgepäck.* Aus dem Englischen übersetzte Geschichten von verschiedenen Autoren wie M. Atwood und A. Cameron.
Arved **Fuchs**: *South Nahanni: Kanu-Abenteuer im Norden Kanadas.* Reisebericht über die einzigartige Natur des Nahanni National Park.
Karsta und Dirk **Neuhaus**: *Bewerben und Arbeiten in den USA und Kanada.* Interessantes Buch über Arbeitsmöglichkeiten und die Regeln des globalen Marktes.
Bernd **Pöppelmann**, Heinz K. **Weigelt**: *Jagen abseits aller Wege: In Kanadas Wildnis mit Wasserflugzeug und Zelt.* Abenteuer auf der Jagd nach Grizzlies und Elchen.
Udo **Sautter**: *Geschichte Kanadas.* Überblick über die kanadische Geschichte in Ost und West sowie die kulturellen und politischen Hintergründe.
Alexander **Schwarz**: *Kauderwelsch, Canadian Slang, das Englisch Kanadas.* Ein Einblick in die alltägliche Umgangssprache Kanadas.

Sachbücher (auf Englisch)
Kerry **Colburn**: *So, you want to be Canadian.* Humorvoller Einblick in den kanadischen Alltag und das Kanadisch-Sein.
J. C. **Finlay**: *A Bird-Finding Guide to Canada.* Bilder. Landkarten und genaue Beschreibungen der Vogelarten Kanadas.
Paul **Henderson**: *How Hockey explains Canada.* Keine andere Nation definiert sich so sehr über Eishockey wie Kanada. Dieses Buch erläutert Zusammenhänge und Hintergründe des Nationalsports.
Gregory **Roberts**: *S is for Spirit Bear.* Familiengerechtes ABC für British Columbia mit tollen Illustrationen.

Belletristik (auf Deutsch)
Bernadette **Calonego**: *Unter dunklen Wassern.* Die in Vancouver lebende Auslandskorrespondentin der Süddeutschen Zeitung erzählt die spannende Geschichte einer gefährlichen Abenteuerreise durch British Columbia.
Michael **Eisele**: *Rufe in der Nacht.* Erzählungen von den Indianerstämmen unter der Mitternachtssonne, ein Großteil der Geschichten handelt von Kanada.
Helge **Sobik**: *Lesereise Kanada: Der Mann hinter dem Regenbogen.* Amüsant und spannend. Der Mann hinter dem Regenbogen stellt sich als Wunderheiler der Cree Indianer heraus.

Belletristik (auf Englisch)
Jo-Anne **Christensen**: *Ghost Stories of British Columbia.* British Columbia gilt als „Canada's most haunted province". Die Autorin präsentiert eine Auswahl der bekanntesten Geistergeschichten.
Martin Allerdale **Grainger**: *Woodsmen of the West.* 1908 erschienener Roman über das Leben in einem Holzfällercamp in British Columbia.
Richard **Proenneke**: *One Man's Wilderness.* Roman aus den 1970er-Jahren über einen Aussteiger, der einsam in der Wildnis Alaskas lebt.
Robert J. C. **Stead**: *The Homesteaders: A novel of the Canadian West.* Der kanadische Autor veröffentlichte dieses Porträt des Lebens in der Prärie im Jahre 1916.

Stichwortverzeichnis

A
Abraham Lake 95
Acwsalcta-Schule 46
Alaska Highway 212, 214
Alberta 216
Alberta Sports Hall of Fame 60
Alert Bay 76
Alexandra Falls 215
Allison Lake 225
Amtssprachen 228
Arbeitslosigkeit 229
Arctic Circle, YK 62
Armstrong, BC
 Armstrong Fair 166
Armstrong, Neil 12
Athabasca Oil Sands 54
Aurora 109, 150
Aurora Village 151
Außenhandel 229
Auswandern 242
Autofahren 234

B
Baillie House 164
Banff 218
Banff National Park 200, 217
Bannock 196
Bären 112, 146
Barkerville, BC 44
Bar U Ranch National Historic Site 138
Bär, weißer 78
BC Association of Farmers' Markets 196
Bear Glacier 212
Bella Coola 46
Bennett Lake 104
Bevölkerung 228
Bigfoot 82
Big Valley Jamboree 58
Billy Joss Open Celebrity Golf Tournament 73
Bisonfleisch 206
Blackfoot-Indianer 98
Black Tusk 124
Bodenschätze 229
Bridge of the 23 Camels 224
Bublé, Michael 37
Büffel 112
Büffelfleisch 196
Burns, Patrick 101

C
Calgary 100
Calgary Saddledome 135
Cameron Lake 91
Camping 241
Camrose, AB 58
Canada Day 29
Canada Place 12
Canadian Badlands 98, 177
Canmore 136

Canol Heritage Trail 152
Canyon Icewalks 128
Capilano 218
Carcross 104
Carcross Desert 104
Cariboo Gold Rush Trail 44
Cariboo Highway 224
Carp Lake Provincial Park 80
Cat-Skiing 124
Celebration of Light 28
Channel Floating 88
Chetwynd 162
Chilliwack 118, 224
Chinatown 15
Circle Farm Tour 118
Cli Lake 208
Coast Mountain Circle Tour 222
Coast Mountains 46, 220
Cooper, Gary 18
Coquihalla Canyon 18
Coquihalla River 126
Cowboy Trail 138
Crowsnest Pass, AB 56
Cultus Lake, BC 120
Cultus Lake Provincial Park 120
Cultus Lake Waterpark 120
Cypress Hill Massaker 92
Cypress Hills Interprovincial Park 92

D
Dark Sky Preserve 93
David Thompson Highway 94, 95
Dawson City 66, 204
Deep Creek Bridge 221
Deh Cho Travel Route 214, 215
Dempster Highway 62, 63, 68, 140
Dene First Nations Cultural Grounds 183
Diamanten 184
Diamond Tooth Gertie's 204
Diavik Mine 184
Dinosaur Provincial Park 176, 216
Diplomatische Vertretungen 235
Drumheller 176

E
Echo Valley Ranch & Spa 188
E. C. Manning Provincial Park 225
Edmonton, AB 132, 217
 West Edmonton Mall 132
 World Waterpark 132

Edwards, Henrietta Muir 169
Einkaufen 36
Einreise 236
Eishockey 240
Elephant Rock 141
Elizabeth II. 14
Essen und Trinken 236
Ethnien 229

F
Fairmont Banff Springs Hotel 200
Famous 5 168, 169
Faro 145
Feiertage 229
Felszeichnungen 98
First Nations 100, 111, 162, 163, 174, 181, 182
Fish Creek Provincial Park, AB 100
Fläche 228
Flagge 228
Foothills Natural Region 97
Fort Langley 160
Fort McMurray, AB 54
Fort Vermilion 215
Fossilien 152, 176
Frank Slide 56
Fraser Canyon 120, 189, 221, 222, 223, 224
Fraser Valley 118
Fred Henne Territorial Park 71
Fremdenverkehrsämter 237
Freschi, Bruno 14

G
Gabriola Island, BC 48
Gassy Jack 20
Giant Douglas Fir Trail 121
Gleichstellung der Frauen 168, 169
Glenn, John 101
Gold Country 155
Gold Rush 181
Golf 144, 201
Grande Prairie 214
Granville Island 16
Graveyard Lake 97
Great Bear Rainforest 78
Greater Nahanni Ecosystem 208
Great Slave Lake, NWT 108
Gretzky, Wayne 60, 134
Gribbell Island 79
Grimshaw 214
Grouse Mountain 35, 218
Guichon Ranch 158

H
Haida Gwaii 212
Harbour Centre 12

Harrison Hot Springs, BC 83, 86, 223
Hauptstadt 228
Hay River 215
Head-Smashed-In Buffalo Jump 216
Heli-Skiing 124
Hell's Gate 218, 223, 224
Highway 101 50
Historic Fort MacLeod, AB 174
Historic Hat Creek Ranch, BC 154
Hockey 134
Höhlen 136
Hope Slide 86
Hornby Island Trails 117
Horseshoe Bay 32
Howe Sound 220, 222
Hudson Bay Company 160
Hull, John 101
Hundeschlittenrennen 142

I
Ice Roads 148
Inflation 229
Inuvik, NWT 68
Isle of the Arts 48

J
Jack London Museum 178
Jagen 146
Japadog 22
Jarvis Lake 97
Jasper 128
Jasper National Park 217, 221
J. J. Gillis House 198

K
Kajak-Touren 77
Kalvak, Helen 73
Kamloops 218, 224
Kananaskis Country, AB 138
Karibu 102
Kayaking 130
Kekuli 155
Kermode Bear 78
Kettle Valley Rail Trail 89
Kicking Horse Canyon 218
Kill-Me-Thrill-Me-Strecke 116
King Pacific Lodge 79, 192
Kleidung 237
Klima 228, 237
Klondike Gold Rush 66
Klondike Rib 206
Kluane First Nation 106
Kluane National Park, YK 106
Kootenay Plains 94
Kootenay Rockies 117

L
Lachs 206
Lake Louise 219

Stichwortverzeichnis

Landwirtschaft 229
Leduc No. 1 172
Lesser Slave Lake 131
Liard Highway 214
Lillooet 213, 223, 224
Logan Lake 134
London, Jack 178
Louise Falls 215
Luxuszug 218, 219
Lytton 223, 224
M
Mackenzie, Alexander 46
Mackenzie Highway 214
Mackenzie Mountains 146
Mackenzie River 149
Mad Trapper 141
Maligne Canyon 128
Maligne Lake 128
Marmot Basin 128
McClung, Nellie 168
McKinney, Louise 168
McLeod's Lake Post 80
Merritt, BC 19, 164, 196, 198
Mietwagen 234
Minter, Brian 118
Minter Gardens, BC 118, 224
Monck Provincial Park, BC 84, 85, 225
Moskitos 238
Mountainbiking 116
Mount Cheam 121
Mount Dufferin/Kenna Cartwright Park 116
Mounties 174
Mount Logan 106
Mount Robson 221
Murphy, Emily 168
N
Nááts'ihch'oh National Park Reserve 110
Nahanni Lodge 111
Nahanni National Park 110, 208
Nahatlatch River 126
Naramata Bench 194
National Aboriginal Day 85, 182
Nationalparks 238
Nelson, BC 42
Nicholson, Jack 19
Nicola 225
Nicola Lake 84, 225
Nicola Valley 19, 84
Nordegg 94
Nordlichter s. Aurora 150
Norman Wells, NWT 152
North Fork Pass 140
North Nahanni Naturalist Lodge 208
North Saskatchewan River 130
North West Mounted Police 92
Nosebleed Section 135
Notfälle 239

O
Oilsands 172
Okanagan Lake 88
Okanagan-Tal, BC 194
Okanagan Valley 88
Öl 172
Ölfund 91
Orca 76
P
Pacific Rim National Park 190
Parlby, Irene 169
Passionsspiele 177
Peace River 214
Pemberton 213
Penticton, BC 88
Permafrost Tundra 140
Peter Lougheed Provincial Park 139
Polarkreis 62
Powell River, BC 50
Pow Wow 162
Prince George 213
Prince of Wales Northern Heritage Centre 70
Prince Rupert 212
Princess Royal Island 79
Princeton 225
Provinzen 228
Q
Queen Charlotte 212
Quesnel 213, 221
Quilchena 85, 225
Quilchena Cattle Company 158
Quilchena Hotel 158
R
Radfahren 116
Rafting 126
Rambo 19
Ranchlands und Rivers Tour 224, 225
Rat's Nest Cave 136
Red Deer, AB 60, 94
Red Deer River 130
Red Deer River Valley 176
Redewendungen 241
Reiseunterlagen 236
Reiseveranstalter 239
Religion 229
Revelstoke 117
Rocky Mountaineer 218, 220, 221
Rocky Mountain Wine & Food Festival 202
S
Salmon Stronghold 86
Salzebenen 112
Saskatchewan River Crossing 94
Science World 14
Sea to Sky Corridor 220
Sea-to-Sky Highway 222
Selkirk Mountains 42
Service, Robert 178
Seven Sisters 212
Sign Post Forest 212

Skaha Lake 89
Slavey Nation 108
Snowking Festival 149
Southern Lakes Area, YK 104
Spallumcheen Valley 166
Spiral Tunnels 218
Spirit Bear 78, 79, 212
Squamish 222
Squamish Nation 32
SS Keno 66
SS Klondike 64
Staats- und Regierungsform 228
Städte 228
Stanley Park 12, 116
Star Trek 52
Stefansson, Vilhjalmur 72
Stein River 127
Stikine River Canyon 212
Stirling, AB 170
Stoney Creek Valley 58
Stör 86
Sunblood Mountain Trail 110
Sun Peaks, BC 122
Sunshine-Coast-Wanderund Radweg 50
Switzer, William A. 96
T
Tardi, Henri 73
Territorien 228
The Canadian North Great Northern Arts Festival 68
Thompson, David 128
Thompson River 126
Tierbeobachtung 62
Tim Hortons 240
Tumbler Ridge 214
Tweedsmuir Provincial Park 46
U
Ulukhaktok, NWT 72
UNESCO-Weltnaturerbe 90, 106, 112
Upper Waterton Lake 90
V
Vancouver 12
Ambleside Park 34
Aquabus 16
Art Institute Vancouver 19
Beaty Biodiversity Museum 26
Bowen Island 32
Burnaby 36
Burnaby Village Museum 34
Canada Place 30
Chinatown 24
Chinese Cultural Centre 25
Chinese Times Building 24
Deighton Hotel 21

Dragon Boat Festival 25
Dundarave Village 34
Feuerwerk 28
Gastown 20
Kitsilano 16
Kunst 30
Lions Gate Bridge 34
Main Street 36
Metropolis 36
Mon Keang Schule 24
Old Spaghetti Factory 22
Park Royal Shopping Centre 34
Public Market 16
Steamclock 21
University of British Columbia 26
Vancouver International Film Festival 19
Vancouver Lookout 12, 218
Vancouver Police Museum 21
Vancouver Island 190
Virginia Falls 110
Vulcan, AB 52
W
Währung 229
Wandern 100, 110, 138
Waterton Lakes National Park, AB 90
Watson Lake 212
Wechselkurs 239
Wein 194
Weißkopfseeadler 83, 84, 112
Wells 45
Wells Gray Provincial Park 224
Whale Watching 76, 77
Whistler 213, 220, 222
Whistler Mountain Bike Park 116
Whitehorse, YK 64, 180, 206, 212
MacBride Museum 180
Wickaninnish Inn 190
Wildtiere 238
William A. Switzer Provincial Park, AB 96
Williams Lake 213
Winzer 88, 194
Wood Buffalo National Park, NWT 112
Writing on Stone Provincial Park, AB 98
Y
Yellowhead Pass 221
Yellowknife, NWT 70, 150, 184
Yukon 62, 144
Yukon Quest 142
Z
Zeitzonen 228

Kerstin Auer wuchs im Frankenland auf und wanderte 2008 mit Mann und Kindern nach Kanada aus. In ihrem neuen Zuhause im südlichen British Columbia fühlten sie sich dank der kanadischen Mentalität, der scheinbar grenzenlosen Freizeitmöglichkeiten direkt vor der Haustür und der atemberaubenden Natur sofort heimisch.

Kerstin Auer schreibt unter anderem für das Canadian Newcomer Magazine sowie verschiedene Zeitungen und bloggt über den täglichen kanadischen Wahnsinn. Auf ihrer Internetseite auercommunication.com gibt es ein umfassendes Archiv über die Erfahrungen der ersten Auswanderer-Jahre.

Obwohl das Leben in ihrer Heimatstadt Merritt (etwa 300 km nordöstlich von Vancouver) keine Wünsche offen lässt, ist ein Besuch auf Granville Island (S. 16) ein absolutes Muss bei jedem Vancouver-Besuch. Sonst kann man die Autorin im Sommer im Monck Provincial Park beim Campen finden (S. 84) oder auf dem Nicola Valley Farmers Market beim Bannock-Essen (S. 88).

Bildnachweis
Alle Bilder **Kerstin Auer**, außer:
Picture BC: 32, 34, 35 (Urban Pictures), 33, 222 (Josh McCulloch), 42, 43 (Phil Best), 44, 45 (Thomas Drasdauskis), 46, 47 (Michael Wigle), 50, 51 (Eymundson/Rohde), 76 (Jared Towers), 77 (Tony Austin), 80 (Bob Friesen), 86 (Fred Gornall), 117 (unten, Tyler Meade), 116, 124 (Mike Crane), 117 (oben, Rob Buchanan), 120, 121 (Ken Bramble), 125 (Alec Pytlowany), 134 (David Young), 160, 161 (John Gordon), 162 (Maggie Gilbert), 166, 167 (Pat de Leenheer &Jeff Ashworth), 223 (Karen Massier); **istockphoto.com**: S. 9, 87 (Frank Leung), 10/11 (Benjamin Goode), 22 (EHStock), 26, 68, 69, 72 (Max Lindenthaler), 28 (William Perry), 48, 70, 71, 147, 184 (Ryerson Clark), 49 (gspringford), 63 (North of 60), 65, 140, 180 (brytta), 82 (Stan Livingston), 102 (Cat London), 105 (Brian Rome), 107 (eyebex), 113 (Matthew Singer), 151 (Michael Ericsson), 194 (mitte), 195 (Kevin Miller), 210/211 (tibu), 213 (Jason Verschoor), 233 (Tupungato); **Travel Alberta**: 53, 54, 55, 56, 57, 58, 59, 60, 61, 90 (rechts), 92, 93, 94, 95, 96, 98, 99, 100, 112, 128, 129, 130, 131, 136, 137, 138, 139, 170, 171, 172, 173, 174, 177, 215, 216; **Government of Alberta**: 52, 90 (links), 91, 135, 168, 175, 176, 214, 217; **Government of Yukon**: 66, 103, 231, 241 (Marten Berkmann);
Alasdeir Veitch: 152, 153; **Arctic Co-operatives Limited**: 73 (2x); **Aurora Village**: 150 (2x); **Brent Reaney**: 148; **Christina Stünkel**: 74/75, 239; **Diavik Diamond Mines Inc.**: 185; **fotolia.com**: 141 (Oksana Perkins); **Gareth Sloane**: 64; **Grampymoose**: 144; **Great Slave Lake Tours**: 108, 109; **Hat Creek Ranch**: 154, 155; **Horst-Günter Bode**: S. 14, 31; **Hyougushi**: 149; **John & Peggy Bromley**: 179; **King Pacific Lodge**: 78, 79, 192, 193; **Klondike Rib & Salmon**: 186/187, 206, 207; **Klondike Visitor Association**: 178, 179, 204, 205; **MacBride Museum**: 181; **Mark Gillet/Yukon Quest**: 142, 143; **Michael Swan**: S. 6/7, 183; **Minter Gardens**: 118, 119; **Mission Canada**: 145; **Nahanni Lodge**: 110, 208, 209; **NAIT**: 182; **Okanagan Wine Tours**: 194 (links und rechts); **Reo Rafting**: 126, 127; **Rocky Mountain Food and Wine Festival**: 202 (2x), 203; **Rocky Mountaineer**: 218, 219, 220, 221; **Sun Peak Resort/Adam Stein**: 122, 123 (2x); **The Fairmont Banff Springs**: 200, 201; **Tom & Maxine Matthias**: 67 (2 x), 212; **Tourism Saskatchewan / Greg Huszar Photography**: 240; **Wade Garcia**: 146; **West Edmonton Mall**: 132, 133; **Wickaninnish Inn/Adrian Dorst**: 190, 191

Kanada individuell

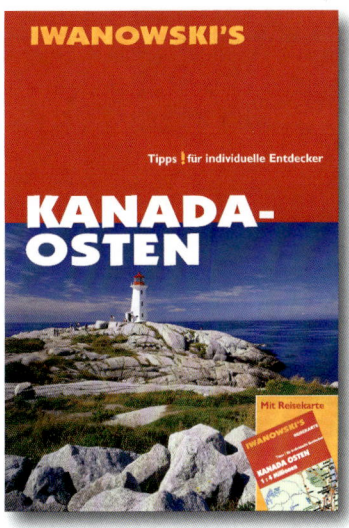 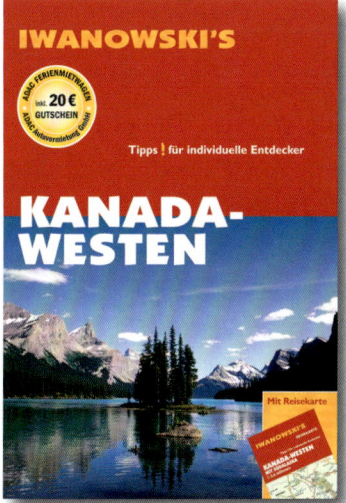

„Interessant, und deshalb kommt ein Individualreisende kaum an diesem Buch vorbei, sind vor allem die ausführlichen Routenbeschreibungen für zwei- bis vierwöchige Rundreisen. Dadurch kann sich der Urlauber aufs Wesentliche konzentrieren: das Reisen – und nicht auf die aufwändige Recherche, wo gibt es was zu sehen? Der Reiseführer liefert tolle Vorschläge zur Erkundung auf eigene Faust, beantwortet aber auch die Frage: ‚Was kostet mich ein solcher Urlaub?' Eine Übersichtskarte im Maßstab 1:4 Millionen, in der die vier Reiserouten eingezeichnet sind, liefert zudem einen wichtigen Überblick."

Fränkische Nachrichten

Das Iwanowski Reisehandbuch „Kanada-Westen mit Südalaska" gilt als „einer der besten Reiseführer für Westkanada und Alaska auf dem Markt" (Monika Fuchs auf www.suite101.de). Nach zehn erfolgreichen Auflagen wurde dieses Standardwerk von zwei neuen Autoren übernommen.
Das neue Farblayout überzeugt durch eine ansprechende Bebilderung.
Die praktischen Reisetipps sind direkt bei den Ortsbeschreibungen integriert. Der Band enthält alles Wissenswerte über den Westen sowie Tourenvorschläge durch die Staaten British Columbia, Alberta, Northwest Territories und Yukon Territory.

**Das komplette Verlagsprogramm unter:
www.iwanowski.de**

Rundum-Informationen über das zweitgrößte Land der Erde

Ein Muss für Kanadafans!

Jetzt online bestellen:
www.360grad-kanada.de

Die beste Perspektive aus und über Down Under im Abo!

Ja, ich möchte 360° Kanada im Abonnement bestellen!

Sie erhalten das alle drei Monate erscheinende Magazin **360° Kanada**...

☐ ... im Abonnement **für 1 Jahr (4 Ausgaben)** zum Vorzugspreis von nur **24 €** (innerhalb Deutschlands. Außerhalb Deutschlands gelten folgende Preise: Ausland/Europa: 32 €, Ausland/restliche Welt: 40 €; Schweiz: 50 CHF. Alle Preise inkl. Versand und – soweit erforderlich – inkl. MwSt.).

☐ ... im Abonnement **für 2 Jahre (8 Ausgaben)** zum Vorzugspreis von nur **43,20 €** (innerhalb Deutschlands. Außerhalb Deutschlands gelten folgende Preise: Ausland/Europa: 48 €, Ausland/restliche Welt: 61,20 €; Schweiz: 93,60 CHF. Alle Preise inkl. Versand und – soweit erforderlich – inkl. MwSt.).

Das Abonnement verlängert sich automatisch um ein Jahr, wenn es nicht sechs Wochen vor Ablauf gekündigt wird.

Einfach ausfüllen und zusenden:　　　　　　　　Ich zahle per: ☐ Rechnung ☐ Bankeinzug

_____　　　_____
Firma　　　　　　　　　　　　　　　　　　　　　Konto-Nr.

_____　　　_____
Name, Vorname　　　　　　　　　　　　　　　　BLZ/Geldinstitut

_____　　　Datum　　✗ Unterschrift
Straße, Nr.

_____　　　**Widerrufsrecht:** Die Bestellung kann innerhalb von zwei Wochen
PLZ, Ort, Land　　　　　　　　　　　　　　　　rechtzeitige Absendung genügt) bei 360° medien gbr mettmann,
　　　　　　　　　　　　　　　　　　　　　　　Nachtigallenweg 1, 40822 Mettmann, E-Mail: info@360grad-medien.de)
_____　　　widerrufen werden.
E-Mail

_____　　　Datum　　✗ 2. Unterschrift
Telefon, Telefax

 +49(0)2104/49325640　 +49(0)2104/49325649　 info@360grad-medien.de　 360° medien gbr mettmann
Nachtigallenweg 1
40822 Mettmann

IWANOWSKI'S *i* REISEBUCHVERLAG

FÜR INDIVIDUELLE ENTDECKER

REISEHANDBÜCHER

Europa
Barcelona und Umgebung 📖
Berlin*
Dänemark*
Finnland* 📖
Irland* 📖
Island*
Liparische Inseln *
Lissabon
Madeira*
Moskau & Goldener Ring
Nordspanien & Jakobsweg*
Norwegen* 📖
Paris und Umgebung*
Piemont & Aostatal*
Polens Ostseeküste & Masuren*
Provence mit Camargue*
Rom*
Schweden* 📖
Tal der Loire mit Chartres*

Asien
Hong Kong
Oman*
Peking
Rajasthan mit Delhi & Agra*
Shanghai
Singapur 📖
Sri Lanka/Malediven*
Thailand*
Tokio mit Kyoto
V.A.E. mit Dubai & Abu Dhabi *
Vietnam*

Afrika
Äthiopien*
Botswana* 📖
Kapstadt & Garden Route*
Kenia/Nordtanzania*
Mauritius mit Rodrigues* 📖
Namibia* 📖
Südafrikas Norden & Ostküste*
Südafrika* 📖
Uganda/Ruanda*

Australien / Neuseeland
Australien mit Outback*
Neuseeland*

Amerika
Chile mit Osterinsel*
Florida* 📖
Guadeloupe und seine Inseln
Hawaii*
Kalifornien*
Kanada/Osten*
Kanada/Westen*
Karibik/Kleine Antillen*
New York
USA/Große Seen*
USA/Nordosten*
USA/Nordwesten*
USA/Ostküste*
USA/Süden*
USA/Südwesten*
USA/Texas & Mittlerer Westen*
USA/Westen* 📖

101... - Serie: Geheimtipps und Top-Ziele
101 Berlin 📖
101 China
101 Florida
101 Hamburg 📖
101 Indien
101 Inseln
101 Kanada-Westen
101 London 📖
101 Mallorca 📖
101 Namibia – Die schönsten Reiseziele, Lodges & Gästefarmen
101 Reisen für die Seele – Relaxen & Genießen in aller Welt
101 Reisen mit der Eisenbahn – Die schönsten Strecken weltweit
101 Safaris – Traumziele in Afrika
101 Skandinavien
101 Südafrika – Die schönsten Reiseziele und Lodges 📖
101 USA

REISEGAST IN...

Ägypten
China
England
Indien
Japan
Korea
Polen
Russland
Südafrika
Thailand

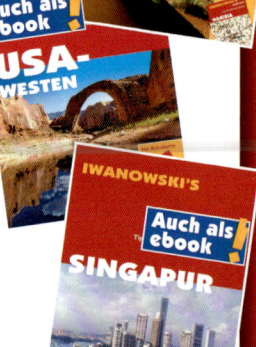

* mit herausnehmbarer Reisekarte
📖 auch als ebook-Reiseführer (epub)

**Iwanowski's Reisebuchverlag GmbH • Salm-Reifferscheidt-Allee 37 • D- 41540 Dormagen
TEL: 02133/260311 • FAX: 02133/260333 • E-MAIL: INFO@IWANOWSKI.DE
www.iwanowski.de • www.facebook.com/Iwanowski.Reisebuchverlag
www.twitter.com/Iwanowskireisen**